Northwest Higher Education Review

西北高教评论

第九卷

宋 觉 主编

中国社会科学出版社

图书在版编目(CIP)数据

西北高教评论．第九卷／宋觉主编．—北京：中国社会科学出版社，2022. 12
ISBN 978-7-5227-1370-0

Ⅰ．①西…　Ⅱ．①宋…　Ⅲ．①高等教育—文集　Ⅳ．①G64-53

中国国家版本馆 CIP 数据核字(2023)第 023405 号

出 版 人　赵剑英
责任编辑　郭如玥
特约编辑　芮　信
责任校对　王　龙
责任印制　郝美娜

出　　版　中国社会科学出版社
社　　址　北京鼓楼西大街甲 158 号
邮　　编　100720
网　　址　http：//www. csspw. cn
发 行 部　010-84083685
门 市 部　010-84029450
经　　销　新华书店及其他书店

印　　刷　北京君升印刷有限公司
装　　订　廊坊市广阳区广增装订厂
版　　次　2022 年 12 月第 1 版
印　　次　2022 年 12 月第 1 次印刷

开　　本　710×1000　1/16
印　　张　20. 5
插　　页　2
字　　数　343 千字
定　　价　110. 00 元

凡购买中国社会科学出版社图书，如有质量问题请与本社营销中心联系调换
电话：010-84083683

目　录

高教理论

高教管理

教学研究

思政教育

Contents

Higher Education Theory

Higher Education Management

Teaching and Learning

Ideological and Political Education

高教理论

黄河中上游西北地区高等教育事业发展的现状问题及路径选择*

姚聪莉　胥晚舟　刘源宏**

摘　要：《黄河流域生态保护和高质量发展规划纲要》的公布标志着黄河流域成为继京津冀、长三角、粤港澳大湾区之后我国又一个重大战略部署区域。高等教育是拉动经济社会发展的引擎和内生动力，与区域战略发展目标的实现息息相关。基于此，本文以黄河中上游西北地区四省（区）为研究对象，系统分析了黄河中上游西北地区高等教育事业发展的现状，发现当前黄河中上游西北地区高等教育事业发展呈现逐年向好的趋势，但仍存在教育资源供给不充足、服务社会经济发展能力较弱、对外开放程度偏低以及区域内部发展不均衡等问题。鉴于此，本文提出强化政府投入主导作用并培育自身造血机制、加强特色学科建设、厚植人力资本和推进区域高校协同发展是加快黄河中上游西北地区高等教育事业发展的具体路径。

关键词：黄河中上游西北地区；高等教育事业；现状问题；路径选择

党的十九届五中全会提出："要加快构建以国内大循环为主体、国内国际双循环相互促进的新发展格局。"根据《中华人民共和国国民经济和社会发展第十四个五年规划和2035年远景目标纲要》，我国将深入实施区域重大战略、区域协调发展战略、主体功能区战略以及健全区域协调发展体制机制；优化区域高等教育资源布局，推进中西部地区高等教育振兴。

---

* 基金项目：2021年度陕西高等教育教学改革研究项目（重大攻关项目）"新发展格局下省域高质量高等教育体系建设研究"（21ZG008）。

** 姚聪莉，西北大学高等教育研究中心主任、教授、博士生导师，研究方向：高等教育政策与管理研究；胥晚舟，西北大学公共管理学院博士研究生；刘源宏，陕西中医药大学高等教育研究中心科员。

《黄河流域生态保护和高质量发展规划纲要》的公布标志着黄河流域成为继京津冀、长三角、粤港澳大湾区之后我国又一个重大战略部署区域。黄河中上游西北地区覆盖了青海、甘肃、宁夏和陕西4个省（区），是我国重要的生态安全屏障，也是经济发展的重要区域，在国家发展总体格局中具有举足轻重的战略地位。从一系列政策和文件可以看出，国家愈加重视区域经济的高质量发展，而高等教育是推动经济社会发展的引擎和内生动力。①

综合来看，我国经济将逐步呈现本土化和区域化发展趋势，高等教育服务于国家战略需求和区域经济社会发展的作用将进一步凸显。② 目前，我国高等教育事业面临的一个重大问题就是发展不平衡不充分，而西北地区高等教育发展滞后是我国高等教育发展不平衡不充分的原因和结果，③ 这对我国高等教育整体质量提高和经济社会协调发展大为不利。因此，地处黄河流域中上游且在流域内拥有较多省份的西北地区，深入研究其高等教育事业的发展现状及存在的问题和探索加快高等教育事业发展的路径，使之与区域发展战略相适应、相匹配，是当下亟待研究和解决的关键议题。

一　黄河中上游西北地区高等教育事业发展的现状

西部大开发新格局形成以来，黄河中上游西北地区高等教育事业得到了快速发展，并取得了显著的成效。主要体现在以下几个方面。

（一）高等教育规模平稳扩张

自2015年以来，黄河中上游西北地区高等教育规模呈现平稳的扩张趋势，其毛入学率、学校规模、学生规模、教育经费和办学资源总体皆呈

① 卓泽林、杨体荣、马早明：《高等教育改革如何促进区域协调发展——以京津冀、长三角和粤港澳大湾区为例》，《江苏高教》2020年第12期。

② 钟秉林、王新凤：《新发展格局下我国高等教育集群发展的态势与展望》，《高等教育研究》2021年第3期。

③ 陈洪捷、张应强、阎光才等：《人才问题与西部高等教育发展专题（笔谈）》，《重庆高教研究》2020年第6期。

现上升趋势。高等教育毛入学率是指高等教育在学人数与适龄人口之比，该数值能反映高等教育的相对规模和教育机会，是衡量某一国家或区域高等教育发展水平和能力的重要指标之一。“十三五”时期，黄河中上游西北地区四省（区）高等教育毛入学率均呈现上升趋势，陕西和宁夏的高等教育都已进入普及化阶段，毛入学率分别达到60.83%和54.7%；甘肃和青海的高等教育也即将迈入普及化阶段，毛入学率分别为44%和45.57%①，逐渐接近50%。

学校规模和学生规模是衡量区域高等教育资源和反映区域高等教育总体发展水平的基本参数与重要指标，相较于2015年，2020年黄河中上游西北地区平均每万人口高校数由2015年的0.0219所上升为2020年的0.0234所，每十万人口高等学校平均在校生数由2335人上升为2737人，增长趋势较为平稳。

此外，教育经费和办学资源是区域高等教育发展的物质基础和重要保障，2015—2020年，黄河中上游西北地区生均教育经费支出由26708元上升为43664元，生均一般公共预算教育事业费由15748元上升为27843元，生均教学与科研仪器设备值由1.30万元上升为1.95万元，整体增幅都超过50%。可以明显看出，近五年间对高等教育的财力、物力投入增长显著。综合来看，随着高等教育普及化的不断推进，近年内黄河中上游西北地区高等教育事业在规模上实现了持续的上升发展。

（二）高等教育质量显著增强

毛入学率、教育经费投入和办学资源等指标仅从外延角度衡量了高等教育事业的规模情况，而高等教育质量也是衡量高等教育事业发展情况的不可或缺的维度。从体现高等教育人才培养和科研创新等社会服务的相关内涵性指标来看，黄河中上游西北地区高等教育质量2015年至2019年取得了显著提升。具体来看，2019年黄河中上游西北地区平均毕业生人数128477人，是2015年的1.02倍；平均毕业生就业率达到83.23%，较2015年增长0.03个百分点，毕业人数和就业率整体呈现提升态势，说明高等教育事业持续稳定地为社会输送着更多的人才。

从与社会贡献密切相关的高校科技成果来看，2015—2019年，黄河

① 各省（区）教育事业“十四五”发展规划。

中上游西北地区四省（区）专利出售实际收入年均增长率达到 82.5%，远高于同期全国的年均增长率 58%；此外，2019 年黄河中上游西北地区高校合计发表论文和出版科技著作分别为 103717 篇和 2751 部，是 2015 年的 1.27 倍和 1.07 倍；2019 年有效发明专利个数合计为 26412 个①，4 年间年均增长率达到 17.3%。这些指标都从不同维度反映出黄河中上游西北地区技术创新和成果转化能力显著提高，知识创新和知识贡献程度不断增强。

（三）高等教育结构不断优化

高等教育结构是高等教育系统的内部构成状态，体现了系统内部各要素之间相对稳定的比例关系和联系方式。② 我国高等教育学历层次主要有专科（高等职业教育）、本科和研究生教育三个层次。从黄河中上游西北地区四省（区）高校本专科和研究生三项数据（招生数、在校生数、毕业生数）比较来看，2015—2019 年 5 年内，研究生与本专科招生比例由 1∶9.98 优化为 1∶8.30，研究生与本专科在校生比例由 1∶12.37 优化为 1∶8.62，研究生与本专科毕业生比例由 1∶11.62 变为 1∶10.13。③ 可以看出，研究生的三项占比逐年增加，研究生的三项指标与普通本专科之间的间距在逐步缩小，学历教育结构逐年改善，研究生培养人数逐年增加，为西北地区经济结构转型和产业升级发挥着重要支撑作用。

表 1　2015—2019 年黄河中上游西北地区高等教育学历层次结构情况　单位：人

项目	2015 年			2019 年		
	招生数	在校生数	毕业生数	招生数	在校生数	毕业生数
本专科	461979	1722623	465379	572687	1855298	467756
研究生	46304	139224	40035	68994	215209	46153
研究生与本专科之比	1∶9.98	1∶12.37	1∶11.62	1∶8.30	1∶8.62	1∶10.13

① 《高等学校科技统计资料汇编》。

② 崔亚楠、文雯、刘惠琴：《普及化阶段中美高等教育结构的对比分析》，《中国高教研究》2021 年第 7 期。

③ 全国教育事业发展统计公报。

除了高等教育学历层次结构，教师队伍结构也日趋合理。2015 年至 2019 年黄河中上游西北地区高校专任教师职称结构不断完善，高校专任教师总数增加的同时，拥有副高级及以上职称的教师比例也从 41.5%上升到了 45.82%，这不仅体现出高校学术阅历和学术能力的提升，也对提高该地区教育事业发展水平提供了有力支撑。此外，从教师的学历层次来看，黄河中上游西北地区高校专任教师中具有博士和硕士学历人员的比重逐年增加，2015 年至 2019 年，博士学历教师占比从 19.84%扩大到 27.41%，硕士学历人员占比变化不大，基本稳定在 38%左右，本科、专科及以下专任教师所占比例逐渐缩小，其中本科学历占比从 41.03%下降至 34.01%，专科及以下学历占比从 1.21%降至 0.77%。整体来看，学历层次的变化反映出高校学术基础和学术潜力正在不断增强。不过，虽然拥有博士学历的教师占比大幅提高，但目前高校专任教师中学历为硕士研究生及本科的教师数量仍占主导，教师结构还存在进一步升级的潜能。

表 2　2015 年、2019 年黄河中上游西北地区专任教师结构情况　单位：人,%

年份	人数合计	按职称分					按学历分			
		正高级比例	副高级比例	中级比例	初级比例	未定职级比例	博士比例	硕士比例	本科比例	专科及以下比例
2015	107058	12.57	28.93	39.01	13.45	6.05	19.84	37.91	41.03	1.21
2019	113262	14.02	31.8	38.23	10.42	5.53	27.41	37.80	34.01	0.77

二　黄河中上游西北地区高等教育事业发展存在的问题

黄河中上游西北地区近年来高等教育事业的发展，整体呈现逐年向好的趋势，但仍存在教育资源供给不充足、服务社会经济发展能力较弱、对外开放程度偏低以及区域内部发展不均衡等问题。

（一）教育资源供给不充足

随着近年来国家长期的政策支持和资源投入，西北地区高等教育在办学基础条件、教育教学质量等方面均有所改善，在办学资源方面缩小了与发达地区的差距，但是，在事关高等教育事业快速健康、可持续发展的教育资源供给方面仍与发达地区存在一定差距。在我国高等教育迈入普及化阶段以及新发展格局的背景下，高等教育规模不断扩大，社会角色日益增多，教育经费投入作为能够直观体现并衡量教育资源充足性的重要尺度，① 其供给水平如何为高等教育事业提供充足的支撑和保障是黄河中上游西北地区需要优先考虑的问题。

从投入水平来看，2015—2019 年，黄河中上游西北地区高等教育总投入占 GDP 的比例基本稳定在 1.80%以上，2019 年上升到了 1.89%。与此相比，京津冀地区这一比例保持在 2.0%—2.3%，长三角地区该比例则稳定在 1.1%左右，与全国平均水平 1.2%较为接近（见图 1）。可以看出，黄河中上游西北地区高等教育总投入的增长与该地区经济增长基本上能够保持同步，且高于全国平均水平。高等教育政府投入占财政支出的比例可以在一定程度上衡量政府在分配财政资源时对高等教育的重视程度，2015—2019 年，黄河中上游西北地区政府对高等教育的投入占财政支出的比例总体上呈现上升趋势，五年均值为 3.72%，并在 2019 年达到峰值（3.84%）。在此期间，我国政府对高等教育的投入占财政支出的比例平均为 3.58%，而京津冀地区及长三角地区这一比例平均为 6.50%和 4.09%（见图 2）。可以看出，尽管黄河中上游西北地区政府对高等教育投入的程度虽然已超过全国平均水平之上，但与国家其他战略区域相比还有较大的提升空间。

我国高等教育以公立高等教育为主体，政府应在高等教育投入中占据绝对的主导地位。② 从投入结构来看，2015—2019 年，黄河中上游西北地区高等教育政府投入占高等年教育总投入的比例总体经历了先上升后下降的趋势，五年间政府投入增幅为 3.64%，不仅小于全国各省（区、市）的平均值（3.75%），而且与长三角地区增幅（7.49%）相比差距更大（见图 3）。这说明黄河中上游西北地区政府在高等教育投入中的主导作用有所减弱，而作为高等教育投入补充的社会投入，虽然其比重有所上

① 陈文博：《高等教育经费投入与支出结构比较研究——基于 OECD 国家的数据分析》，《教育经济评论》2021 年第 5 期。

② 方芳、刘泽云：《2005—2015 年我国高等教育经费投入的变化与启示》，《中国高教研究》2018 年第 4 期。

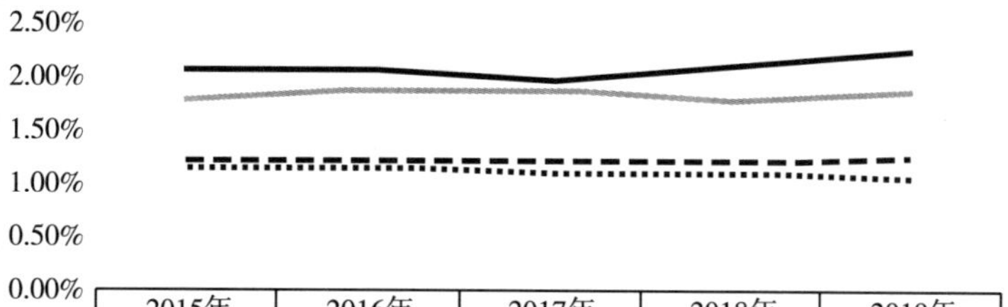

	2015年	2016年	2017年	2018年	2019年
京津冀地区	2.04%	2.03%	1.99%	2.11%	2.23%
长三角地区	1.14%	1.13%	1.10%	1.10%	1.06%
黄河中上游西北地区	1.81%	1.88%	1.85%	1.77%	1.89%
全国平均	1.18%	1.20%	1.18%	1.20%	1.20%

京津冀地区　长三角地区　黄河中上游西北地区　全国平均

图 1　2015—2019 年京津冀、长三角、黄河中上游西北地区及全国高等教育经费投入占 GDP 比重

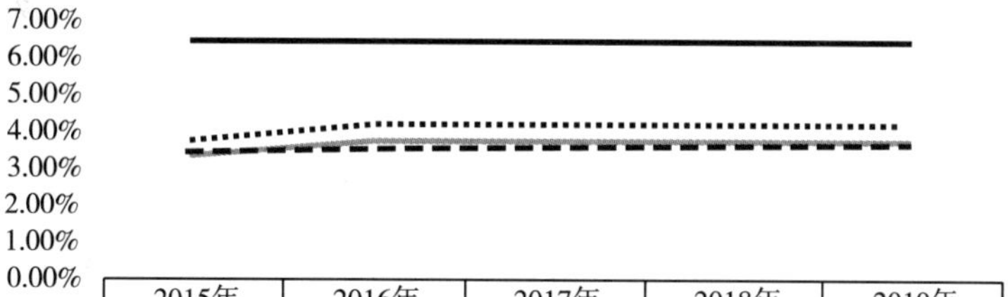

	2015年	2016年	2017年	2018年	2019年
京津冀地区	6.49%	6.43%	6.40%	6.54%	6.60%
长三角地区	3.81%	4.19%	4.16%	4.18%	4.14%
黄河中上游西北地区	3.37%	3.80%	3.83%	3.76%	3.84%
全国平均	3.42%	3.64%	3.58%	3.61%	3.66%

京津冀地区　长三角地区　黄河中上游西北地区　全国平均

图 2　2015—2019 年京津冀、长三角、黄河中上游西北地区及全国高等教育经费政府投入占财政支出比重

升，但占比仍然较低，这也制约着高等教育教育投入的总量供给。

（二）服务社会经济发展能力较弱

我国经济已由高速增长转向高质量发展阶段，保障区域经济协调发展是高质量发展的重要前提。促进区域社会经济协调发展离不开高等教育的均衡发展和支撑，高校作为高等教育中的主体，积极主动融入社会发展并寻求自身发展定位具有重要意义。然而，从实证数据来看，当下黄河中上游西北地区高等教育服务社会经济发展能力亟待提高。以反映高校服务社

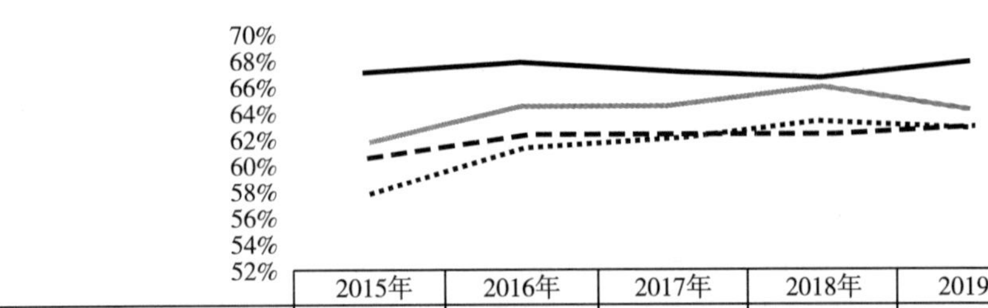

	2015年	2016年	2017年	2018年	2019年
—— 京津冀地区	66.98%	67.80%	67.03%	66.74%	67.60%
······ 长三角地区	58.03%	61.41%	61.92%	63.35%	62.72%
—— 黄河中上游西北地区	61.79%	64.37%	64.60%	65.76%	64.13%
- - - 全国平均	60.46%	62.38%	62.15%	62.11%	62.82%

图 3 2015—2019 年京津冀、长三角、黄河中上游西北地区及全国高等教育经费政府投入占高等教育经费总投入比重

会经济发展能力的高校发表科技论文、高校出版科技著作和有效发明专利等指标来看①，黄河中上游西北地区高校，尤其是除陕西以外的省（区）高校在适应并引领经济社会发展方面与发达地区差距较为明显。如图 4 所示，2019 年黄河中上游西北地区省均高校发表科技论文 25929 篇，京津冀、长三角地区省均分别发表 67381 篇和 84541 篇，分别是黄河中上游西北地区的 2. 59 倍和 3. 3 倍；从高校出版科技著作来看，2019 年京津冀、长三角地区省均出版 2210 部和 2159 部，而黄河中上游西北地区省均仅出版 687 部，不足前者的 1/3；从高校有效发明专利来看，2019 年京津冀、长三角地区省均发明数分别为 25551 件和 31124 件，而黄河中上游西北地区高校仅有 6603 件，相差悬殊。

此外，有学者基于柯布-道格拉斯生产函数对 2001—2019 年我国各省（区、市）高等教育对经济发展的贡献率进行了测算。研究表明，相较于其他国家战略区域，黄河中上游西北地区高等教育对经济发展的贡献率整体偏低，但区域内差距不大。2001—2019 年，黄河中上游西北地区高等教育对经济增长的贡献率平均值为 3. 14%，略低于全国平均贡献率（3. 56%），明显低于长三角地区（4. 87%）和京津冀地区（6. 04%）的均值。凡此种种均表明，黄河中上游西北地区高等教育并未实现与地方经

① 包水梅：《全面振兴西部高等教育：困境、根源及其突破》，《中国高教研究》2020 年第 12 期。

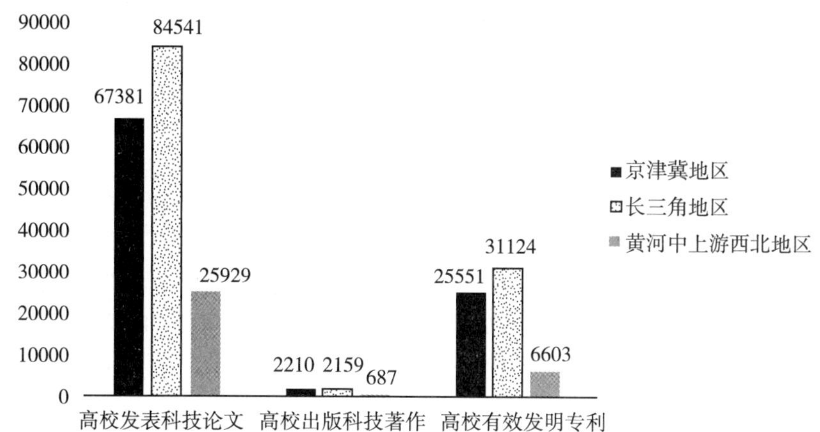

图4 京津冀、长三角、黄河中上游西北地区省均高校发表科技论文、高校出版科技著作和有效发明专利情况

济发展的深度融合，服务社会经济能力亟待加强。

表3 2001—2019年黄河中上游西北地区、长三角地区、京津冀地区高等教育对经济增长贡献率

单位：%

	陕西	甘肃	青海	宁夏	上海	浙江	江苏	安徽	北京	天津	河北	全国平均
贡献率	2.69	2.89	3.22	3.76	8.15	5.22	3.98	2.13	8.67	8.63	3.72	3.56

资料来源：包水梅、陈秋萍《我国区域间高等教育对经济发展贡献率的比较分析——基于近20年中国省域面板数据的实证研究》，《兰州大学学报》（社会科学版）2021年第5期。

（三）对外开放程度偏低

高等教育对外开放助力新时代区域发展战略，其作用一方面体现在留学人员交流、跨国研究合作以及国际交流合作对区域发展带来的经济效益；另一方面也体现在长时间国际交流合作将国际元素注入区域发展的多个方面，从而促进和激发区域经济发展和文化活力①。《高校科技统计资料汇编》数据显示，长三角地区、京津冀地区以及黄河中上游西北地区呈现明显的阶梯状下降态势，黄河中上游西北地区高校与东部的长三角地

① 薛海平、高翔、杨路波：《“双循环”背景下教育对外开放推动经济增长作用分析》，《教育研究》2021年第5期。

区的差距非常显著。学生交流方面，2019 年黄河中上游西北地区与京津冀和长三角地区招收外国留学生数量的差距在 6 倍之多；国际科技交流方面，无论是与长三角地区还是京津冀地区相比，差距都在 4 倍左右。2019 年省均国际合作来访接待人次这一数据中，黄河中上游西北地区高校与长三角地区的差距甚至达到了 8. 3 倍之多；2019 年省均主办国际学术会议场次上，长三角地区及京津冀地区高校分别是黄河中上游西北地区高校的 5. 1 倍和 2. 9 倍（见表 4）。值得注意的是，陕西占据整个黄河中上游西北地区高等教育对外开放事业的高地，其发展水平如同洼地上的高峰，因此在计算黄河中上游西北地区的平均数据时抬高了该区域的整体表现，一定程度上遮蔽了甘肃、青海及宁夏对外开放水平极为落后的现实。此外，从全球宏观角度来看，全球化发展在近年来国际政治经济层面的反全球化思潮以及新冠肺炎疫情的影响下，黄河中上游西北地区乃至我国高等教育领域对外开放都放慢了步伐，未来面临着巨大考验和不确定性。

表 4　2019 年长三角地区、京津冀地区、黄河中上游西北地区高校国际交流情况

项目	长三角地区	京津冀地区	黄河中上游西北地区
2019 年省均国际合作派遣出国人次（人次）	3215	2157	527
2019 年省均国际合作来访接待人次（人次）	3485	1916	419
2019 年省均国际学术会议出席人次（人次）	14745	13898	2661
2019 年省均国际学术会议交流论文篇数（篇）	7229	6541	1499
2019 年省均主办国际学术会议次数（次）	185	106	36

资料来源：2019 年高等学校科技统计资料汇编。

（四）区域内部发展不均衡

黄河中上游西北地区内部高等教育事业发展不均衡严重制约着黄河流域经济和高等教育快速发展的步伐。实证分析结果显示，黄河中上游西北地区高等教育事业整体发展速度加快，且与其他国家重大战略区域的发展差距逐步缩小，但流域内部高等教育事业发展不均衡现象极为突出，各省

（区）间发展水平差异较大。陕西在高等教育事业发展中相较于甘肃、宁夏和青海三省（区）明显处于更高层次的梯队，将陕西的高等教育发展数据计入黄河中上游西北地区时会大幅提高该地区高等教育的整体表现。从教育资源来看，黄河中上游西北地区的优质高等教育资源主要聚集在陕西。根据教育部发布的第二轮“双一流”建设高校及建设学科名单，作为高等教育的主要载体和资源集聚地，黄河中上游西北地区的“双一流”建设高校和学科高度集中在陕西，其拥有双一流建设高校 8 所，在区域内占比 72.7%；双一流建设学科数量为 20 个，在区域内占比 76.9%。甘肃、青海和宁夏的双一流建设高校分别仅有 1 所，双一流建设学科数量依次为 4 个、1 个和 1 个。值得注意的是，陕西内除西北农林科技大学，其余双一流建设高校和学科都聚集在西安市。明显可以看出，黄河中上游西北地区内高等教育资源分布差异明显，陕西的高等教育资源具有显著的比较优势，该区域内部高等教育事业发展不平衡，总体上存在着从东向西断崖式减少的特征。黄河中上游西北地区内的优质高等教育资源锚定于陕西及其核心城市，相应的政策资源也向核心城市倾斜，对边缘城市的积极影响有限。在有限的政策资源约束下，除了陕西（尤其是西安）这样备受关注的政策单元，甘肃、宁夏及青海皆处于落后位置，未能搭上西部大开发这列高速列车。这些因素都进一步加剧了黄河中上游西北地区之间、高校之间发展不充分和不同步，制约着该地区高等教育事业发展水平的均衡提升。

三 黄河中上游西北地区高等教育事业发展的路径选择

基于对黄河中上游西北地区高等教育发展的现状分析，立足于《黄河流域生态保护和高质量发展规划纲要》对黄河流域地区的战略规划，着眼于黄河中上游西北地区高等教育发展面临的问题，本研究提出强化政府投入主导作用和培育自身造血机制、加强特色学科建设、厚植人力资本和推进区域间高校协同发展是加快黄河中上游西北地区高等教育发展的具体路径。

（一）强化政府在高等教育投入中的主导作用，培育高等教育自身造血机制

当前，黄河中上游西北地区高等教育仍处于不平衡不充分发展阶段，无法满足西北地区经济社会发展的要求。黄河中上游西北地区高等教育事业快速健康发展，充足的高等教育经费投入是其重要的保障之一。我国高等教育的资金主要来源于财政支持，财政支持力度在一定程度上决定了某一地区的高等教育发展水平。因此，首先应加大中央财政对西北地区尤其是甘肃、宁夏和青海高等教育的转移支付力度，以弥补黄河中上游西北地区的财政不足，缓解地方政府由于缺乏财政收入而缩减高校办学经费的困局。其次应加强并刺激地方政府对高等教育投入力度，可通过落实中央财政的“以奖代补”机制鼓励黄河中上游西北地区地方政府对高等教育投入。此外，在强化政府投入主渠道作用的同时，作为政府投入有益补充的社会投入也为保障高等教育投入的持续增长日益发挥着重要的作用。因此，可以通过政策引导和制度设计鼓励民间资本等社会力量参与办学，增加多元投资渠道，完善社会捐赠收入财政配比政策，引导和鼓励黄河中上游西北地区高校吸引社会捐赠，多元化扩张该地区高等教育的资金收入。

与此同时，在强化政府在高等教育投入中的主导作用的同时，也不能忽视高等教育培育自我“造血”功能和增强自主发展的能力。一是可通过政策和资金扶持，引导和鼓励高校扎根黄河中上游西北地区，服务于地方发展需求和民生发展，全面提高高等教育的支撑服务能力；二是主动与地方政府、产业界及学术界对接，构建常态化沟通合作机制，高校主动向地方政府和产业界征询讨论需要研究解决的经济社会发展问题，以需求为导向有针对性地开展科学研究和社会服务；三是黄河中上游西北地区高校要设计科学有效的激励机制，充分运用报酬激励、精神激励和工作激励等多元激励策略，激发师生员工自主学习和增值的内在动力。

（二）加强特色学科建设，因地制宜优化资源配置

受资源禀赋和经济实力约束，黄河中上游西北地区高等教育事业较难像发达地区一样走规模化和资本集中的发展道路，因此，当下高等教育事业发展的抓手就在于集中优势资源和精力，努力打造当地特色学科领域。对黄河流域西北高校的学科建设来说，目前的关键就是依据国家战略，以

特色为抓手、以特色求突破。《黄河流域生态保护和高质量发展规划纲要》明确提出，支持沿黄地区高校围绕生态保护修复、生物多样性保护、水沙调控、水土保持、水资源利用、公共卫生等急需领域，设置一批科学研究和工程应用学科。[①] 为此，需要加强对黄河流域特色学科建设的支持力度。一方面，建议国家以特色为前提、以质量为标准，公开评审，择优支持，以专项资金重点支持与黄河中上游西北地区经济社会发展、自然资源环境和生态保护等密切相关的重点学科和特色学科，在重点学科、重点实验室建设方面向黄河中上游西北地区特色学科倾斜，并增加这些学科的研究生招生规模和师资培养力度。另一方面，从高校角度来说，一是突出基于生态环境保护特色的学科优势，把黄河中上游西北地区独特的地貌、气候和水文等自然环境要素转化为高校地理、环境和资源专题等学科建设的优势资源，聚焦特色领域实现重点突破。二是加强基于社会文化特色的学科建设，深耕黄河中上游西北地区文化、民俗风情和宗教信仰等方面的研究，深入传承黄河中上游西北地区历史文化基因。三是强化基于地域经济和技术特色的学科建设，对接社会经济技术发展需要，挖掘新的研究领域，因地、因校制宜，优化资源配置，聚焦优势学科和特色领域，合力攻坚，实现重点突破。

（三）厚植人力资本，提高高等教育核心竞争力

黄河中上游西北地区高等教育核心竞争力提升，其中人力资本的积累和增值是要害。以教师为主体的人力资本一向被认为是加快高等教育事业发展的核心。黄河中上游西北地区高校师资力量薄弱且流失严重，尤其需要国家支持。一是加大实施西北地区人才特殊政策支持力度，如适当放宽西北地区国家级人才计划申报条件、增加西北地区国家级人才指标、加大对西北地区国家级人才的支持力度等。同时，在国家自然科学基金项目、国家社科基金项目、教育部人文社科项目之外，设立面向黄河中上游西北地区科研项目专项计划，以此扶持并提升西北地区高校教师的学术水平和科研能力。二是应大力提高西北地区高校教师待遇。国家需出台专门政策和加大资金扶持，进一步提高西北地区人才待遇，增强西北地区高校教师

---

① 《黄河流域生态保护和高质量发展规划纲要》，http：//www.gov.cn/xinwen/2021-10/08/content_5641438.htm。

留任意愿。三是激活存量，提升黄河中上游西北地区高校师资质量。高校在做大师资队伍建设增量的同时，更要激活存量。可通过大力引进人才、跨地区人才的互联互通互补共享、引入“虚拟专家”等路径扩充师资存量。与此同时，可与国内外名校建立战略合作关系，提升教师学历层次，提高学术能力，加强培训，增强专业水平和学术水平等。

（四）推进区域间高校协同升级，促进地区内高等教育均衡发展

黄河中上游西北地区高等教育对经济和社会的贡献度不仅较其他国家重点战略区域低，而且在内部省域间差异显著。因此，尤其要关注黄河中上游西北地区高等教育的均衡发展，以强带弱。目前该地区高等教育资源大量集中在陕西，对经济增长的贡献率也以陕西为最高，而其余省（区）高等教育对经济发展的贡献率较低。因此，可建立以陕西为中心，辐射甘肃、宁夏、青海等省（区）的西北地区高校协同发展圈和高校联盟，联盟高校之间以协同制度为保障，以质量标准为原则，共享区域内优质的教育资源，通过平台共建、项目共享、课题合作等方式推进区域科研协作，还可以通过课程资源共享、教师校际流动、管理人员借调学习、学生交流互换等方式开阔师生视野、学习先进的教育和管理理念，不断推进优质高等教育资源共享。另外，要深入推进一流高校的精准帮扶，加快建设“互联网+高等教育”大平台，① 充分利用好大数据、云计算和人工智能等新型信息技术，加大对其他省（区、市）高校的优质教育教学资源的共享力度。

① 姚聪莉、刘源宏：《西部地区高等教育现代化的路径与政策》，载任保平等编《中国西部发展报告（2021）》，社会科学文献出版社，2021 年。

Research on Current Situation and Path Selection of Higher Education Development in the Middle and Upper Reaches of the Yellow River in the Northwest Region

Yao Congli Xu Wanzhou Liu Yuanhong

Abstract: The publication of "the Outline of the Plan for Ecological Protection and High-quality Development in the Yellow River Basin" marks that the Yellow River Basin has become another major strategic deployment area in China after the Beijing-Tianjin-Hebei region, the Yangtze River Delta, and the Guangdong-Hong Kong-Macao Greater Bay Area. Higher education is the engine and endogenous driving force for economic and social development, and is closely related to the realization of regional strategic development goals. Based on this, the paper takes the four provinces (regions) in the middle and upper reaches of the Yellow River and the northwest region as the research object and constructs an evaluation index system for the development level of higher education, and uses the factor analysis method to evaluate its basic situation and development status. The evaluation results show that the current development level of higher education in the middle and upper reaches of the Yellow River and the northwest region shows a positive trend year by year, but there are still insufficient supply of educational resources, weak ability to serve social and economic development, low degree of opening to the outside world, uneven development within the region, and other issues. In view of this, this paper proposes that strengthening the leading role of government investment and cultivating autologous hematopoietic mechanism, strengthening the construction of characteristic disciplines, cultivating human capital and promoting the coordinated development of regional universities are the specific paths to accelerate the development of higher education in the middle and upper reaches of the Yellow River and the northwest.

Keywords: the middle and upper reaches of the Yellow River and the northwest region; the development level of higher education; current situation; path selection

普及化阶段地方高校内部治理主体及其关系调和研究*

乔 刚 祝悦晨**

摘 要：构建协商共治的多元治理主体关系是地方高校实现治理体系和治理能力现代化的重要目标。当前和今后一个时期，明确行政管理部门、教师、临聘人员、学生等主体的治理角色，厘清不同主体之间的关系是地方高校推动内部治理的首要任务。当前，地方高校在内部治理过程中存在着行政主体与党委主体权责交叉、学术权力与行政权力不平衡、学生主体参与受限及编外人员认同感低的现实困境。新阶段，地方高校应从树立协同治理理念、建立多元协商机制、优化内部治理结构和强化教师参与机制等方面着手，调和多元治理主体之间的关系，才能推动自身高质量发展，实现治理体系和治理能力现代化。

关键词：高等教育普及化；地方高校；内部治理；主体关系；协调机制

普及化是21世纪世界高等教育发展的显著特征之一。截至2021年年底，我国各种形式的高等教育在学总规模4430万人，高等教育毛入学率57.8%①，已迈入高等教育普及化发展的新阶段。高等教育的普及化，不

---

* 基金项目：中国高等教育学会2021年度专项课题“地方大学改革发展重大理论与实践问题研究”专项重点课题：普及化阶段地方高校高质量发展路径研究（项目编号：21DFD07）；陕西省社科基金项目：普及化阶段地方高校内部治理机制研究（项目编号：2020P022）；陕西省高等教育学会2021年度高等教育科学研究项目：新时代陕西地方高校分类评价研究（项目编号：XGH21126）。

** 乔刚，副教授，教育学博士，延安大学高等教育研究所副所长，硕士研究生导师，研究方向：高等教育政策研究；祝悦晨，延安大学教育科学学院硕士研究生。

① 数据来源：中华人民共和国教育部2021年全国教育事业统计主要结果，http：//www.moe.gov.cn/jyb_xwfb/gzdt_gzdt/s5987/202203/t20220301_603262.html。

仅意味着规模的扩张，教育观念、教育功能、教学方式的转变，更意味着治理主体更加多元，治理方式更趋于多元协调。地方高校作为我国高等教育体系重要组成部分，内部治理关系更加复杂，如何协调好内部各治理主体之间的权责关系，建立更加科学、合理的协作机制，是新阶段推动地方高校高质量发展进程中亟待突破的重大理论与现实问题。

一 地方高校内部治理的主体构成及其学理分析

高等教育普及化发展新阶段，高校要实现高质量、内涵式发展，必须搭建满足新阶段发展要求的内部治理结构。《中华人民共和国国民经济和社会发展第十四个五年规划和2035年远景目标纲要》明确提出："完善学校内部治理结构，有序引导社会参与学校治理。"对于地方高校而言，完善内部治理结构，应首先明确内部治理的主体构成，厘清其所扮演的角色，推动各主体发挥自身及集体功效，推动实现内部治理体系和治理能力的现代化。

（一）地方高校内部治理的主体构成

在高等教育由精英化迈向普及化的新阶段，作为我国高等教育体系重要组成部分的地方高校，参与治理的利益相关主体增多，其需求也更加复杂。就内部治理而言，包括政治主体、行政主体、学术主体以及民主管理主体，不同的利益相关者都在积极寻求参与高校治理的方式，并期望获得相应的权力。正如角色理论所强调的，社会中的每一个角色都有自身特殊的存在价值，其角色价值在于通过其社会义务所表达的社会作用。① 地方高校内部各主体在治理中与其他主体互动形成自己的角色，发挥各自的作用。

以党委领导为核心的政治主体是学校内部治理的"领导者"，党委领导是我国高等教育制度的最显著特点。"学校党委"作为政治权力代表，在高校内部治理结构中居于核心领导地位，是学校重大事务的最高决策层。高校内部的行政主体包括校长、副校长以及学校的行政职能部门等，

---

① 齐世泽：《角色理论：一个亟待拓展的哲学空间》，《北京交通大学学报》（社会科学版）2014年第4期。

在高校治理过程中承担“执行者”的角色，在党委领导下开展工作，贯彻和执行党委部门的决策部署。以教授、教师、高校学术委员会为主力的学术主体是高校建立科学、合理、完善的内部治理结构的重要主体。对于地方高校而言，学术主体是学校的“学术事务管理者”，支持和保证教学科研、学位授予等活动有效地实施开展，是高校实现学术自由和教授治学的有力保障，在完善和创新内部治理结构上扮演重要角色。但由于地方高校行政化倾向和构成多元复杂，学术主体在高校治理中参与受限，处于被动、隶属的地位。① 由学生、职工集体包括临聘人员和离退休人员等组成的民主管理主体是高校治理的直接利益相关者，但在高校治理中或参与意识淡薄，或参与途径缺失，难以真正参与到治理中去。

（二）多元主体参与地方高校内部治理的学理分析

多元主体参与地方高校内部治理是新时代社会发展的必然趋势，是实现地方高校改革兴校、民主治校的重要动力，也是推动地方高校高质量、内涵式发展的基本路径。

1. 多元主体参与内部治理的合理性

高等教育治理体系及其治理能力的现代化不仅体现于更依托于高校内部治理体系和治理能力的现代化。② 民主治校是高等院校在教育管理现代化上的一个重要表现，多元主体参与高校内部治理是实现民主治校的重要途径。一方面，对于地方高校而言，推动教师群体、学生、临聘人员等利益相关者参与到学校的内部治理中，调动各主体的积极性，增强地方高校内部治理的民主性。同时内部多元主体的相互合作和制衡，有助于形成多元化、多中心的治理模式，使决策更加科学合理，进而实现地方高校的善治。另一方面，高等教育涉及高层次创新型人才的教育、培养，高深知识的创造、保存、传播，对社会发展和经济进步的辐射、带动等诸多内容。地方高校在内部治理过程中，主动吸收各主体的意见和建议，激发其主人翁精神，这对高校人才培养、科学研究、学科建设、社会服务等质量和水平的提升都能发挥积极作用。

① 张玉磊：《高校利益相关者治理模式及其构建》，《黑龙江高教研究》2019 年第 4 期。

② 眭依凡：《从管理到治理的嬗变——基于新中国成立 70 年来高校内部管理模式变迁的线索》，《苏州大学学报》（教育科学版）2019 年第 3 期。

2. 多元主体参与内部治理的合规性

当前，地方高校建立健全教职工代表大会制度、学术委员会制度、理事会制度、教师申诉制度、学生申诉制度、财经委员会制度、信息公开制度等，为多元主体参与治理提供了制度保障。各主体不仅可以对学校事务行使咨询权、评议权，还可以有序参与到学校的大学章程、发展战略、组织规划等方向性、纲领性事务当中，发挥决策性功能。另外，通过多元主体共同参与理顺主体权力关系，能够进一步完善党委领导下的校长负责制，形成“党委领导、校长负责、教授治学、民主管理”相互耦合、有序运行的治理格局，对内部治理不同主体权力的边界及运行规则进一步明确，增加操作性与约束性。[①] 这也有助于完善纵向治理制度体系，理顺校院系权力关系与治理规则，促进学校依法治校。

3. 多元主体参与内部治理的合法性

促进地方高校治理体系和治理能力现代化作为国家现代化建设工作的重要组成部分，要提高运用法治思维和法治方式的能力，实现依法治校，提升治理效能。[②] 我国各级政府和高校持续建立健全相应法律法规，为推动多元主体共同参与高校内部治理提供了充分的法律依据和制度保障。根据《中华人民共和国高等教育法》（以下简称《高等教育法》）规定：“我国高等学校应当面向社会，依法自主办学，实行民主管理。”“高等学校通过以教师为主体的教职工代表大会等组织形式，依法保障教职工参与民主管理和监督，维护教职工合法权益。”2012 年 11 月，教育部发布的《全面推进依法治校实施纲要》进一步提出“必须坚持以人为本，依法办学，积极落实教师、学生的主体地位，依法保障师生的合法权利”。2014 年 3 月 1 日施行的《高等学校学术委员会规程》明确提出：“规范和加强学术委员会建设，完善内部治理结构，保障学术委员会在教学、科研等学术事务中有效发挥作用。”

---

① 陈峰：《新时代高等教育“双一流”建设的逻辑进路》，《内蒙古社会科学》（汉文版）2019 年第 1 期。

② 朱洪波、王友云：《地方高校治理转型的现实选择：内涵、特色与融合发展》，《贵州社会科学》2021 年第 8 期。

二　地方高校内部治理主体之间关系的现实审视

地方高校治理体系和治理能力现代化，是我国高等教育治理体系和治理能力现代化的重要目标。当前，部分地方高校内部治理主体之间权责界定不清、参与程度受限、治理效能低下，已经成为制约地方高校高质量发展的重要瓶颈。

（一）党委主体与行政主体权责交叉

《高等教育法》规定“国家举办的高等学校实行中国共产党高等学校基层委员会领导下的校长负责制”。校长负责是指校长执行党委决策部署，对于学校的行政事务负责。在地方高校内部治理体系中，党委和行政既相互制约、分权分工，又相互配合、共同负责。但是，在治理过程中两者各自的职权划分并没有得到明确的规定①，尤其在学校的“三重一大”② 决策方面并没有进行清晰的权责划分和界定，使得实际治理过程中存在高校党委书记和校长之间争权的潜在问题，导致在矛盾面前两者“各行其是”或“一把手包办”的局面，在一定程度上影响着学校内部治理的效率与质量。此外，在治理过程中，学校党委对学校的重大事务和发展战略进行决策，校长办公室研究执行，并且负责，这样看来校长的权力在某种程度上被削弱了，但是责任并没有减少，遇到矛盾复杂的情况时容易出现双重领导、责任交叉的问题。

（二）行政主体与教授集体存在冲突

行政主体与学术主体是高校治理的重要主体，学术权力与行政权力的良性配合，是推动地方高校治理水平提升的重要内容。当前，在地方高校内部治理过程中，行政主体与学术主体的权力博弈依然是高校内部利益相关者之间博弈的主体，其博弈主要表现为行政权力的泛化和学术权力份额不足。一方面，行政主体在治理中有着精确性、稳固性、纪律性、严谨性

① 庄晨忠：《我国高校章程制定中的“四种权力”困境及其对策》，《黑龙江高教研究》2017 年第 11 期。

② 曲雁：《高校权力运行的内部监督机制研究》，《学术交流》2014 年第 1 期。

和可靠性的优势，但权力的集中和滥用也容易导致治理缺乏变通，走向“唯命是从”的教条主义。另一方面，学术主体参与治理能够充分调动广大教师的积极性和主动性，推动其提高教育教学质量，追求学术自由与平等，但也容易使高校治理出现散漫、保守、固执与空想等问题。事实上，我国多数地方高校内部的行政权力相对集中，在相当程度上反映出部分地方高校行政化程度仍然较重，极大压缩了学术权威的地位，从而导致教师群体的不满。究其原因在于二者之间权力主体利益、权力、地位的划分不公平。权力弱小的主体只能处于被支配地位，而权力较大的一方则可以利用优势控制更多的信息，调配资源，制定利于自身的博弈规则。

（三）编外人员认同感低影响治理效能

编外人员是高校教职工队伍的重要组成部分。高校编外人员指不占用学校人员事业编制，因教学、科研、管理和后勤服务等工作需要聘用的工作人员。当前，大多数地方高校出于历史缘由及现实发展需要，编外人员在教职工队伍占有一定的比例。但是，同时由于身份认同问题，编外人员参与学校内部治理存在诸多问题。首先，由于编外人员与学校签署的是聘任合同，导致编外人员对学校的认同感比较低。其次，编外人员大都未经过专业化的岗前培训，服务理念、业务水平参差不齐，影响学校内部治理效能。再者，临聘人员作为地方高校教职工队伍中的特殊群体，参与学校治理活动和范围均受到限制，加之部分教师和学生对编外人员存在一定的歧视心理，使得临聘教师在学校治理过程中缺乏主体认同感和参与感。与此同时，编外人员任期长短不定、流动性大，从而影响到其参与高校内部治理的过程的有效性。

（四）学生主体参与范围和深度受限制

切实满足学生的发展诉求和维护学生的正当权益，是实现依法治校本质表现。当前，部分地方高校内部治理过程中学生主体性地位未得到有效凸显，学生在参与治理的深度和广度方面受到诸多因素制约。学校留给学生参与管理的权利有限，都是涉及卫生检查、宿舍检查、校园秩序、简单讲座等内容，而学生对学校的意见却难以被接受和采纳，这就造成学生参与事务管理是完全被动的，难以体现民主管理作用。[①] 究其缘由，学生在地方高校内部治理中处于底层，大多数情况下只能通过学生社团等间接参与到内部治理活动中，参与决策与管理的学生团体由少数人组成，大部分学生自身的诉求与意愿无法有效表达。而处在学生组织机构的学生大多是机械的“执行者”，对决策上传下达，很少主动关心与自身利益相关的问题是否得到妥善解决，因此学生在高校治理中很难发挥真正作用。

三 普及化地方高校内部治理主体关系的调和机制

（一）树立协同治理理念，形成多维共治格局

高等教育体系是多要素构成的有机整体。只有保证各要素之间的有机协调与整合，才能促进高等教育的良性运行与协同发展。因此，要推动地方高校高质量发展，实现其内部治理现代化，必须树立协同共治的理念。在普及化阶段，地方高校树立多元主体协同治理理念，就是在学校内部有机体中，调动行政部门、二级学院、教师、学生、临聘人员、离退休人员等利益相关主体合作、协商，实现对学校事务的共同治理。地方高校以协同治理为理念，必须在协调行政部门和二级学院各要素、激发教职工要素、统筹多元要素等三个维度突破。

协调行政部门和二级学院各要素，要注意加强二者之间的沟通协作，利用现代信息技术手段打破彼此的信息壁垒，同时要厘清二级学院内部各要素之间的关系，促进各要素有机整合，实现有效治理。激发教职工要素要倡导并鼓励广大教职工积极参与学校内部治理事务，他们既是治理者又是被治理者，有参与学校治理的权利和义务，更有话语权。特别是要发挥好学术委员会、教职工代表大会等教职工组织的作用，为教职工参与学校治理提供有效方式和路径。统筹多元要素，既要强化学生的参与意识，突出学生在学校治理中的作用，更要调动临聘人员的积极性和主动性，并要发挥离退休人员的余热。

---

① 宓旭峰：《“以学生为本”理念下的高校学生事务管理》，《教育教学论坛》2016 年第 3 期。

（二）建立协商合作机制，构建和谐共生关系

建构多元主体协商机制，维系多元治理主体之间的良好秩序，是促进地方高校权力体系良性运转的重要支撑。就地方高校而言，学生、教师、行政人员等利益相关者的利益诉求各有不同甚至彼此间存在冲突，内部治理必须协调多元主体，并促使他们采取联合行动，[①] 推动单一主体的管理模式向多元主体协商治理机制转变。地方高校建立多元主体协商机制，应在实践过程中凸显治理的多元性和共同性，促进各主体间和谐关系的建立。

以学术主体和行政主体的对弈为例。在地方高校内部治理过程中，“教授治学”和“科层制”管理对于学校的顺利运转都不可或缺，但二者在决策方式、价值理念等方面存在较大差异甚至分歧。完善大学内部治理结构的核心是调整学术权力和行政权力的关系，从而在制度上建立起一套合理有效的行政管理与学术管理的分工体制。[②] 因此，在地方高校治理过程中，既要突出学术管理，提倡学术自治，同时也要强化行政部门的服务意识和服务水平，通过治理要素激活现有运行机制的功能，使之迸发更多的生机和活力。此外，在一些重大问题决策或涉及其他主体利益的问题上，要发挥教职工代表大会和学生代表大会的作用，有效保障各主体的知情权、参与权和话语权，确保他们能够通过规范程序和通畅渠道表达合理诉求。同时，地方高校在协调多元主体参与内部治理时，要充分发挥治理制度的嵌入性优势，弥补和消解“科层制”管理的不足，实现各主体之间的有效互动、理性沟通、协同共治，才能在公共决策中既体现大多数群体的意愿，又兼顾少数人的需要[③]。

（三）优化内部治理结构，实现有效“去行政化”

高校内部治理结构是高校内部权力关系运行的基础，为实现内部治理现代化，地方高校应创新内部治理结构，弥合“结构碎片”，明确党委领导下多元共治的新型契约关系，构筑教师、学生、行政人员、临聘人员、

---

① 毕宪顺、赵凤娟：《依法治教视野中的教授治学》，《教育研究》2016 年第 10 期。

② 张应强：《新中国大学制度建设的艰难选择》，《清华大学教育研究》2012 年第 6 期。

③ 邹兵：《“双一流”背景下我国高校治理的优化路径》，《江苏高教》2018 年第 1 期。

离退教职工等平等参与的基础上网络化治理格局。

首先，地方高校应进一步加强党委的集中统一领导，建立简洁明了的直通式管理系统，明确党委领导与行政管理之间的权责关系，明晰不同部门的职能职责，将各部门的职能和角色进行划分和界定，增强对行政部门权力的约束和监督监管，避免行政权力滥用。其次，行政部门要强化服务理念、增强服务意识，完善负责职责，提高服务能力和服务水平。再者，地方高校应探索形成“学校—学院—系”纵向层级间的协调机制，理顺校院系权力关系与治理规则，保障院系合理权力的依规行使。构建行政—学术—民主主体参与权力的耦合协调机制，① 促使师生广泛参与到学校治理活动当中，共同致力于学校内部治理的科学性和民主性，推动学校内部治理水平的不断提升。

（四）强化教师参与机制，持续提高治理效能

普及化阶段，地方高校构建良好内部治理格局，必须强化教师参与学校治理特别是关乎教师利益和学校发展重大事项的机制，提升各类教职人员参与学校活动的广度和深度，持续提升学校治理效能。

一是要提高编外人员的职业认同感。编外人员也是学校教职工的重要组成部分，学校应积极为编外教师创造良好的工作环境，肯定编外教师的价值，激发其自我认同感和价值感，帮助编外教师树立正确的职业信念和价值观，鼓励其参与到高校内部治理中。② 二是要健全在编教职工参与内部治理的机制。学校要充分重视教职工代表大会的作用，建立健全职代会监督反馈机制。在落实教育部《高等学校学术委员会规程》《学校教职工代表大会规定》等制度相关精神的基础上努力创新，从组织建设、人员结构、产生方式等维度去拓宽教师参与高校内部治理的渠道。③ 三是提高全体教职工参与治理的效能。对于新入职教职工要着重综合考察能力，任期内根据其教学水平、服务能力以及参与治理的情况进行综合评价，最

① 陈兴明、郑政捷、王静函：《“放管服”视域下我国大学治理现代化路径探析》，《黑龙江高教研究》2021 年 01 期。

② 赵星、王金芳、张亮：《编外教师历史变迁 70 年：回顾与前瞻》，《当代教育科学》2019 年第 12 期。

③ 孟新、李智：《教师参与大学内部治理的困境及化解之道——基于场域的视角》，《现代大学教育》2018 年第 6 期。

后根据各方面意见决定聘用与否。地方高校还应强化已聘用教职工的综合考核，采用动态监督的方式不定期考察其工作状况，避免出现职业疲怠，保证教职工队伍参与治理的活力。同时，要充分发挥离退人员的积极性和主动性，让其参与到学校的建设和发展当中，为学校治理水平的提升建议献策。

（五）健全学生参与方式，增强学生主体意识

学生是高等教育的直接利益相关者之一。明确学生在学校当中的主体地位，健全学生参与学校治理的方式方法，是新时代我国高等教育治理体系和治理能力现代化的重要内容。地方高校健全学生参与内部治理方式，一是要树立“以学生为中心”的发展理念，持续完善学生参与学生内部治理的各项制度，确保学生参与内部治理的合规性。二是要强化学生自主管理，增强学生的主体意识。改变传统学生管理工作中学生的被动地位，促使学生能通过参与日常管理工作等内容，增强其主体意识。三是要加强学生会、学生自管会等学生组织建设，持续优化学生组织参与学生内部治理的方式途径，让学生组织在关乎切身利益与学校发展的决策中发挥实际作用，确保学生的权益得到有效保障和落实。为此，学校应主动向学生组织放权，减少行政权力对于学生参与治理活动的干扰和控制，创造学生参与治理的普及度，充分调动学生组织参与学校治理的积极性，不断提升学生参与治理的成效。

结　语

当前我国高等教育已经迈入普及化发展新阶段，积极协调各内部治理主体的关系，构建多元主体的合作协商机制是地方高校发展的应有之义。为此，地方高校要构建党委、行政部门、教师、临聘人员、离退人员、学生等多元主体协同共治的科学路径，才能实现内部治理体系和治理能力现代化，真正实现地方高校的高质量内涵式发展。

Research on the Internal Governance Subjects of Local Universities and Their Relationship Reconciliation in the Popularization Stage

Qiao Gang Zhu Yuechen

Abstract: The construction of multi-governance subject relationship is an important goal for local universities to realize the modernization of governance system and governance ability. At present and in the future, it is the primary task for local universities to promote internal governance by clarifying the governance roles of administrative departments, teachers, temporary employees, students and other subjects, and clarifying the relationship between different subjects. At present, there are some practical difficulties in the process of internal governance in local colleges and universities: the intersection of power and responsibility between administrative subjects and party committees, the imbalance between academic power and administrative power, the limited participation of students and the low identity of non-staff personnel. In the new stage, local colleges and universities should establish the concept of collaborative governance, establish a multi-negotiation mechanism, optimize the internal governance structure and strengthen teachers' participation mechanism to reconcile the relationship between multiple governance subjects, so as to promote their high-quality development and realize the modernization of governance system and governance ability.

Keywords: popularization of higher education; local universities; internal governance; subject relationship; coordination mechanism

院系治理研究这十年

——特征、趋势与展望*

侯　佳　杨青茹**

摘　要：《国家中长期教育改革和发展规划纲要（2010—2020年）》实施的这十年，我国院系治理研究获得了显著的发展。本研究以国内63本CSSCI来源期刊上的264篇院系治理研究文献为研究对象，利用Citespace软件对已有研究的特征进行多重分析后发现：2010—2022年，院系治理研究的年发文量在波动中呈上升趋势；核心作者群和核心发文机构尚未出现；研究特征具有知识输入性和跨学科性。在研究现状分布上，院系治理研究主题从单一转向多元，研究范式以非实证研究为主；在研究主题趋势上，呈现明显的"政策依赖"性。鉴于此，未来院系治理研究应重点关注以下几个方面：把握研究主题的时代性与具体化；注重研究方法的科学性与多元化；激发研究人员的自主性与协作化。

关键词：院系治理研究；特征；趋势；展望

随着现代大学制度建设的持续推进，高校管理重心下移使得院系治理成为高等教育研究领域的热点话题。作为大学最基层的行政单位，院系是大学教学、科研、社会服务等职能发挥的"最后一公里"，其重要性不言而喻。院系治理研究兴起于20世纪80年代的高等教育体制改革，直至2017年才正式进入国家政策视野。中共中央、国务院印发《关于加强和改进新形势下高校思想政治工作的意见》，提出院系党组织建设、民主决

---

* 基金项目：2021年度山西省高等学校教学改革创新项目"山西高等学校治理体系和治理能力建设研究（指令性课题）"（项目编号：J2020003）。

** 侯佳，山西大学教育科学学院副教授、硕士生导师，教育学博士，研究方向：高等教育学和教育管理学；杨青茹，山西大学教育科学学院硕士研究生，研究方向：高等教育管理。

策等要求;《国家教育事业发展“十三五”规划》和《关于深化高等教育领域简政放权放管结合优化服务改革的若干意见》都指出高校应进一步对院系放权。鉴于国家政策支持和高校院系治理综合改革,学界对院系治理研究也呈现星火燎原之势。特别是2016年12月在大连理工大学举办的“二级学院治理——权力运行制约与监督”学术研讨会和2017年5月在上海举行的“中国高校院系设置与治理改革”学术研讨会,对院系治理研究起到了积极的推动作用。然而,就具体研究而言,单纯的描述性统计分析已无法满足前沿研究之需。因此,本研究主要运用可视化的科学计量法对近十年CSSCI发表的院系治理文献进行系统剖析,厘清院系治理研究热点和前沿趋势,为深化后续研究提供理论支撑,以促进院系治理高水平发展。

一 数据来源和研究方法

本研究在中国知网(CNKI)高级检索中以“主题=院系并含治理或者篇名=院系并含治理”、“发表时间从2010年1月—2022年6月”(截至2022年6月30日)以及“文章来源为CSSCI”为检索条件,并对检索结果中相关参考文献进行筛选补充,检索结果显示为331篇。为保证文献的有效性和可靠性,对已检索文献进行逐一核对检验,清洗掉学术研讨会综述、论坛述评、研究报告、专栏导读等文献,共筛选出院系治理研究文献264篇。

在初步获得样本数据后,需对数据进行处理,具体操作步骤分为两步。第一步,对搜集到的来自样本期刊共63本、264篇文献进行整理,利用EXCEL构建数据库,并对样本文献信息进行描述性统计分析,具体包括刊发信息、作者信息、研究机构信息、研究方法信息等。第二步,利用Citespace软件对264篇样本文献进行计量可视化分析,分析内容包括作者及研究机构共现、关键词共现、关键词突现等,以期进一步分析2010—2022年院系治理研究的热点和趋势。

二 院系治理文献计量特征

院系治理文献计量特征的分析是进一步了解该领域研究热点和前沿的

前提与基础，主要包括院系治理年发文量特征、发文期刊特征、发文作者特征、发文机构特征、共被引文献特征和跨学科特征六个方面。

（一）年发文量特征

对264篇样本文献按其发表年份进行频次统计并绘图（见图1）。2010—2022年，院系治理研究数量缓慢增长，2017年载文量最多，为41篇。从年平均发文量来看，院系治理研究主题年均刊发的CSSCI收录论文在20篇以上。虽然2021—2022年相关研究有所减少，但近十年来发文量在波动中整体呈上升趋势。可以看出，院系治理是近些年研究者们关注的热点话题。

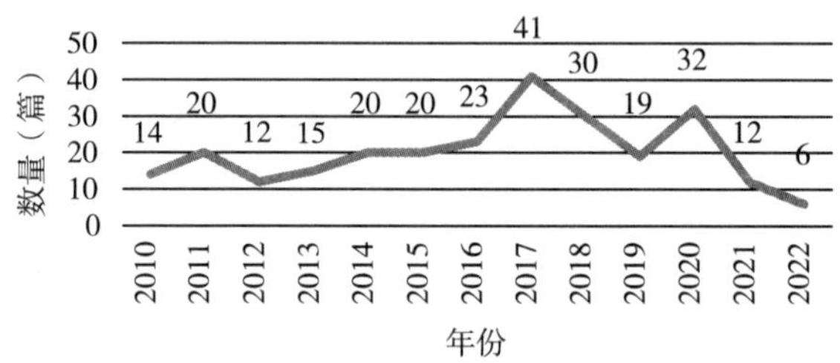

图1 院系治理研究年发文量（2010—2022年）

（二）发文期刊特征

期刊发文量是反映院系治理研究情况的重要指标。据统计，2010—2022年，264篇样本文献共刊发于国内63种CSSCI（含扩展版）来源期刊。从载文期刊来看，刊发院系治理研究论文较多的9种期刊为《国家教育行政学院学报》《现代教育管理》《江苏高教》《学校党建与思想教育》《思想理论教育》《高校教育管理》《中国高教研究》《中国高等教育》《黑龙江高教研究》，其载文量均在10篇以上（见表1，根据年发文量排序）。据统计数据显示，15本高载文量期刊（载文量大于5）发文量约占总发文量的73.11%，可以看出，院系治理研究载文期刊较为集中。从发表时间来看，2010—2022年，15本期刊中院系治理研究的年发文量在波动中呈上升趋势，发文量最高的年份是2017年，为35篇。

表 1　院系治理研究的文献载文量及其占比汇总表（2010—2022 年）

期刊名称	年发文量													发文总量	百分比（%）
	2010	2011	2012	2013	2014	2015	2016	2017	2018	2019	2020	2021	2022		
《国家教育行政学院学报》	3	3	1	3	1	2	3	2	2	1	2	0	0	23	8.71
《现代教育管理》	1	0	0	0	1	2	4	5	3	2	3	0	1	22	8.33
《江苏高教》	2	2	0	0	3	2	2	3	1	2	1	1	2	21	7.95
《学校党建与思想教育》	0	0	0	0	0	0	0	4	3	2	4	2	2	17	6.44
《思想理论教育》	0	0	1	0	1	1	3	3	2	0	4	1	0	16	6.06
《高校教育管理》	0	0	1	1	1	0	2	3	1	2	2	0	0	13	4.92
《中国高教研究》	1	1	0	0	1	0	1	6	1	0	0	1	0	12	4.55
《中国高等教育》	0	2	1	0	2	2	0	1	1	2	1	0	0	12	4.55
《黑龙江高教研究》	0	2	1	1	0	0	0	1	6	1	0	0	0	12	4.55
《复旦教育论坛》	0	0	0	1	0	1	0	0	1	2	4	0	0	9	3.41
《高教探索》	0	0	0	0	1	1	0	2	0	2	1	1	0	8	3.03
《教育发展研究》	1	0	1	0	0	0	1	1	1	0	2	0	1	8	3.03
《思想教育研究》	0	0	0	2	1	0	0	1	2	1	0	0	0	7	2.65
《高等教育研究》	0	0	0	0	0	1	2	2	1	0	1	0	0	7	2.65
《教育研究》	1	1	0	0	0	1	1	1	0	0	1	0	0	6	2.27
年发文总量	9	11	6	8	12	13	19	35	25	17	26	6	6	193	73.11

（三）发文作者特征

分析发文作者特征有助于揭示院系治理研究领域的主要研究力量和代表性学者，了解该研究领域学术共同体的基本现状。根据统计数据显示，院系治理研究发文作者特征表现为以下几点：从文章发表形式来看，多为单独署名或两人合作署名，合计占比约 87.12%，其中，单独署名的文章占比约 50.38%，是成果发表的主要形式；从发表数量来看，陈廷柱、张继龙、王瑞杰、严蔚刚、覃文忠 5 位作者为高发文量作者，其中陈廷柱发表相关文章 7 篇（表 2）；从合作次数来看，样本文献中，存在两次合作关系的作者群有 6 个，主要形式为两人合作；从合作作者所属机构看，合作主要来自不同大学学院机构、同一大学不同学院之间的合作，同时也包括大学学院和国家级学会、大学党委办公室机构等之间的合作。由普赖斯定律（Price's Law）中的核心作者计算公式 M=0.749（Nmax）$^{1/2}$计算得知 M≈1.982。据统计，发表 2 篇及以上论文的研究者发文总量为 86 篇，不及样本总量的 1/2，该研究领域的核心作者群尚未形成。

表 2　　院系治理研究作者发文量排序表（2010—2022 年）

排名	发文量	作者	所属机构
1	7	陈廷柱	华中科技大学
2	5	张继龙	上海师范大学
3	4	王瑞杰	中共上海市教卫工作党委
4	4	严蔚刚	东北师范大学
5	4	覃文忠	同济大学

（四）发文机构特征

分析发文机构特征有助于揭示院系治理研究的主要研究机构和研究团队，把握该研究领域学术资源的分布情况。对发文机构特征的分析主要包括机构类型、发文数量两个方面。对研究样本中发文量为 2 篇及以上的发文机构进行分析可得：从机构类型看，研究样本中包含来自 12 个一级机构、36 个学术分支机构，共 48 个研究机构的研究成果。其中，一级机构主要包括各类大学和国家级学会；学术分支机构包括教育学院或教育研究院（所）以及非教育学院或非教育研究院（所）等。从发文数量来看，在 48 个发文机构中，发文量最高的是华中科技大学教育科学研究院，发文量为 11 篇。根据普赖斯定律计算得知，院系治理研究的核心机构尚未出现。

表 3　　院系治理发文机构排序表（2010—2022 年）

序号	发文量	发文机构	序号	发文量	发文机构
1	11	华中科技大学教育科学研究院	25	2	浙江大学
2	5	大连理工大学高等教育研究院	26	2	上海交通大学改革与发展研究室
3	4	华东师范大学高等教育研究所	27	2	清华大学教育研究院
4	4	东北师范大学政策研究室	28	2	扬州大学教育科学学院

续表

序号	发文量	发文机构	序号	发文量	发文机构
5	4	南京师范大学教育科学学院	29	2	临沂大学发展规划与学科建设处
6	4	国家教育行政学院学校管理教研部	30	2	中国人民大学教育学院
7	3	华中科技大学	31	2	上海第二工业大学思想政治理论教学部
8	3	国家教育行政学院	32	2	上海交通大学高等教育研究院
9	3	上海中医药大学马克思主义学院	33	2	北京师范大学教育学部
10	3	北京大学教育学院	34	2	大连理工大学
11	3	厦门大学教育研究院	35	2	复旦大学
12	3	南京师范大学	36	2	同济大学艺术与传媒学院
13	3	吉林大学高等教育研究所	37	2	陕西师范大学教育学院
14	2	中国矿业大学公共管理学院	38	2	东北师范大学高等教育研究所
15	2	中国教育发展战略学会	39	2	苏州大学教育科学研究院
16	2	同济大学嘉定校区党工委	40	2	北京科技大学党委
17	2	上海大学社会学院	41	2	北京大学新闻与传播学院
18	2	上海师范大学教育学院	42	2	上海师范大学国际与比较教育研究院
19	2	北京航空航天大学	43	2	哈尔滨师范大学党委
20	2	浙江大学发展规划处	44	2	上海市民办高校党工委
21	2	山东科技大学	45	2	中国高等教育学会
22	2	上海交通大学	46	2	上海交通大学规划发展处
23	2	北京师范大学马克思主义学院	47	2	上海市教卫工作党委组织干部
24	2	浙江大学教育学院	48	2	北京大学

（五）共被引文献特征

共被引文献分析是反映文献之间研究主题密切关联性的重要方法，有利于辨别院系治理研究领域的经典文献和知识基础。基于中国知网计量可视化分析，在 264 篇样本文献中选取“篇名 = 院系或治理”的文献 200 篇，对其进行分析，可将 200 篇院系治理研究的共被引文献分为不同类型。按照出版形式，共被引文献主要包括著作、期刊论文、报纸文章等类型。据统计，引用频次较高的文献共 21 本（篇），文献的类型主要是著作，共 14 本。按出版来源的不同，共被引文献可分为外文文献和中文文献两种，在 14 本著作中，外文译著有 10 本，占比约 71.43%。按所属学科领域的不同，共被引著作可以分为教育学著作、非教育学著作、交叉学科著作这三类。被引频次较高的文献多属于交叉学科著作或非教育学著作，特别是教育学与管理学、社会学、政治学、历史学等学科领域的交叉著作。综上所述，院系治理研究引进和借鉴了国外已有研究成果，并融合了管理学、社会学等其他社会人文学科的知识成果，具有明显的知识输入特征。

（六）跨学科特征

院系治理研究呈现鲜明的跨学科特征，主要体现在发文作者情况、发文机构性质以及研究的理论视角三个方面。从发文作者情况来看，高发文量作者研究方向包括教育学、政治学等；合作发文作者所属机构性质存在不同，包括大学、国家级学会、教育学研究院和非教育学研究院等。从发文机构的性质来看，297 个发文机构中，存在合作关系的机构具有一定的跨学科特征（见图 2），包括师范类院校和其他类型院校的合作，以及一所大学内不同学院之间的合作，特别是教育学院和非教育学院、国家级学

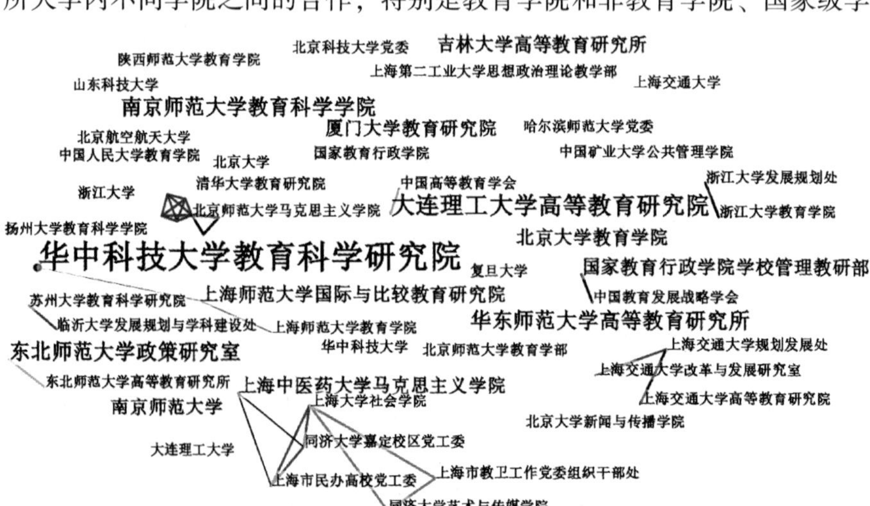

图 2　院系治理研究机构共现图谱（2010—2022 年）

会等之间的合作；从研究的理论视角来看，院系治理研究呈现跨学科性，研究者从管理学、社会学、政治学、历史学等学科背景出发对院系治理进行观照。

三 院系治理研究热点和趋势

为深入了解院系治理研究主题的分布情况及演变趋势，本研究将从研究热点主题和研究前沿趋势两个方面来分析。

（一）院系治理研究热点主题

在 Citespace 软件分析中，可以用来确定某一研究领域热点的是已有研究领域中的高频次关键词。[①] 由图 3 可得，在 2010—2022 年时间段内，院系治理研究领域中学者们集中关注的关键词排在前 10 名的分别是“高校”（26）、“二级学院”（24）、“学术权力”（15）、“院系治理”（14）、“学院治理”（13）、“高校院系”（13）、“大学治理”（13）、“治理结构”（12）、“教授治学”（12）、“行政权力”（8）。除此之外，“绩效评价”“高校党建”“一流大学”等关键词也开始得到学者们的普遍关注。

关键词共现是某一研究领域内研究主题和研究方向的具体表征，关键词共现频次越高，关联度越强，越能呈现该领域的研究热点。院系治理关键词共现图谱（见图 4）呈现院系治理近十年研究的主要面貌。节点关键词的字体大小体现了关键词出现的频次大小和中介中心性的强弱，连线的粗细反映了关键词关联程度的高低。[②] 院系治理研究形成了以“高校二级学院治理”为中心，各研究热点词相互交叉的图谱。根据高频次关键词统计和关键词共现图谱，整合相似主题并剔除无关主题，最终获得 2010—2022 年院系治理研究的 7 个主题：校院两级治理、治理结构、治理权力、高校院系党建、教授治学（校）、双一流、院系评价。

1. 研究主题的整体分析

研究主题整体分析包括数量和年度分布、研究主题的研究范式分布两

① 林德明、陈超美、刘泽渊：《共被引网络中介中心性的 Zipf—Pareto 分布研究》，《情报学报》2011 年第 1 期。

② 林宝灯：《近十年我国高等教育评价研究现状与前沿演进——基于 CiteSpace 知识图谱的可视化分析》，《西南民族大学学报》（人文社会科学版）2022 年第 5 期。

呈现	数量	中介中心性	年份	关键词
☑	26	0.22	2010	高校
☑	24	0.28	2011	二级学院
☑	15	0.11	2010	学术权力
☑	14	0.09	2015	院系治理
☑	13	0.06	2016	学院治理
☑	13	0.14	2012	高校院系
☑	13	0.11	2013	大学治理
☑	12	0.08	2011	治理结构
☑	12	0.06	2010	教授治学
☑	8	0.02	2010	行政权力
☑	7	0.08	2010	院系
☑	7	0.08	2010	高等学校
☑	6	0.03	2010	大学
☑	6	0.04	2016	治理
☑	6	0.09	2016	内部治理
☑	5	0.00	2010	运行机制
☑	5	0.03	2011	绩效评价
☑	5	0.02	2010	学院制
☑	5	0.01	2010	教授治校
☑	5	0.04	2015	大学章程
☑	5	0.02	2016	学术治理
☑	4	0.01	2017	高校党建
☑	4	0.03	2015	一流大学
☑	4	0.03	2010	二级院系
☑	4	0.02	2017	学院
☑	4	0.03	2011	地方高校

图 3　院系治理研究高频次关键词统计（2010—2022 年）

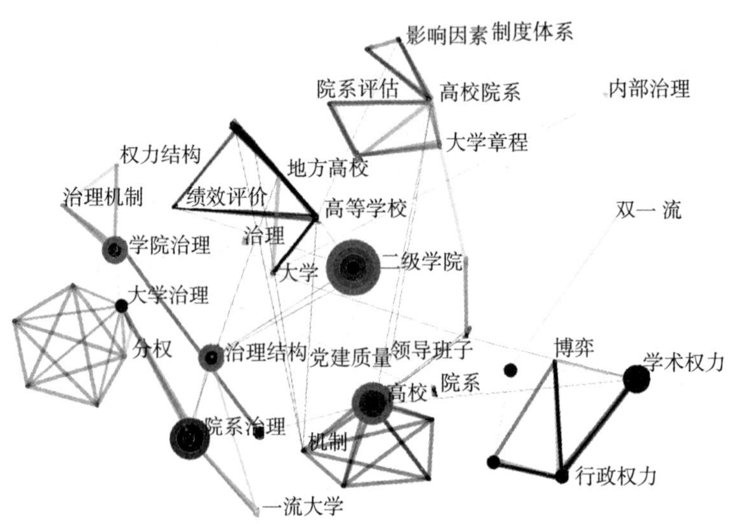

图 4　院系治理研究关键词共现图谱（2010—2022 年）

个方面。一方面，对研究主题的数量和年度分布情况进行分析（见表4）。从发文量来看，7个研究主题中占主导地位的是“校院两级治理”，占比约30.30%；受到部分关注的还有“高校院系党建”和“治理权力”，占比分别约18.94%和17.42%；“院系评价”占比约12.88%；“教授治学（校）”占比约6.06%；“双一流”占比约4.55%。双一流占比较低是缘于其作为院系治理的时代背景，论文往往有更明确的研究主题。从研究主题的年度分布情况来看，“教授治学”和“院系评价”的年发文量在波动中呈下降趋势，其余5个研究主题的年发文量均在波动中呈上升趋势。若以研究的高峰2017年为界限，2017年之前，研究主题的年发文总量占比偏低，在波动中增长缓慢；2017年之后，研究主题的年发文总量占比较高，增长起伏较大。

表4　　院系治理研究主题的年度分布（2010—2022年）

研究主题	年度分布													合计	比例（%）
	2010	2011	2012	2013	2014	2015	2016	2017	2018	2019	2020	2021	2022		
校院两级治理	4	3	2	3	6	3	8	14	13	8	10	4	2	80	30.30
治理机构	1	2	2	1	1	4	2	2	4	2	2	3	0	26	9.85
治理权力	5	6	1	0	1	5	2	10	3	1	10	2	0	46	17.42
高校院系党建	2	2	1	3	4	4	5	8	6	5	7	2	1	50	18.94
教授治学（校）	1	3	1	2	3	1	2	3	0	0	0	0	0	16	6.06
双一流	0	0	0	0	0	1	3	1	1	2	2	1	1	12	4.55
院系评价	1	4	5	6	5	2	1	3	3	1	1	0	2	34	12.88
合计	14	20	12	15	20	20	23	41	30	19	32	12	6	264	
比例（%）	5.30	7.58	4.55	5.68	7.58	7.58	8.71	15.53	11.36	7.20	12.12	4.55	2.27		100.00

另一方面，对研究主题中研究范式进行分析（见表5）。结合院系治理研究现状，可将其研究范式分为实证研究和非实证研究。其中，实证研究是在对研究对象进行观察、访谈、调查及实验的基础上，通过对收集的数据或信息进行分析和解释，以事实为证据探讨事物发展规律，以期解决相关问题的一种研究范式。① 属于实证主义研究范式的方法包括案例分析

① 朱军文、马银琦：《教育实证研究这五年：特征、趋势及展望》，《华东师范大学学报》（教育科学版）2020年第9期。

法、调查与多变量分析法、访谈法、田野观察法等；属于非实证主义研究范式的方法主要包括文献分析法。在2010—2022年发表的264篇院系治理文章中，实证研究占比约24.24%。在7个研究主题中，实证比最高的为“院系评价”和“双一流”，分别占比约35.29%和33.33%；实证比相对较低的为“高校院系党建”，占比约8%。

表5　　院系治理主题研究范式分布（2010—2022年）

研究主题	研究范式		合计	实证比（%）
	实证研究	非实证研究		
校院两级治理	19	61	80	23.75
治理结构	8	18	26	30.77
治理权力	12	34	46	26.09
高校院系党建	4	46	50	8.00
教授治学（校）	5	11	16	31.25
双一流	4	8	12	33.33
院系评价	12	22	34	35.29
合计	64	200	264	24.24

2. 研究主题的具体分析

研究主题具体分析是指对2010年以来研究者在“校院两级治理”“治理结构”“治理权力”“高校院系党建”“教授治学（校）”“双一流”“院系评价”7个主题研究中已解决的问题和取得的成果进行总结与分析。

（1）校院两级治理

校院两级管理体制改革既是优化大学内部治理结构的关键，也是落实大学办学自主权的重要举措。《国家中长期教育改革和发展规划纲要（2010—2020）》（以下简称《纲要》）的颁布与实施，为深化校院两级管理提供了政策支持和制度保障。校院两级治理作为热点主题，已有研究集中表现在三个方面：大学治理、学院治理和校院关系。在大学治理研究层面，院系治理作为大学治理体系建设或大学发展战略的具体措施被广泛关注。正如有研究者认为大学治理体系的建设应构建以院系为主体的治理结构。[①] 在学院治理

① 甘晖：《基于大学治理能力现代化的大学治理体系构建》，《高等教育研究》2015年第7期。

研究层面，研究较多集中于学院治理模式、治理制度等主题。除此之外，院系治理战略规划、治理能力、治理主体等也进入学者们的研究视野。在校院关系研究层面，研究涉及校院两级关系内涵、困境和对策等主题。研究者对校院二级管理体制效率问题、不同理论视域下校院关系改革路径、责权利配置等问题都进行了相关论述。

（2）治理结构

完善大学内部治理结构、深化院系治理体制对推动大学治理体系和治理能力现代化具有重要的实践意义。已有研究集中表现在两个方面：一是借鉴国外二级学院治理经验；二是考察国内院系治理结构的现实困境，两者研究目的均在于优化我国院系治理结构。有研究者对法人化改革后的日本国立大学二级学院改革缘由、治理主体、治理成效等进行分析，指出二级学院治理应明确校院权责、促进主体合作、搭建学术舞台、强化教学职能、提高行政效率。[①] 也有研究者通过参与式观察和问卷调查指出，我国高校院系治理结构基本合理，但存在成员参与热情不高、渠道不宽、认知不足等问题，学院内部应完善章程与规范、改革决策机制与模式、推进强化教授治学、保障成员治理权力。[②] 多数研究者在探求院系治理结构优化路径中认为多主体协商互动是最佳模式。

（3）治理权力

要推进大学治理体系和治理能力现代化，就要解决束缚高等教育发展繁荣的体制机制问题，而其中最为重要的是权力运行困境，在高校层面表现为权力下放不足，院系治理积极性缺失等弊病；在学院层面表现为学术权力、行政权力和党政权力三者的矛盾冲突。有研究探究高校权力重心下沉的阻力包括传统行政管理思想、大学职能部门增加导致的“权力累加”、职能部门权力定位不足等问题，要求理念更新做引领、制度建设作保障、院系建设履权责。[③] 部分研究者针对二级学院内部权力架构问题，认为规范二级学院权力形式，必须坚持党政教三者协调整合，共同决策学

① 李德显、徐亦宁：《法人化改革后的日本国立大学二级学院治理结构》，《现代教育管理》2020 年第 10 期。

② 张雷生：《高校院系内部治理结构现状调查研究》，《高校教育管理》2017 年第 3 期。

③ 查永军：《高校内部管理权力重心“下沉”阻力研究》，《高等教育研究》2018 年第 8 期。

院事务，进而保障决策机构的正常运行。

（4）高校院系党建

2010年修订的《中国共产党普通高等学校基层组织工作条例》中规定党政联席会议制度应在学院开始实行，这一会议制度确定了高校院系的领导体制和决策机制。研究者多关注党政联席会议制度的运行机制、重要功能、实施困境、建设路径等问题。已有研究分析了党政联席会议制度实施过程中上位规范不明确、运行实效受限等问题，从院系党政管理定位、思想基础、领导建设、运行机制、考评制度等方面提出具体解决措施。近些年来，研究者的视角更微观具体，院系领导班子建设、院系党建设质量评价等主题开始受到关注。

（5）教授治学（校）

2010年《纲要》正式提出“教授治学”，教授委员会制度作为教授在教学、研究、管理方面作用发挥的重要保障，其设置具有重要意义。基于此，不同高校院系开展了建设教授委员会的多样化实践，为研究者探讨院系治理中教授委员会的建设成效、实践问题、改革难点等提供了广阔的空间。起初，关于教授委员会的性质，部分研究者认为其性质是“教授治校”，即教授要掌管大学事务；部分研究者认为是“教授治学”，即管理学术事务。随着对其性质的认识不断深入，研究者倾向于认同“教授治学，参与治校”的观点，指出要构建院系一级的教授委员会制度，[①] 并开始对院系教授委员会设置现状、运行机制、作用发挥等进行探讨。

（6）双一流

2015年10月，随着《统筹推进世界一流大学和一流学科建设总体方案》的提出，“双一流”这一研究主题也逐渐在院系治理相关研究中得到关注。在已有的研究成果中，多数研究者将“双一流”作为时代背景对大学院系治理中院系评价、财权与事权分配机制、院系内部治理机制、院系党建等主题进行探讨；部分研究者认为一流大学院系治理应厘清权责关系、构建多维内部协调机制，吸纳校外利益相关者；[②] 研究者也开始关注学院战略规划的问题，在世界一流大学的基础上提出了世界一流学院的概

① 湛中乐、王春蕾：《论高校教授会制度的构建》，《国家教育行政学院学报》2013年第11期。

② 王战军、肖红缨：《一流大学院系治理的应然状态》，《教育发展研究》2016年第19期。

念，并分析一流学院的建设问题和路径。

（7）院系评价

评价具有治理的功能，同时也是治理的工具。① 如同“扁鹊治病”一样，院系评价在院系治理过程中发挥诊断、导向的功能。前期研究者聚焦于院系团队工作绩效、科研管理绩效、院系教学绩效等主题，建立相应的绩效评价体系，推动了院系评价研究的发展。随着“双一流”建设的提出，院系评价作为“双一流”建设综合改革的重要内容，也成为学者们致力探索的突出问题。2020 年中共中央、国务院印发的《深化新时代教育评价改革总体方案》也强调将评价作为治理的重要内容。院系评价研究中包括高校党建质量评价、一流学院评价、院系绩效评价等主题。可以看出，任何研究主题并不是孤立存在的，而是交互作用，共同推进院系治理研究。

（二）院系治理研究前沿趋势

本文运用 Citespace 软件绘制出的关键词突现图谱来进一步分析 2010—2022 年院系治理研究主题的演进过程及特征。通过观察图谱信息，从整体性和阶段性两个方面对研究主题的趋势进行分析。

1. 整体性分析

关键词突现视图主要分析某一特定时间段内出现频次骤增、备受学者关注的热点主题及其研究趋势。“高等学校”“运行机制”“绩效评价”“院系管理”“教授治学”以及“行政权力”等是 2010—2022 年院系治理研究的热点（见图 5）。从突现强度来看，除“二级学院”外，“教授治学”突现强度最大，突现时间为 2013 年，说明教授治学在 2013 年受到研究者的重视。从持续时间来看，突现时间跨度较长的关键词有 6 个，分别为“绩效评价”“学院治理”“教授治学”“二级学院”“大学章程”“学院制”，可见这些主题受到了研究者较长时间的关注。从突现时区来看，较早出现的是高校“运行机制”和“高等学校”，说明研究者较早关注高校院系治理运行机制的问题；“双一流”出现较晚，表明是近年来研究者关注的新话题。

① 周作宇：《论教育评价的治理功能及其自反性立场》，《华东师范大学学报》（教育科学版）2021 年第 8 期。

16个关键词节点突现词

关键词	年份	突现	起始	截止	2010—2022年
高等学院	2010	2.22	2010	2012	
学院制	2010	1.54	2010	2015	
运行机制	2010	1.4	2010	2011	
绩效评价	2010	1.85	2011	2015	
院系管理	2010	1.72	2011	2012	
教授会	2010	1.54	2012	2014	
教授治学	2010	2.74	2013	2016	
学术权力	2010	2.57	2016	2016	
行政权力	2010	1.54	2015	2016	
大学章程	2010	1.45	2015	2018	
学术治理	2010	2.35	2016	2017	
学院治理	2010	2.25	2016	2020	
院系治理	2010	1.53	2016	2018	
党建工作	2010	1.4	2016	2017	
二级学院	2010	2.9	2017	2020	
双一流	2010	1.49	2020	2022	

图 5　院系治理研究关键词突现视图（2010—2022 年）

2. 阶段性分析

根据关键词突现视图和对样本文献的系统剖析，可以将院系治理研究分为三个阶段：初步萌芽阶段（2010—2014 年）、快速发展阶段（2015—2018 年）和深化拓展阶段（2019—2022 年）。

在初步萌芽阶段（2010—2014 年），“高等学校”“院系管理”“教授治学”“绩效评价”等关键词是研究者主要探讨的问题。一方面，2010 年发布的《纲要》中指出“探索教授治学的有效路径是完善高等教育治理结构的重要内容之一”；《高等学校学术委员会规程》（以下简称《规程》）又进一步推进了高校“教授治学”的实践发展。另一方面，2012 年颁布的《国家教育事业发展第十二个五年发展规划》中提出“要建立健全教育标准和绩效评价制度”，这一要求推动了院系绩效评价的研究。总体来看，多数研究主题在这一时期已经出现，但研究的深度和广度较低。

在快速发展阶段（2015—2018 年），研究者开始关注学院治理和大学内部治理问题。关键词有："学术权力""行政权力""学院治理""校院两级治理""路径优化""基层党建"等。一方面，《规程》的颁布实施使学术权力重心定位成为高校必须面对的现实问题，学术权力和行政权力的冲突权衡问题也被学者们普遍关注；另一方面，2017 年的《关于深化高等教育领域简政放权放管结合优化服务改革的若干意见》强调高校向院系放权。同年举办的"中国高校院系设置与治理改革"学术研讨会上，研究者从学术探究和改革实践两个方面，围绕院系设置、治理困境、治理策略等进行了深入探讨。除此之外，2018 年的《高校党建工作重点任务》推动了院系基层党建的研究。总体来看，这一时期院系治理研究主题逐渐深化，各研究主题之间关联性较强。

在深化拓展阶段（2019—2022 年），研究开始关注双一流建设和治理体系构建等问题，关键词包括"双一流""治理文化""制度建设""院系评价"等。2019 年，党的十九届四中全会审议通过《中共中央关于坚持和完善中国特色社会主义制度、推进国家治理体系和治理能力现代化若干重大问题的决定》，开启了学校治理体系和治理能力现代化的新征程。"一流"战略视野下关注高校院系治理是落实国家政策的根本要求，也是推进学院治理现代化的重要方式。① "一流"大学、一流学院的建设推动了院系评价的深化。总体来看，深化拓展阶段新出现研究热点均与前两阶段的部分研究主题存在联系，体现出院系治理研究的连续性。这一阶段部分研究主题的热度虽有所趋冷，但新的研究热点仍在不断出现，研究的深度和广度也在不断增强。

由上观之，院系治理研究热点和研究趋势都呈现鲜明的政策依赖性，学者们的研究焦点随着国家政策的颁布和高校治理的现实需求不断调整。在未来，"双一流"建设背景、院系评价、治理体系、治理文化等将成为新的研究热点。

---

① 鞠建峰：《"双一流"建设战略视野下高校院系绩效评估研究》，《黑龙江高教研究》2018 年第 7 期。

四 研究结论与展望

（一）研究结论

在院系治理文献计量中，呈现以下特征：院系治理研究的年发文量在波动中呈上升趋势，到2017年发文量达到最高值；发文期刊类型较丰富，但也比较集中；院系治理研究的发文作者之间虽然存在一定的合作关系，但核心作者群尚未出现；院系治理研究的发文机构包括综合性院校、教育学院、非教育研究院（所）和国家级学会等机构，核心发文机构尚未出现，机构彼此间的合作频率较低；院系治理研究主要以引进和借鉴国外已有研究成果为主，同时融合了管理学、社会学、政治学等其他社会人文学科的知识成果，具有鲜明的知识输入特征；院系治理研究具有明显的跨学科特征，体现在发文作者情况、发文机构性质以及研究的理论视角之中。

在院系治理研究主题的现状分析中，呈现以下特点：研究主题从单一转向多元，以“校院两级治理”为主。在院系治理研究的7个主题中，占比偏高的有“校院两级治理”“治理权力”与“高校党建”；“治理结构”“教授治学（校）”和“院系评价”在特定阶段受到研究者关注程度较高；占比偏低的为“双一流”。院系治理研究以非实证研究为主，实证研究的占比偏低。

在院系治理研究主题的趋势分析中，已有研究呈现明显的政策依赖性。关键词的突现时间、突现强度的分析结果和研究主题现状分析相吻合，“双一流”是院系治理研究领域关注的新话题。2010—2022年院系治理研究经历了初步萌芽、快速发展与深化拓展三个阶段。初步萌芽阶段（2010—2014年）主要关注学院内部治理问题，包括“绩效评价”“教授治学”等主题；快速发展阶段（2015—2018年），“权力结构”“校院二级关系”“路径优化”“高校基层党建”是研究主要探讨的问题；深化拓展阶段（2019—2022年），“双一流”“院系评价体系”“治理文化”等主题开始被广泛探讨。

本研究结论与以往相关研究成果存在一定程度上的一致性。赵智兴与段鑫星在研究中指出大学院系治理是“双一流”建设研究的热点主题，而“一流”作为院系治理的外在评价标准而存在，[①] 与本研究的研究热点与趋势契合。吴瑾在分析二级学院治理研究中，发文期刊、高发文量作者、发文机构和研究主题与本研究存在部分吻合，但也有不一致。[②] 这种不一致主要表现在“高校党建”这一研究领域，很可能是研究者在筛选文献时将条件设置为“高等教育”领域，使得“院系党建”或“二级学院党建”相关文献缺失。本研究旨在拓宽研究领域，开阔研究视野，使院系治理研究特征更全面、更显著。

（二）研究展望

2010—2022 年，院系治理研究围绕高等教育领域内的重大理论与实践问题展开取得重要进展。鉴于以上结论，在未来的研究中，双一流、治理体系、院系评价、治理文化将成为院系治理的研究前沿。只有牢牢把握这些前沿问题，结合高校院系治理中的具体问题，在此基础上进行理论创新和主题深化，才能真正落实高校院系治理，推动中国特色院系治理理论与实践的发展。从样本文献分析来看，院系治理研究中仍然存在一些需要注意的问题。

1. 把握研究主题的时代性与具体化

院系作为高校最基本的组织，是高校功能使命的主要承担者。高校有效治理依赖于院系有效治理，高校治理体系和治理能力现代化依赖于院系治理体系和治理能力现代化。一方面，院系治理对于高校建设与发展具有重要实践意义。这就要求院系治理研究能立足于高校现实发展需要，依托于国家政策，呈现鲜明的时代性。院系治理研究可从以下几点推进：一是重领导。重视院系领导班子队伍的建设。卓越领导者领导组织成员在确定性与不确定性之间寻求可能性。[③] 院系治理必须牢牢掌握党对工作的领导权，建设高水平的党政领导队伍，加强党政监督工作，把握学院的发展方向。二是重一流。“双一流”建设发展态势迅猛，高校治理重心的下移，

---

① 赵智兴、段鑫星：《“双一流”建设研究的热点主题与前沿窥探》，《广西社会科学》2019 年第 3 期。

② 吴瑾：《我国大学内部二级学院治理研究综述及展望》，《中国人民大学教育学刊》2021 年第 1 期。

③ 周作宇：《大学卓越领导：认识分歧、治理模式与组织信任》，《北京师范大学学报》（社会科学版）2016 年第 1 期。

一流学院的建设成为推动一流高校的主要动力，也是一流治理体系建设的主要发力点。三是重评价。评价是改革的关键之举，是指引院系治理方向的标杆，是院系治理体系建设的关键。院系治理质量、水平、效率的提升都需要治理评价的反馈，以此加快院系、高校内涵式发展。四是重文化。院系治理文化作为内在的、隐含于学院成员内心的观念体系，在凝聚成员共识、增强组织合作方面发挥着至关重要的作用。① 院系治理必须重视治理文化的建设与研究。

另一方面，随着高校逐渐成为社会的中心，其面临的实际问题纷繁复杂，院系层面亦是如此。这就要求院系治理研究着眼于具体问题，从实际问题出发，坚持宏观研究和微观研究共同推进。从样本文献的分析中可以看出，关于院系治理现实困境，研究者多从宏观层面探讨：办学权力下移难、校院关系处理难、领导体制运行难、文化治理实施难、内外权力分配难等；关于院系治理比较研究，研究者对西方院系治理经验过度追捧，忽视中国院系治理的成功经验；关于院系治理研究理论视角，研究者重视西方治理理论视域下院系治理改革方向，忽视理论的本土化建构。这就造成研究结果趋同性高，研究内容重复且空泛。根据已有研究成果和理论经验，院系治理实践难以进行。院系治理作为一种个性化的实践，会因为大学自身、院系现状、学科发展不同形成不同的治理模式。因此，院系治理研究必须从院系治理的实际出发，对具体情境进行分析，关注院系实际运作中的具体问题，才能切实落实治理成效。

2. 注重研究方法的科学性与多元化

实证研究与非实证研究作为研究范式，包含多种具体研究方法，如案例分析法、调查与多变量分析法、访谈法、文献分析法等。研究方法的科学性和多元化对院系治理研究至关重要。一方面，保障院系治理研究方法的科学性。研究方法的规范性是衡量研究质量并影响研究结果的重要指标。根据样本文献的分析结果，尤其是在院系治理实证研究中，研究过程规范程度低。实证研究中规范性要素包括研究假设、文献综述、理论基础及方法阐释四个方面。但通过对样本文献的解读，多数研究难以同时满足以上内容。因此，在未来的院系治理研究中，研究方法使用应注意以下问

---

① 王声平：《学院治理文化：内涵、理论和构成要素》，《黑龙江高教研究》2021 年第 11 期。

题：一是增强实证研究方法的规范性。实证研究强调科学严谨，具体包括样本选取、资料搜集、研究过程、工具选取、论文写作等方面都要注意研究的规范性。二是提高院系治理研究人员的实证研究能力。实证研究发展需要掌握实证研究具体方法的人员做支撑。高校可以适当开设相关课程、设立相关讲座等，培养学生实证研究的兴趣和能力，进而推动院系治理实证研究的规范性。三是科学性也表现在非实证研究中。非实证研究要求逻辑自洽，以实践作为研究的标杆，探求适合院系治理研究的研究方法论。

另一方面，促进院系治理研究方法的多元化。非实证研究范式指导下，研究方法侧重于理论思辨，虽然其现实指导意义较弱，不适宜大范围、大规模将其研究成果进行推广，但在院系治理理论建构中发挥中流砥柱作用。相比较非实证研究，实证研究范式指导下研究结果往往实践性较强，对院系治理现实指导意义强。然而，实证研究与非实证研究两种范式并不是相互排斥的，而是互为补充，在促进研究的规范性和科学性方面相辅相成。在此基础上，院系治理研究方法多元化趋势逐渐形成。正如有研究者指出，在定量与定性研究单一方法论的争辩中，混合研究法正逐渐成为研究的新趋势，作为教育研究运动的“第三次浪潮”，混合研究法的时代已经来临。① 院系治理研究者必须融通多种研究方法，以至于在解决具体问题时，能根据问题的性质选择研究方法，而不是根据对某一领域的刻板认知来选择。这有利于打破研究过程中研究者“思维定势”，进而推动院系治理研究的发展。

3. 激发研究人员的自主性与协作化

研究人员作为一门教育学科领域发展的推动者、教育实践的指导者，其自主性与协作化是影响研究进展的重要因素。一方面，要激发研究人员的研究自主性。研究人员自主性的缺失使得院系治理研究出现两大弊端：对前人研究成果的直接借鉴；对国外院系治理经验的过度追捧，这使得院系治理研究出现成果趋同、理论成果与治理实践脱轨等现象。研究人员自主性的激发可从以下几点展开：一是培养研究人员的自主研究意识。研究问题是研究的起点，也是影响研究人员兴趣的重要因素。鼓励研究人员立足院系治理的实际，自主发现研究问题，是培养研究人员自主意识的关

① Johnson R. B. , Onwue - gbuzie A. J. , “Mixed methods research: a researchparadigm whose time has come”, *Educational Researcher*, No. 38, 2004.

键。二是提高研究人员的自主研究能力。自主研究能力需要院系治理研究人员掌握多学科的知识基础、多元的研究方法以及问题的解决策略等理论知识，以此指导研究与实践的开展。三是建立研究保障机制，尤其是评价激励机制的建立。合理的评价激励机制是激发研究人员内生动力的核心环节，也是形成研究人员竞争意识的重要条件，一定程度上有利于研究人员自主性的培育。新时代的院系治理实践，需要研究人员贡献更多热情，拿出更多方案、提供更多经验。

另一方面，促进研究人员的协作化。沟通的过程是研究者分享研究信息和研究思想的过程，沟通协作的过程是信息交换的过程。研究人员之间缺乏沟通协作，会形成“信息孤岛”，为研究人员的信息搜集带来不便，不利于研究的发展。高产核心作者群是某一领域研究发展的中坚力量，引领着该领域的研究逐渐走向专业化。根据研究结果分析，院系治理的核心作者群与核心发文机构都尚未出现，且高产作者与高产机构并不突出，说明院系治理已有研究成果较为分散，研究人员之间的关联性较低。这就要求院系治理研究人员依托较为高产的重点高校或研究所，突出研究选题，加强交流和协作，进而形成多种思想理论争鸣的局面。具体可从以下几点着手：一是设置院系治理的相关项目，为研究人员合作意识的培养提供外在条件；二是培养研究人员在某一选题上的持续关注力，提高研究人员在院系治理领域的研究素养，形成核心作者群；三是增强不同学科之间的相互交流，增进不同机构之间的互鉴合作，促进院系治理研究跨学科理论的发展。

The Decade of College and Department Governance Research: Characteristics, Trends and Prospects

Hou Jia Yang Qingru

Abstract: During the ten years since the implementation of *The National Medium and Long - Term Educational Reform and Development Plan*

(2010-2020), College and Department Governance research has achieved remarkable development. This study takes 264 research articles in 63 CSSCI source journals in China as the research object, and uses Citespace software to conduct multiple analyses of the characteristics of the existing research and find that: from 2010 to 2022, the annual number of papers has fluctuated upward; the core author group and core publishing institutions have not yet appeared; the study of college and department governance has the characteristics of knowledge input and interdisciplinary. In terms of the distribution of research status, the research theme has changed from single to multiple, and the research paradigm is dominated by non-empirical research; on the trend of research topics, there is obvious "policy dependence". In view of these, future research on College and Department Governance should focus on the following aspects: grasp the epochal nature and specificity of research topics; pay attention to the scientific nature and diversification of research methods; stimulate the autonomy and collaboration of researchers.

Keywords: research on college and department governance; characteristics; trends; prospects

高校优秀青年教师教学理念群体特征*

——基于2012—2018年“全国高校青年教师教学竞赛”获奖者的实证研究

段肖阳　贺静迪**

摘　要：先进的教学理念是高质量教学的前提条件，故研究先进教学理念是推进高等教育内涵式发展的关键微观层面问题。本研究收集2012—2018年“全国高校青年教师教学竞赛”获奖者的科学资料，利用Nvivo软件对其先进教学理念进行质性分析，研究当前优秀教师教学理念的群体特征，发现优秀青年教师在对“学生”“教学”“课堂”“知识”“学科”认识上均存在明显群体特征。本研究还探索了教学理念结构模型，发现优秀青年教师注重整合学科知识、教学知识、学生知识、情境知识四种知识，根据教学实践反馈更新教学理念，强调关注学生现实基础和未来发展的“以学生为中心”。

关键词：高校；青年教师；教学理念；群体特征；质性研究

高等教育从外延式发展转向内涵式发展，提高高等教育质量成为高等教育改革发展的关键。而人才培养作为高等教育质量的重要指标，不容忽视。教学是人才培养的重要环节，其基本理念在大众化过程中也发生了引人瞩目的多元化的深刻变革①。教师作为教学活动的实施者与主导者，在大众化时代是否紧跟时代变化，是否拥有先进的教学理念？换句话说，当

---

* 基金项目：陕西省普通高校教学改革研究重点项目《新时代陕西高校本科教学改革与创新的理论与实践研究》（21BZ050）。

** 段肖阳，西北政法大学高等教育研究所助理研究员，教育学博士，研究方向：高等教育理论和创新创业教育。贺静迪，西安市凤景小学，教育学硕士，研究方向：教师教育发展。

① 项贤明：《大众化过程中大学教学理念的变革》，《高等教育研究》2004年第1期。

前高校教师是在何种理念引导下进行教学？以往我们较为关注教育中的宏观问题，较少关注教师、课堂、学生这些微观问题。在向高等教育要质量的关键时刻，我们应该关注高校课堂到底发生了什么，教师是如何教学，教师拥有何种教学理念？这些微观问题更是在当前内涵式发展改革中应关注的“精致”问题，也是推进教学改革的关键问题。

一 文献回顾

教师的教学理念是在实践和理论研究中频繁出现的一个概念，关于教学理念的研究主要集中在概念辨析、理论研究、实证研究三个方面。

（一）教学理念的概念辨析

何谓教学理念？教学理念是指教学主体在教育实践中对教学问题所形成的基本认识、态度和观念。它体现在教学主体的价值追求。[①] 这也就意味着教学理念应具有超前性，才能够引领教学改革，才能够探索更为科学有效的教学方法。具体而言，教学理念是指教育者在从事教学过程中，头脑中观念地存在着的有关教师、学生、知识、能力、素质、质量等方面的诸种信念和理论的综合体。[②] 也就是教师对教学活动中各要素的理论认识。教学理念是教育理念包含的一个下位概念，分为理论层面、操作层面与学科三个层次的教学理念。[③]

整体而言，学界对教学理念的概念界定并无本质差别，均是教师对教学中不同要素的认识。故本研究将教师教学理念界定为教师对教师、课堂、教学、学生、知识等要素的综合认识。

（二）教学理念的理论研究

不同学者从学理角度出发对教学理念进行了理论探讨，提出了不同

① 李进才、邓传德、朱现平：《高等教育教学评估词语释义》，武汉大学出版社2016年版。

② 罗三桂：《现代教学理念下的教学方法改革》，《中国高等教育》2009年第6期。

③ 孙亚玲、傅淳：《教学理念辨析》，《云南师范大学学报》（哲学社会科学版）2004年第4期。

的教学理念模式。多数研究围绕“以课堂为中心”“以教师为中心”“以教材为中心”“以教学为中心”[①] 等不同教学理念展开了争辩。如有研究者将教学理念归结为“以教师为中心”、“以学生为中心”、“以教师为主导，学生为主体”以及师生学习共同体四个阶段。[②]“以教师为中心”的教学理念强调教师的权威和知识的单向传授。“以学生为中心”的教学理念强调学生作为学习者的主体性，强调主动建构知识。其余教学理念不一而足，但基本上都是围绕教学中各要素的组织安排问题进行了争论，目的是更好地协调各要素间关系，实现整体发力、高效教学。

也有学者从不同的分析视角出发，对教学理念进行了理论探讨。有学者基于生成性思维的哲学视角，提出生成性教学理念,[③] 关注表现性目标、具体的教学过程 、教学事件、互动性的教学方法等。也有学者基于建构主义的教学理论，提出互动式教学理念[④]，强调师生的平等交流、互相尊重、共享课堂，课堂教学具有参与性、非线性、创造性和开放性等特征。[⑤] 也有学者提出大众化过程中教学理念的转化，体现在从单纯的高深学问向高深学问与高深技能并重扩展；从单纯的知识学习向复合型学习转变；学术旨趣与职业取向渐趋融合；“有教有类，各类分享”等。[⑥] 不论学者提出的何种教学理念，都关乎教学内容、教学方法、教学目标、师生关系等实践层面的教育关系构建，期望通过强有力改革优化教学要素实现高质量的教学。

（三）教学理念的实证研究

关于教学理念的实证研究，目前学者采用的研究方法主要为标准化的

---

① 王松婵、林杰：《大学本科人才培养体系改革基本理念：争论、反思及超越——再论“大学以教学为中心与教学以学生为中心”》，《现代教育管理》2018 年第 10 期。

② 单莎莎、张安富：《教学理念的历史审视与价值定向》，《中国大学教学》2016 年第 2 期。

③ 罗祖兵：《生成性教学的基本理念及其实践诉求》，《高等教育研究》2006 年第 8 期。

④ 王伟伟、杨秀丽：《互动式教学理念的新思考》，《辽宁教育研究》2005 年第 4 期。

⑤ 李祎、涂荣豹：《生成性教学的基本特征与设计》，《教育研究》2007 年第 1 期。

⑥ 项贤明：《大众化过程中大学教学理念的变革》，《高等教育研究》2004 年第 1 期。

观察量表和半结构式的访谈①，结构观察和定量分析②，量表测量法③等。但这些研究倾向于实用定量研究且较为零散，较少从实践角度出发进行归纳提炼，未集中关注优秀教师教学理念的群体特征，也就是已有研究不足以让我们深入了解当前优秀教师的教学理念。鉴于质性取向的方法更便于理解教师的教学理念及教学行为，所以本研究采用质性研究方法研究教师教学理念。

观照既有现实了解当前的现状，才能让我们明确改革的方向。所以本研究以优秀教师为研究对象，探究他们教学理念的群体特征，以期了解何谓当前先进的教学理念。这些优秀教师的教学理念在一定程度上代表了当前先进的教学理念，且他们的教学理念在一定程度上也是我们理想的教学理念，所以对他们进行研究有着一定的实践意义和理论意义。

二 研究设计

（一）研究工具及方法

本研究的研究方法为质性研究方法，运用扎根理论和 NVivo 软件对优秀教师的教学理念进行群体特征分析。质的研究是以研究者本人作为研究工具，在自然情境下采用多种资料收集方法对社会现象进行整体性研究，使用归纳方法分析资料和形成理论，通过与研究对象互动对其行为和意义的建构获得解释性理解的一种活动。④ 扎根理论即从研究者自己收集的资料中提升理论。这是一个归纳的过程，自下而上将资料不断地进行浓缩。⑤

NVivo 软件是由 QSR 公司（Qualitative Solutions and Research Pty Ltd.，定性解决方案和研究有限公司）研发的一款主要用于质性研究的资料分

① 孙亚玲、［美］莱斯莉·格兰特、徐娴轩、［美］詹姆斯·斯特朗：《中美优秀教师教学理念及行为比较》，《教育科学研究》2015 年第 2 期。

② 丁朝蓬：《教师课堂执教评价体系构建——基于有效教学理念与观察证据结合的研究》，《教育研究与实验》2013 年第 3 期。

③ 吕国光：《教师信念及其影响因素研究》，博士学位论文，西北师范大学，2004 年。

④ 陈向明：《质的研究方法与社会科学研究》，教育科学出版社 2000 年版。

⑤ 陈向明：《质的研究方法与社会科学研究》，教育科学出版社 2000 年版。

析软件。研究者可以利用 NVivo 软件对文字、图片、声音、视频、文本等资料进行编辑、编码、分析等。本研究利用 NVivo 软件对收集的资料进行研究，最后利用扎根理论归纳出优秀教师教学理念的群体特征。

（二）研究样本选择

本研究基于一个基本假设：获教学竞赛奖教师的教学能够代表高水平教学，且获奖级别越高则教学水平越高，获奖教师拥有较为先进的教学理念，所以我们将获教学竞赛奖的教师在本研究中界定为优秀教师。

2018 年 2 月，中国高等教育学会《高校竞赛评估与管理体系研究》专家工作组筛选了当前 23 项全国性教师教学竞赛作为研究对象，以竞赛的“获奖贡献”和“组织贡献”作为评价指标，发布“全国高校教师教学竞赛分析报告（2012—2017）”。[①] 在 23 项全国性教师教学竞赛项目中，参与人员、院校及影响度最大的为中国教科文卫体工会全国委员会主办的“全国高校青年教师教学竞赛”。参赛选手的课堂教学中有一项评价标准即为“教学理念先进”，且在课堂教学环节结束后的 45 分钟内从教学理念、教学方法和教学过程三方面着手填写教学反思，评委对其打分且将结果计入总评分。[②] 据此，我们可知获奖教师对自身教学理念应有清晰明确的认识。故本研究对象确定为“全国高校青年教师教学竞赛”获奖教师。

“全国高校青年教师教学竞赛”始于 2012 年，每隔 2 年举行一次，至今共举行 4 届，参赛人数累计近 200 万人次[③]，已获奖人数统计见表 1。以 2018 年为例，全国 31 个省（区、市）105 所高校的 129 名选手参赛，在文、理和工科以及思想政治课专项 4 个组别中，分别决出一等奖 5 名、

① 中国高等教育学会：《“全国高校教师教学竞赛分析报告（2012—2017）”正式发布》，http：//www. hie. edu. cn/news _ 12577/20180206/t20180206 _ 993744. shtml，2018 年 12 月 28 日访问.

② 《关于举办第四届全国高校青年教师教学竞赛的通知》（教科文卫体工发〔2018〕9 号）。

③ 中国教科文卫体工会全国委员会：《喜迎工会十七大 · 建功新时代　汇聚知识分子创新创造正能量》，http：//acftu. workercn. cn/815/201810/16/181016072529515. shtml，2018 年 12 月 28 日访问。

二等奖10名、三等奖17名。[①] 思想政治课专项为2018年新增组别，也就是说从2012—2018年共4届竞赛分别产生20名文科组一等奖，20名理科组一等奖和20名工科组一等奖，共计60名获一等奖教师。

因思想政治课专项为2018年新增，样本量较少，故不列入研究范围。获二等奖和三等奖教师分别共计130名和221名，样本量较大，故也未列入研究范围。一等奖获奖者可以代表高水平教学，且样本量适合，故本研究选取的样本即为上述获文、理、工三组一等奖60名教师。

表1　2012—2018年“全国高校青年教师教学竞赛”获奖人数统计

获奖等级	组别	2012年	2014年	2016年	2018年
一等奖（共65人）	文科	5	5	5	5
	理科	5	5	5	5
	工科	5	5	5	5
	思政	—	—	—	5
二等奖（共130人）	文科	10	10	10	10
	理科	10	10	10	10
	工科	10	10	10	10
	思政	—	—	—	10
三等奖（共221人）	文科	17	17	17	17
	理科	17	17	17	17
	工科	17	17	17	17
	思政	—	—	—	17

（三）研究资料收集

在质性研究中除了访谈和观察，另外一种主要的收集资料的方法是实物分析。“实物”包括所有与研究问题有关的文字、图片、音像、物品等，可以是人工制作的东西，也可以是经过人加工过的自然物。[②] 本研究从各高校官网、高影响报刊等收集获奖教师关于教学的报道、访谈、自传

① 中国教科文卫体工会全国委员会：《第四届全国高校青年教师教学竞赛总结大会召开》，http：//acftu. workercn. cn/815/201808/31/180831140458299. shtml，2018年12月28日访问。

② 陈向明：《质的研究方法与社会科学研究》，教育科学出版社2000年版。

等材料以及获奖教师所教学生的访谈作为研究资料，共收集到 45 名教师的研究资料。其中 15 名文科组教师资料，16 名理科组教师资料，14 名工科组教师资料，文本资料共计 14.1 万字。根据陈向明关于研究资料的分类，本研究使用的实物资料为正式官方类资料，且由于各高校及报刊等特定动机，往往具有十分明显的导向性，所以在使用这些资料时应注意是否具有研究所需要的“真实性”和“客观性”。[①] 所以本研究在使用资料时，只对教师本人的话语和学生的原话进行分析，排除新闻机构的加工文本。

（四）研究过程

本研究利用 NVivo 软件进行的研究过程为“词频→编码→聚类分析→再编码→关系→探索”。具体而言，首先，利用 NVivo 软件中的“词频”功能，统计出特定词汇或句子在文本中出现的频数。其次，将文科、理科、工科组教师资料根据一级指标进行一级编码，再根据二级指标进行子节点编码。再次，将节点编码进行聚类分析，根据聚类分析结果重新调整节点编码。又次，使用“关系”功能给出将一级节点间的相互关系，为构建模型做铺垫。最后，利用“探索”功能根据节点关系构建教师教学理念群体特征模型。

三　研究结论

（一）词频分析结果

利用 NVivo 软件的词频分析功能，将研究资料中的主要关注点通过可视化的方式呈现出来，以便于从高频词汇中进一步挖掘信息。本研究将 45 名教师的研究资料进行词频分析，词频长度为 2，所得高次词频统计如表 2。不难看出学生、教学、老师、教师、课堂、知识等次出现频次较高。“老师”和“教师”分别出现 573 次和 503 次，共计 1076 次，与“学生”和“教学”出现的频次相当。“课堂”“知识”和“课程”出现的频次与前三者差别较大。因为在资料中教师使用课程一词多是如“数

① 陈向明：《质的研究方法与社会科学研究》，教育科学出版社 2000 年版。

学课程”“有机化学课程”和“概率论课程”等，所以“课程”一词在本研究中代表教师对学科的认识。

根据词频统计分析结果，故本研究将学生、教学、教师、课堂、知识、学科这六个方面作为编码的一级节点。这六个一级节点与本研究界定教学理念概念中的要素具有较高的吻合性。

表 2　　高频单词的词频统计表

单词	长度	计数	加权百分比（%）
学生	2	1055	1. 93
教学	2	1053	1. 92
老师	2	573	1. 05
教师	2	503	0. 92
课堂	2	284	0. 52
知识	2	278	0. 51
课程	2	247	0. 45

（二）编码分析结果

（1）教师对学生的认识

对已有研究资料进行开放编码和主轴编码，在“学生”一级节点分别为文科、理科、工科编码参考点数为 167、126、88。虽然三者的数量上差别较大，但编码内容高度重合，也就是意味着三组教师对学生的认识基本一致。在初步编码时，按照“关注学生未来发展需求”“考虑学生现有程度”“认识学生个性化及差异化”“唤醒学生”“培养学生探究兴趣”“培养学生三观”“帮助学生成长”和“良好师生关系”二级节点的编码内容单词相似性进行聚类分析，结果如图 1 所示。我们可以根据图 1 的节点相关性将节点分为五类：关注学生未来发展需求；认识学生个性化特征水平；唤醒学生求知欲；培养学生三观；亦师亦友师生关系。节点统计及材料信息如图 1 所示。

将教师对学生认识的 185 个参考点进行具体分析，部分参考点内容见表 3。通过分析，发现优秀青年教师在学生认识上存在以下明显特征。

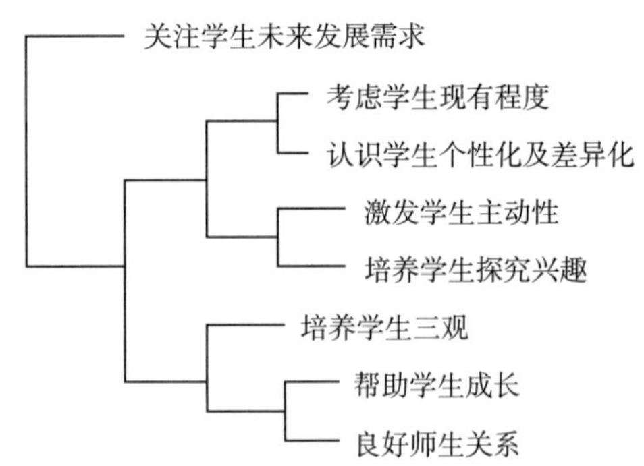

图 1　基于 Pearson 相关系数对节点的聚类分析

表 3　“学生”节点统计及材料信息

开放编码	主轴编码	编码参考点数	参考点内容举例
学生	关注学生未来发展需求	22	必须从单纯的传授知识的教学模式向培养学生的创新能力、应用能力、分析和解决问题的能力的模式转变，以适应目前社会对人才的知识结构和能力的要求； 更希望帮助学生培养物理的思维模式，引导学生进行发散思维，提升自身的归纳能力和演绎能力，使他们能够在更为广阔的学习领域中自由“翱翔”
	认识学生个性化特征水平	64	当代青年更加追求个性的张扬，他们有创意、有想法，而不像以前一样循规蹈矩，完全听从长辈的安排，因此他们更富有开拓创新能力。同样，他们也存在相对的缺点：不够认真，对事物的关注力可能更弱一点； 对于刚刚步入大学的学生而言，他们的生活方式和学习方式发生了巨大变化，人生的追求与理想也面临一次飞跃。他们应该以怎样的精神面貌度过大学生活？用什么样的思想打下自己的精神底色？如何处理个体与群体的关系？如何深入地理解自己的生命？这些问题都是在开设这门课程时反复思考的内容
	唤醒学生求知欲	39	关键是激发学生的问题意识和务实态度。学生的知识不光是教师教出来的，更多是引导出来的； 恰当运用一些生活事例，将抽象复杂的教学内容以生动而饶有趣味的形式表现出来，激发学生的学习兴趣； 整个过程学生做主，通过不断试错，学生的注意力更加集中，思考得更加深刻。正是这样的氛围，让学生养成了乐于思考、敢于提问的良好习惯
	培养学生三观	17	注重让学生感悟医学中所蕴含的人生哲理，培养他们的社会责任感。仅仅懂得急救知识是不够的，更重要的是让学生明白“该出手时就出手”，不再为“扶不扶”而纠结； 价值塑造不是空喊口号，只要当它和科技内容以及工程实例有机融合，就可以让学生体会到科技需要人文，科技与人文密不可分； 学一些史学知识能够让大学生明白自己所处的位置。这个位置不仅包括我们所学的知识在科学历程中的位置，也包括我们在社会中所处的位置； 一个人没有基本的价值立场，就无法触摸社会脉搏。学生有了价值关怀，才能与世界和社会产生联系，才能有无尽的动力和源泉，真正去做一些有意义的事情； 让学生在我的体育课上享受美，追求美，让体育成为学生心目中永不熄灭的火焰

续表

开放编码	主轴编码	编码参考点数	参考点内容举例
学生	亦师亦友师生关系	43	我不认为他们是冷冰冰的学习机器，他们都是有情感、有温度的成年人； 我对他们有一种自然而然的亲近感，我教他们，就像在教我自己，我尊重他们，其实也是在尊重我自己。他们就是和我一起学习、一起进步、一起成长、一起分享的小伙伴； 以心换心，以爱育爱，不仅要将学生扶上马，还要送上一程

首先，承认学生是学习的主体。教师认为学生不是知识的被动接受者，而应是主动探索者，给予学生充分的自由和发展空间，鼓励学生在试错中不断养成创新思维和独立判断能力。

其次，清晰地认识到大众化时代学生的成长特点。教师能够从贴近学生生活的实际出发设计课堂，激发学生的学习兴趣，唤醒学生的求知欲望，培养学生形成探究意识。

再次，关注学生未来发展需求的多样性和实用性。不仅着眼于学生知识的掌握、能力的培养，更关注每一个学生的未来可持续发展，也就是追求每一个学生的终身发展。

最后，与学生形成学习共同体。认为学生是独立的个体，教师是学生的引导者，而不是干预者。注重师生平等，尊重学生，相信学生能力，鼓励学生自主探索。教师非常强调与学生的情感联系，通过与学生情感共鸣，更好地形成学习共同体。

（2）教师对教学的认识

教师对教学的认识上主轴编码较多，具体编码统计见表 4。从表 4 中不难看出，教师关于教学的共同认识主要集中在“教学方法”“教学态度”“教学目标”和“教学设计”上。尤其是关于“教学方法”的认识上，主要集中在“实践教学”“启发式教学”“探究式教学”“精致解析”“案例教学”等。

另外，在编码时发现“教师”节点和“教学”节点存在高度相关，将两者做聚类分析，pearson 相关系数高达 0.87328，故将“教师”节点归入“教学”。之所以出现这一结果是因为优秀教师普遍认为教师的首要职责就是教学育人，优秀教师均对教学有着极高的热情和激情，认为“把教学锤炼成一门技艺的老师才是真正的老师”。而这一分析结果与教师教学理念的内涵一致，教师对教师职业和定位的认识和教师对教学的认识存在着高度的相关性。

表 4　　“教学”节点初步主轴编码统计

开放编码	主轴编码	材料来源数	编码参考点数
教学	教学手段	10	15
	教学机智	12	17
	教学语言	12	19
	教学风格	13	21
	科研与教学	13	24
	教学设计	29	78
	教学目标	30	82
	教学态度	31	86
	教学方法	53	253

剔除重复编码，将教师对教学认识的 333 个编码参考点进行分析，部分节点统计及材料信息如表 5 所示。通过分析发现，优秀青年教师在教学认识存在的群体特征为：（1）以问题为中心的教学设计；（2）“三位一体”（价值塑造、能力培养、知识传授）的教学目标；（3）富有激情的教学态度；（4）创造性的教学方法。

整体而言，优秀教师自身充满教学激情，不断创新教学方法，且非常强调使用贴近学生生活和社会实践的案例，以不断产生的新问题为中心，启发并鼓励学生自主探索，培养具有创新思维、创造能力和实践能力的创新型人才。

表 5　　“教学”主要节点统计及材料信息

开放编码	主轴编码	编码参考点数	参考点内容举例
教学	教学设计	29	展现从实际问题中抽象出数学概念的过程，引出数学概念，建立数学模型，体会用数学处理问题的方法； 摈弃知识填灌，遵循“发现问题—思考问题—设计方法—解决问题—挖掘问题”的教学思想
	教学目标	30	不能仅仅停留在知识传授，还要培养学生的批判性思维、创新精神与能力，以及他们的职业责任感，这就是要将正确的价值观传递给学生； 我认为文史教育的意义在于培养大学生成为一个更完整的人

续表

开放编码	主轴编码	编码参考点数		参考点内容举例
教学	教学态度	31		一站上讲台，就彻底忘我了； 必须不断地钻研教学，将枯燥的机械制图、机械原理、机械设计等课程讲得深入浅出、妙趣横生； 一个激情四射的老师无疑会比一个暮气沉沉的老师更受欢迎，而学生也会潜移默化地受到积极影响，进而感兴趣地主动去思考学习
	教学方法	小组教学	11	将学生分成小组，课后围绕某一专题进行研究，每次课再集中探讨，由一位学生主讲，老师与学生参与讨论
		实践教学	30	示范过程从实际生产、生活中的实例开始；通过现场实地调研，深化学生对工程结构火灾安全的理解；
		启发式教学	44	学生的知识不光是老师教出来的，更多是引导出来的； 学生自己想，而不是老师“填鸭”塞； 教师不仅是知识和单一价值观念的传播者，更应培养学生从不同视角看待问题的思维方式，启迪他们的思考
		探究式教学	44	提出一些更具开放性的问题，这些问题几乎没有唯一的答案。书本是死的，但人不是，我想让我的学生拥有质疑书本、质疑权威的精神； 选取一些与其他学科相联系或从实际生活中采集来的开放性应用题； 师生之间不断通过对话合作探究
		精致解析	44	设计、制作的教学实验来引导学生认识结构抗火问题的物理性质； 不是传统方法不好，而是对传统方法挖掘得不深
		案例教学	70	把理论的高度和自主创新的鲜活素材、案例进行有效的融合； 工作中遇到典型案例，我都会拍下来，作为材料储备，需要时用到教学中； 添加各种生产生活中的实例

（3）教师对课堂的认识

将教师对“课堂”节点中的内容进行主轴编码，主轴编码为“课堂氛围”“课堂形式”“课堂效果”“课堂媒介”“课堂生动有趣”“课堂内容”“学生参与”。将主轴编码进行聚类分析，Pearson 相关系数较高的归为一类，聚类结果见图 2。根据聚类结果将课堂的主轴编码充分编码为“课堂媒介”“课堂互动”“课堂设计”三类。

文、理、工科教师对课堂的认识存在较高的共识性，主轴编码的材料来源数和编码参考点数基本无差别。“课堂”部分节点统计及材料信息见

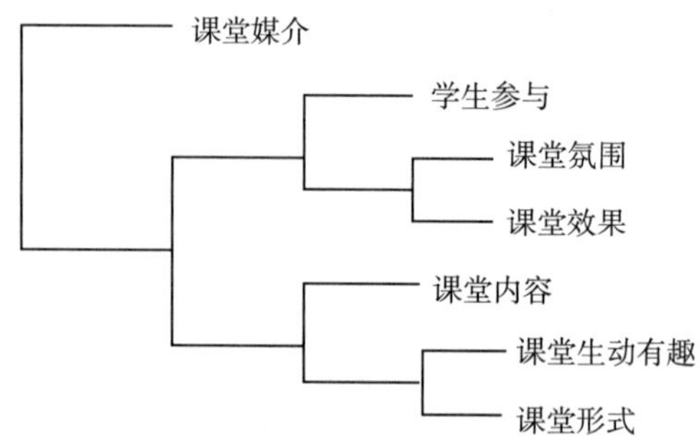

图 2 “课堂”的主轴编码聚类分析

表 6。通过对该部分参考点进行分析，发现优秀青年教师的课堂具有开放式、生动化、探究性的特征。具体而言，教师通过生动有趣的案例、媒介等创新课堂形式，调动学生的学习兴趣，创设轻松活泼的课堂氛围，引起学生的持续关注，提高学生的有效参与，引导学生对问题进行探究。

从课堂的群体特征我们不难看出，教师对课堂的设计和教师对教学的认识有着高度的承接性和一致性，说明教师能够将对教学的理论认识较好地实践在课堂中，而且教师能够将课堂实践中面临的问题进行反思，重新对教学认识进行审视，从而优化教学设计，再次在课堂实践中进行检验。

表 6 “课堂”部分节点统计及材料信息

开放编码	聚类前主轴编码	材料来源数	编码参考点数	聚类后主轴编码	参考点内容举例
课堂	课堂媒介	23	40	课堂媒介	精心设计编程的八个动画展示以及精巧的数学教具；PPT 播得太快，“马观花式”“水过地皮湿”，学生还没看明白就“轻舟已过万重山”；“寓教于乐”就是要激发学生的兴趣点，要将视频、图片、音响和板书相结合；无论是现在的多媒体还是传统的板书，它们都是教学工具，而教学才是最终的目的，工具应该服务于目的
	学生参与	26	55	课堂互动	讨论式与有效提问，辩论及展示；要让学生抬起头学知识，就得有情感上的交流互动；轻松、易懂、平等氛围下学习效果会更好；能够在课堂教学中激发学生的灵感、激发他们参与的热情。课堂愉悦，让学生们在课外回味，持续探讨；看似复杂的身体训练，将其与游戏有机相融，让学生在趣味体验中充分发挥想象力与创造力，带着思想去运动
	课堂氛围	10	17		
	课堂效果	13	39		

续表

开放编码	聚类前主轴编码	材料来源数	编码参考点数	聚类后主轴编码	参考点内容举例
课堂	课堂形式	21	34	课堂设计	研究式教学让课堂充满创新的魅力； 把书法、绘画、音乐等多种艺术融入教学中，让学生在艺术熏陶中接受急救知识； 伴随着韵律十足的音乐，他和着拍子，唱起了歌，身后的屏幕上飞出一串串英文单词和示意图符号； 让学生为自己的名字“解码”，从古文献中查找字源、词意； 让数学课堂生活化，让学生们感受到数学的实用性； 设计研究性教学内容； 将时下最热门、最具时效性的话题和知识点进行切合
	课堂生动有趣	22	42		
	课堂内容	24	48		

（4）教师对知识的认识

在研究资料中，教师对“知识”节点的描述较少，主要集中在“前沿知识”“理论知识”和“开放知识”，具体的编码统计及材料信息见表7。通过对资料的分析，发现优秀教师描述较多的知识是“前沿知识”。何谓前沿知识？研究资料中优秀教师强调的前沿知识和开放知识相关性较大，也就是说教师强调的前沿知识并不是高深的、晦涩难懂的知识，而是紧跟实际生产和学科发展的开放性知识。引导学生学习前沿知识，旨在启发学生进行知识探索，推进研究性学习，形成探究性课堂。教师在讲授理论知识时，不是空泛的概念、原理灌输，而是强调与实践结合，强调学理性、知识性与趣味性相结合，注重知识的应用。

表7　“知识”节点统计及材料信息

开放编码	主轴编码	材料来源数	编码参考点数	材料信息
知识	前沿知识	21	27	结合国内外结构抗火设计规范的现状和变迁，引导学生培养国情观念； 教学过程中反映或联系学科发展的新思想、新概念、新成果； 及时将最前沿的学术成果充实到课堂中，弥补原有课程知识与最新研究之间的“断层”
	理论知识	8	11	对具体科研成果进行分析，解释理论课程中的相关问题； 注意知识脉络与知识应用； 在向学生传授理论知识时，要做到理论与实践相结合、要引起学生的思考、要用创新的思维思考问题
	开放知识	12	12	要有讨论的价值、要有足够的展开空间、并且要贴合课程内容，联系实际应用，有一定深度，浅入深出； 让讲授更加鲜活，引导学生主动去探索更多潜藏的知识，接触更加前沿的学术动态

（5）教师对学科的认识

在对资料分析编码的过程中，发现教师对“学科”节点的材料来源只有 17 个，参考编码点为 35 个，主要集中在“学科视野”“学科特点”“学科教学”三方面的认识上，具体编码统计及部分材料信息见表 8。通过对具体编码参考点进行分析，优秀青年教师在学科认识上存在的群体特征主要为以下三个方面。首先，摒弃了单学科的狭隘视野，教师对学科有着清晰的认识，但并未过于强调自己所教学科的学科价值，不过分重视单一学科知识的传授。其次，进行多学科视角的交叉融合教学，开阔学生视野，培养学生的全面综合素质及能力，以实现学生的全面发展。最后，结合学科特点、学生特点，并从学科发展角度和学生实际发展需求角度出发，进行相应的教学设计，在最大限度上实现有效教学。

表 8　“学科”节点统计及材料信息

开放编码	主轴编码	材料来源数	编码参考点数	材料信息
学科	学科视野	9	14	结构抗火问题学术内容艰深复杂，涵盖学科多，尤其涉及力学和热学的交叉融合； ICU 是一个多学科交融的平台； 新闻教育正经历着尴尬的时期，虽然具有人文和社科的双重属性，但受美国主流传播学派的影响，新闻愈加注重自身的科学性，缺少了必要的人文关怀
	学科特点	13	19	概率论与数理统计是一门偏应用的理科课程，与实际生活、科学应用紧密结合； 生物学强调理论和实践的结合； 数学学科属于自然科学基础学科，逻辑性强、趣味性弱
	学科教学	10	11	概率统计的应用性强，案例多，比较适合展示； 理科课堂信息量大，往往就免不了枯燥乏味； 案例教学方法，引导学生充分领会法学作为实践科学的特性； 理科和文科最大的不同就是一定要把概念准确地传达给学生，概念清楚了，学生才能少走弯路

（三）教学理念结构模型

“学生”“教学”“课堂”“知识”“学科”五个一级节点，这些节点间存在着相互联系，利用 NVivo 软件中的“关系”功能为不同节点间建立关系，之后利用“探索”中的模型功能，根据一级节点及其关系构建优秀教师教学理念的结构模型。构建的结构模型如图 3 所示，其中双向箭头表示节点间存在非常明显的相互作用，直线表示节点间存在明显的关联作用，单向箭头之间表示节点间存在明显的单向作用。

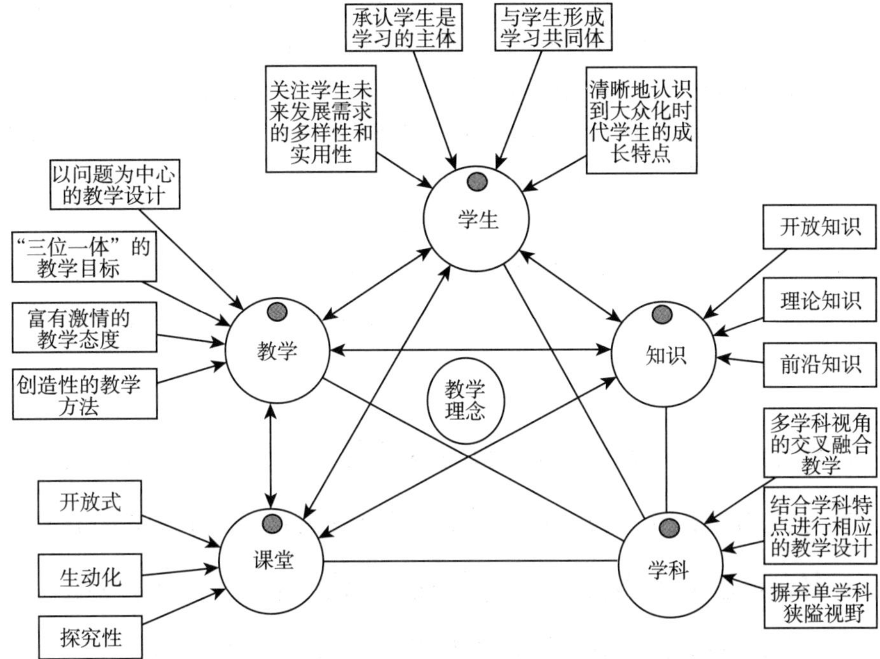

图 3　优秀教师教学理念的结构模型

从结构模型中不难看出，“学科—知识”“学科—课堂”“学科—教学”“学科—学生”之间均为存在较弱的相关关系，聚类分析时节点间 pearson 系数小于 0.5。“知识—学生”“知识—教学”“知识—课堂”之间均存在着强度的相关关系，聚类分析时节点间 pearson 系数大于 0.75。这也就意味着优秀教师在进行教学时并未过多强调学科知识，这与编码分析的结果一致。传统教师在教学时注重静态学科知识的传授，而本研究的优秀教师注重整合学科知识、教学知识、学生知识、情境知识四种知识，最终形成学科教学知识。教师关于知识及学科的认识与“学科教学知识”① 理论不谋而合。

“教学—学生”“教学—课堂”“教学—知识”之间存在着强度相关关系，聚类分析时节点间 pearson 系数大于 0.75。优秀青年教师注重教学

① 杨彩霞：《教师学科教学知识：本质、特征与结构》，《教育科学》2006 年第 1 期。

投入尤其是情感投入，大胆创新教学方法和课堂形式，非常注重更新教学理念。优秀青年教师对教与学的态度形成初步的教学理念，再到理念的实施（课堂），关注教学对象的反馈，再根据实施的反馈不断修正自身对教与学的态度，再次形成新的教学理念，循环往复地更新教学理念。

“学生—教学”“学生—课堂”“学生—知识”之间存在着强度相关关系，聚类分析时节点间 pearson 系数大于 0.75，尤其是“学生—知识”间相关关系最强，pearson 系数为 0.866591。优秀青年教师的教学理念突出了“以学生为中心”，转变了传统的知识灌输教学方式，而是注重学生已有知识和经验，帮助学生建构知识，鼓励学生探索知识。同时，优秀青年教师承认学生的主体性，关注学生未来发展，引导学生情感参与，注重唤醒学生兴趣。

Group Characteristics of Teaching Concept of Excellent Young Teachers in Universities: Based on the Empirical Research of the Winners of the 2012-2018 "National Teaching Competition for Young Teachers in Universities"

Duan Xiaoyang　He Jingdi

Abstract: Advanced teaching concept is the prerequisite of high-quality teaching, so the research on advanced teaching concept is the key of micro question to promote the connotative development of higher education. This study collected the scientific data of the winners of the 2012-2018 "National Teaching Competition for Young Teachers in Universities", used Nvivo software to conduct a qualitative analysis of their advanced teaching ideas, and studied the group characteristics of current excellent teachers' teaching concept, found that excellent young teachers have distinct group characteristics in "students" "teaching" "class" "knowledge" and "subject" cognition. This research also explores the structure model of teaching concept, and finds that excellent young teachers pay attention to integrating subject knowledge, teaching knowledge, student knowledge and situational knowledge, update teaching concept according to the feedback of teaching practice, and emphasize "learner-centered" that pays attention to students' realistic foundation and future development.

Keywords: university; young teachers; teaching concept; group characteristics; qualitative inquiry

高教管理

省域政府深化产教融合政策量化评价与优化研究*

——基于 PMC 指数模型分析

周加艳**

摘　要：政策评价是产教融合政策制定和有效实施的前提，也是产教融合政策调整与优化的依据。将 PMC 指数模型与文本挖掘法相结合，以省域层面公布的 25 项深化产教融合政策为分析对象，结合政策特征构建评价指标，对政策进行量化评价，识别政策优势、不足及其差异，提出优化产教融合政策的建议。研究发现，省级政府深化产教融合政策总体设计合理，但仍存在政策目标规划不清晰、内容不具体、地域特色不鲜明、政策监管性不足以及激励约束机制不完善等问题。未来制定或修订相关政策时需要合理规划政策目标，增强政策监管性，提升政策内容的科学性与完善激励约束机制以优化政策。

关键词：政策评价；深化产教融合政策；文本挖掘；PMC 指数模型

一　问题提出

产教融合是深化中国教育改革，提升人才培养质量的重要举措，也是推动产业结构转换升级，促进经济社会协调发展的重要制度。经过多年探索，我国产教融合发展模式在提高教师业务水平和学生综合素

---

* 基金项目：2021 年度中国高等教育学会课题《数字经济背景下的产教融合实践队深度学习多重向度的影响研究》；陕西省教育厅 2020 年度重点项目《产教融合视阈下“文创类”人才创新开放度及创新绩效评价研究》（项目编号：20JY043）。

** 周加艳，西安交通大学公共政策与管理学院博士研究生，研究方向：公共政策分析、教育发展与评价。

质，为企业提供技术技能人才、促进经济社会发展等方面起着重要作用①。但同时产教融合发展还存在“学校热而企业冷”、企业参与度低、人才培养和产业需求不相适应、人才供需矛盾凸显等现象。为进一步促进产教深度融合，缓解人力资源供需矛盾，国务院于 2017 年 12 月出台了《关于深化产教融合的若干意见》（国办发〔2017〕95 号），将深化产教融合作为我国人力资源供给侧结构性改革的一项重要制度。各省份积极部署规划方案，2018—2021 年，从公开信息资料可见有 25 个省级政府颁布了深化产教融合的专项政策。深化产教融合作为当前国家教育改革的指导方针，省级政府发挥着承上启下的关键作用，关系着国家深化产教融合方案的有效实施。那么，省级政府颁布的深化产教融合政策呈现什么样的特征？政策存在哪些优势和不足？如何进一步优化？要回答这些问题，亟须对各地深化产教融合政策进行深入的量化评价研究。

二 研究综述

从相关研究看，多位学者对国家层面出台的产教融合政策进行了探讨，主要聚焦于政策变迁和政策评价。首先，政策变迁方面，研究者将改革开放 40 年来职业教育产教融合政策划分为初步探索、多样化和不断深化阶段②。也有学者认为新中国成立 70 多年来，职业教育产教融合政策经历了教育与生产结合、产教结合、产教融合三个时期③。其次，政策评价方面，有学者运用政策工具二维分析框架对职业教育产教融合政策进行评价④，有学者基于政策协同理论对产教融合政策的协同性进量化分析⑤，有学者

① 王辉、陈鹏：《地方深化产教融合政策的话语分析——以江苏省为例》，《职教论坛》2019 年第 2 期。

② 祁占勇、王羽菲：《改革开放 40 年来我国职业教育产教融合政策的变迁与展望》，《中国高教研究》2018 年第 5 期。

③ 杨院、许晓芹、连晓庆：《新中国成立 70 年来职业教育产教融合政策的演变历程及展望》，《教育与职业》2019 年第 19 期。

④ 许艳丽、高会：《职业教育产教融合政策特点与优化路径研究——基于 38 份政策文本的分析》，《职业技术教育》2019 年第 3 期。

⑤ 王坤、沈娟、高臣：《产教融合政策协同性评价研究（2013—2020）》，《教育发展研究》2020 年第 17 期。

则基于供给型、需求型和环境型三类政策工具对职业教育产教融合政策进行分析评价①。部分学者基于政策扩散理论对省域层面颁布的产教融合政策及政策扩散机制进行了探讨②，研究者还从企业、学校等产教融合参与主体视角出发，分析了省级政府如何进行产教融合政策创新③。

总体来说，上述研究对推动深化产教融合实践具有一定的启发性，同时也存在较大的研究空间。首先，研究对象上，目前地方政府层面颁布的产教融合政策领域的量化评价研究较为稀缺，研究多聚焦于国家层面出台的产教融合政策。其次，研究方法上，多采用定性分析法和单纯的量化描述，较少采用系统的量化评价方法。最后，研究视角上，鲜有文献从政策制定角度去评价单项产教融合政策的优劣。由 Estrada④ 提出的 PMC（Policy Modeling Consistency Index）指数模型分析方法是目前国外比较前沿的政策量化评价方法，该模型分析方法与文本挖掘法相结合，从多个维度分析政策的优劣、政策总体情况及单项政策具体情况，已被我国学者广泛应用于创新政策⑤、金融政策⑥、农民工就业政策⑦、托幼政策⑧等多个领域的政策量化评价中。已有成果表明运用 PMC 指数分析模型对公共政策进行评价具有一定的科学性和适用性，因此，本文将文本挖掘法和 PMC 指数模型相结合，对省级政府出台的深化产教融合专项政策进行评价；依据政策评价结果，识别政策的优势与不足，提出优化产教融合政策

---

① 尤莉、钱丽明、王晓梅：《高等职业教育产教融合政策工具分类及优化路径——基于2010—2019 年国家政策文本的量化分析》，《重庆高教研究》2021 年第 3 期。.

② 张绪忠、郭宁宁：《省级行政区域深化产教融合政策的扩散机制研究》，《教育发展研究》2020 年第 7 期。

③ 刘小花、孙翠香：《地方政府深化产教融合的政策创新研究——基于 22 项地方产教融合政策文本的 Nvivo 分析》，《中国职业技术教育》2019 年第 25 期。

④ Ruiz Estrada，Mario Arturo：“Policy modeling：Definition，classification and evaluation”，*Journal of Policy Modeling*，2011，No. 4.

⑤ 张永安、耿喆：《我国区域科技创新政策的量化评价——基于 PMC 指数模型》，《科技管理研究》2015 年第 14 期。

⑥ 张永安、郄海拓：《金融政策组合对企业技术创新影响的量化评价——基于 PMC 指数模型》，《科技进步与对策》2017 年第 2 期。

⑦ 王霆、刘玉：《农民工就业政策量化评价》，《华南农业大学学报》（社会科学版）2021 年第 1 期。

⑧ 祝西冰：《托幼公共服务政策量化评价与优化建议——基于 PMC 指数模型分析》，《浙江工商大学学报》2020 年第 3 期。

的对策建议，以期为地方政府制定具有可行性、科学性和创新性的产教融合政策提供借鉴。

三 深化产教融合政策 PMC 指数模型构建

（一）研究样本和研究方法

在国家颁布深化产教融合的政策背景下，多省积极部署规划方案，2018—2021 年相继出台了关于深化产教融合的专项政策，为分析和完善产教融合制度提供了数据支持。各省深化产教融合政策文本体现了地方政府深化产教的框架和导向，通过收集、处理、分析和评价这些政策文本，可为地方制定特色鲜明的产教融合政策文件及其优化路径提供借鉴。从各省政府官方门户网站、北大法宝网公布的政策法规，收集整理获得 25 项政策文件（见表 1），按照时间颁布的先后顺序，将这些政策进行编号为 P1—P25，以便进行后续分析。文本挖掘是从大量无结构文本信息中探索内在的规律与联系，从中挖掘有价值的信息的过程①。本文将 PMC 指数模型与文本挖掘法相结合对所收集的 25 项政策文本进行量化评价，评价步骤如下：运用 ROSTCM6. 0 软件挖掘政策文本内容，提取政策文本高频词汇以识别政策特征，为 PMC 指数模型指标体系设置提供依据；构建深化产教融合政策 PMC 指数模型，设置两级变量及其参数，计算 PMC 指数并绘制相应的 PMC 曲面图；识别省级政府深化产教融合政策优势与不足，提出相应的优化产教融合的政策建议。

表 1　　省域政府产深化产教融合政策文本

编号	政策名称
P1	安徽省人民政府办公厅关于深化产教融合的实施意见（皖政办〔2018〕4 号）
P2	河北省人民政府办公厅关于深化产教融合的实施意见（冀政办字〔2018〕49 号）
P3	山西省人民政府办公厅关于印发山西省促进产教融合实施方案的通知（晋政办发〔2018〕38 号）
P4	江苏省政府办公厅关于深化产教融合的实施意见（苏政办发〔2018〕48 号）

① 李尚昊、朝乐门：《文本挖掘在中文信息分析中的应用研究述评》，《情报学》2016 年第 8 期。

续表

编号	政策名称
P5	辽宁省人民政府办公厅关于深化产教融合的实施意见（辽政办发〔2018〕2 号）
P6	甘肃省人民政府办公厅关于深化产教融合的实施意见（甘政办发〔2018〕155 号）
P7	云南省人民政府办公厅关于深化产教融合的实施意见（云政办发〔2018〕60 号）
P8	河南省人民政府办公厅关于深化产教融合的实施意见（豫政办〔2018〕47 号）
P9	广东省人民政府办公厅关于深化产教融合的实施意见（粤府办〔2018〕40 号）
P10	天津市人民政府办公厅印发关于深化产教融合实施方案的通知（津政办发〔2018〕34 号）
P11	四川省人民政府办公厅关于深化产教融合的实施意见（川办发〔2018〕84 号）
P12	青海省人民政府办公厅关于深化产教融合的实施意见（青政办〔2018〕160 号）
P13	内蒙古自治区人民政府办公厅关于深化产教融合的实施意见（内政办发〔2018〕77 号）
P14	重庆市人民政府办公厅关于深化产教融合的实施意见（渝府办发〔2018〕162 号）
P15	浙江省人民政府办公厅关于深化产教融合的实施意见（浙政办发〔2018〕06 号）
P16	吉林省人民政府办公厅关于深化产教融合的实施意见（吉政办发〔2018〕48 号）
P17	海南省发展和改革委员会，海南省教育厅关于印发《关于深化产教融台的实施意见》的通知（琼发改委发〔2018〕2690 号）
P18	黑龙江省人民政府办公厅关于深化产教融合的实施意见（黑政办规〔2018〕65 号）
P19	福建省人民政府办公厅关于深化产教融合十五条措施的通知（闽政办〔2018〕94 号）
P20	广西壮族自治区人民政府办公厅关于深化产教融台的实施意见（桂政办发〔2018〕154 号）
P21	湖南省人民政府办公厅关于深化产教融合的实施意见（湘政办发〔2018〕82 号）
P22	山东省人民政府办公厅关于深化产教融白推动新旧动能转换的实施意见（鲁政办发〔2019〕2 号）
P23	江西省人民政府办公厅关于印发深化产教融合实施方案的通知（赣府厅字〔2019〕12 号）
P24	陕西省人民政府办公厅关于深化产教融合的实施意见（陕政办发〔2019〕26 号）
P25	北京市发展和改革委员会、北京市教育委员会关于深化产教融合提开人力资源质量的实施意见

（二）政策特征识别

在获取政策文本的基础上，运用文本挖掘法对政策文本内容进行预处理为模型构建做好准备。首先，利用 ROSTCM6.0 软件对政策进行分词和词频统计；其次，剔除对于分析政策特性无明显作用的词汇，如“教育厅”等名词、“应用型”等形容词，以及“推进、开展、加强、建立、完善、推动、促进、加快”等趋向动词；最后，按照词频从高到低排列分词结果，提取排名前60个高频词汇总成高频词表（见表2）。通过对政策文本高频词进行分析可以识别出省域深化产教融合政策具有以下特征：从政策设计理念来看，“企业、职业、教育、发展、学校、融合、人才、技术、合作、创新”等排名前十的高频词充分体现各省政策贯彻落实了国务院《关于深化产教融合的若干意见》强调的“深化职业教育、高等教育等改革，发挥企业重要主体作用，促进人才培养供给侧和产业需求侧结构要素全方位融合，培养大批高素质创新人才和技术技能人才”的理念，同时也体现了这些要素在深化产教融合中的重要作用；从政策落实主体来看，“企业、学校、高等学校、部门、教师、政府、职工”等词汇出现频率较高，表明深化产教融合需要多方利益主体深层次融合共同推进；从政策落实方式来看，“改革、培养、鼓励、参与、协同、分工”等词汇出现频率较高，表明深化产教融合需要多种方式统筹协调；从政策保障机制来看，“机制、体系、制度、平台、试点、模式”等词汇出现频率较高，说明各省为实现产教深度融合，注重建立政府、企业、学校等多方利益主体间的协调机制。

表2　　政策文本核心高频词

序号	词汇	词频	序号	词汇	词频	序号	词汇	词频
1	企业	1676	21	参与	373	41	实践	221
2	职业	1568	22	单位	359	42	落实	221
3	教育	1125	23	高等学校	356	43	体系	218
4	发展	1123	24	人力	335	44	评价	211
5	学校	1088	25	部门	319	45	制度	207
6	融合	1033	26	技能	310	46	组织	207
7	人才	805	27	基地	308	47	平台	203
8	技术	620	28	教师	302	48	分工	198
9	合作	603	29	项目	294	49	本科	196
10	创新	597	30	教学	275	50	成果	196
11	改革	577	31	协同	258	51	管理	196

续表

序号	词汇	词频	序号	词汇	词频	序号	词汇	词频
12	培养	570	32	机制	254	52	试点	189
13	鼓励	520	33	需求	251	53	模式	180
14	服务	512	34	政府	249	54	职工	167
15	资源	495	35	学科	241	55	课程	163
16	社会	491	36	机构	237	56	高等教育	163
17	培训	480	37	科技	236	57	联合	163
18	高校	425	38	办学	232	58	科研	154
19	校企	409	39	学生	226	59	转化	152
20	院校	374	40	政策	222	60	经济	148

（三）设置两级变量及其参数

在总结25项政策文本内容核心高频词的基础上，结合深化产教融合政策特点及产教融合政策相关研究成果，借鉴Estrada、张永安①、胡峰②等学者政策评价模型指标的设计，本文构建了深化产教融合政策PMC指数评价体系（详见表3）。共设置了10个通用的一级变量，编号为X1—X10，包括政策性质、政策时效、政策功能、政策领域、政策对象、政策重点、激励约束、政策评价、政策视角、政策引用，42项二级变量为上述一级变量的测度项。其中，（X1）政策性质用于判断政策是否对深化产教融合有预测、监管、建议和引导作用。（X2）政策时效用来评价深化产教融合政策是否涵盖短期、中期和长期目标。（X3）政策功能旨在判断政策出台的目的，结合文本挖掘核心高频词和政策实际情况，划分为落实中央政策、深化产教融合、区域经济发展、人力资源质量、校企协同育人5个维度。（X4）政策领域结合文本挖掘核心高频词，分为教育、科技、社会服务和经济4个领域。（X5）政策对象依据文本挖掘核心高频词，分为企业、职业学校、高等学校、政府、中介组织和其他机构或部

① 张永安、郄海拓：《“大众创业、万众创新”政策量化评价研究——以2017的10项双创政策情报为例》，《情报杂志》2018年第3期。

② 胡峰、温志强、沈瑾秋、姚缘：《情报过程视角下大数据政策量化评价——以11项国家级大数据政策为例》，《中国科技论坛》2020年第4期。

门。(X6) 政策重点依据各地深化产教融合的政策框架分为企业深度参与、学校人才培养改革、中介组织产教对接、政府统筹规划、政策保障机制5个方面。(X7) 激励约束旨在反映为深化产教融合政策所采取的激励及约束措施，涵盖税收减免、金融支持、土地供应、财政补贴、试点示范、明确权责、监督检查、组织管理、考核评估、法律规范10个维度。(X8) 政策评价包括政策方案依据是否充分、规划是否翔实可行、地域特色是否鲜明3个维度。(X9) 政策视角考察政策内容是否涉及宏观和微观两个维度。(X10) 政策引用指政策是否引用其他政策。深化产教融合政策PMC评价模型中所有二级变量的参数设定为0或1，无二级变量的指标按照变量描述情况进行取值，具体如表3所示。

表3　深化产教融合政策PMC指数模型评价体系

一级变量	二级变量	评分标准
X1 政策性质	(X1:1) 预测 (X1:2) 监管 (X1:3) 建议 (X1:4) 引导	政策具有预测性，是为1，否为0 政策具有监管性，是为1，否为0 政策具有建议性，是为1，否为0 政策具有引导性，是为1，否为0
X2 政策时效	(X2:1) 短期 (X2:2) 中期 (X2:3) 长期	政策涵盖短期目标（1—3年），是为1，否为0 政策涵盖中期目标（3—5年），是为1，否为0 政策涵盖长期目标（大于5年），是为1，否为0
X3 政策功能	(X3:1) 落实中央政策 (X3:2) 深化产教融合 (X3:3) 区域经济发展 (X3:4) 人力资源质量 (X3:5) 校企协同育人	政策旨在落实中央政策，是为1，否为0 政策旨在实现深化产教融合，是为1，否为0 政策旨在实现区域经济发展，是为1，否为0 政策旨在提升人力资源质量，是为1，否为0 政策旨在实现校企协同育人，是为1，否为0
X4 政策领域	(X4:1) 教育 (X4:2) 科技 (X4:3) 社会服务 (X4:4) 经济	政策内容涉及教育方面，是为1，否为0 政策内容涉及科技方面，是为1，否为0 政策内容涉及社会服务方面，是为1，否为0 政策内容涉及经济方面，是为1，否为0
X5 政策对象	(X5:1) 企业 (X5:2) 职业学校 (X5:3) 高等学校 (X5:4) 政府 (X5:5) 中介组织 (X5:6) 其他机构或部门	政策对象包括企业，是为1，否为0 政策对象包括职业学校，是为1，否为0 政策对象包括高等学校，是为1，否为0 政策对象包括政府，是为1，否为0 政策对象包括促进产教供需对接的中介组织，是为1，否为0 政策对象包括其他机构或部门，是为1，否为0
X6 政策重点	(X6:1) 企业深度参与 (X6:2) 学校人才培养改革 (X6:3) 中介组织产教对接 (X6:4) 政府统筹规划 (X6:5) 政策保障机制	政策重视企业深度参与，是为1，否为0 政策重视学校人才培养改革，是为1，否为0 政策重视中介组织产教供需对接，是为1，否为0 政策重视政府统筹规划，是为1，否为0 政策重视构建深化产教融合政策保障机制，是为1，否为0

续表

一级变量	二级变量	评分标准
X7 激励约束	(X7：1) 税收减免 (X7：2) 金融支持 (X7：3) 土地供应 (X7：4) 财政补贴 (X7：5) 试点示范 (X7：6) 明确权责 (X7：7) 监督检查 (X7：8) 组织领导 (X7：9) 考核评估 (X7：10) 法律规范	政策激励约束措施包括税收减免，是为1，否为0 政策激励约束措施包括金融支持，是为1，否为0 政策激励约束措施包括土地供应，是为1，否为0 政策激励约束措施包括财政补贴，是为1，否为0 政策激励约束措施包括试点示范，是为1，否为0 政策激励约束措施包括明确权责，是为1，否为0 政策激励约束措施包括监督检查，是为1，否为0 政策激励约束措施包括组织领导，是为1，否为0 政策激励约束措施包括考核评估，是为1，否为0 政策激励约束措施包括法律规范，是为1，否为0
X8 政策评价	(X8：1) 依据充分 (X8：2) 规划翔实 (X8：3) 地域特色鲜明	政策依据充分，是为1，否为0 政策方案具体可行，是为1，否为0 政策地域特色鲜明，是为1，否为0
X9 政策视角	(X9：1) 宏观 (X9：2) 微观	政策涉及宏观层面内容，是为1，否为0 政策涉及微观层面内容，是为1，否为0
X10 政策引用	—	政策引用其他政策文件，是为1，否为0

(四) PMC 指数计算与 PMC 曲面绘制

根据 Estrada 的研究成果，PMC 指数计算过程为：根据计算公式(1)、(2) 对二级变量进行赋值，二级变量取值为 0 或 1；根据公式(3) 计算一级变量数值，待评价深化产教融合政策一级变量的数值为二级变量的算术平均值；根据公式 (4) 计算待评价深化产教融合政策的 PMC 指数，PMC 指数值为各一级变量数值之和。由于本文选取了 10 个一级变量，所以计算得到深化产教融合政策的 PMC 指数取值在 0—10，根据 Estrada 的评价标准，将 PMC 指数分值划分为不良 (0—4.99)、可接受 (5—6.99)、优秀 (7—8.99)、完美 (9—10) 4 个等级，评价结果如表 4 所示。

$$X—N\ [0,\ 1] \tag{1}$$

$$X=\{XR:\ [0—1]\} \tag{2}$$

$$Xt=\left(\sum_{j=1}^{n}\frac{Xtj}{T(Xtj)}\right)\quad t=1,\ 2,\ 3,\ 4,\ 5,\ 6,\ 7,\ 8,\ 9,\ 10,\ \cdots,\ \infty \tag{3}$$

$$PMC=\left(\begin{array}{l} X1\left(\sum_{i=1}^{4}\frac{X1i}{4}\right)+X2\left(\sum_{j=1}^{3}\frac{X2j}{3}\right)+X3\left(5\sum_{k=1}^{5}\frac{X3k}{5}\right)+ \\ X4\left(\sum_{l=1}^{4}\frac{X4l}{4}\right)+X5\left(\sum_{m=1}^{6}\frac{X5m}{6}\right)+X6\left(\sum_{n=1}^{5}\frac{X6n}{5}\right)+ \\ X7\left(\sum_{o=1}^{10}\frac{X7o}{10}\right)+X8\left(\sum_{p=1}^{3}\frac{X8p}{3}\right)+X9\left(\sum_{r=1}^{2}\frac{X9r}{2}\right)+X10 \end{array}\right) \quad (4)$$

表 4　25 项深化产教融合政策 PMC 指数

编号	X1	X2	X3	X4	X5	X6	X7	X8	X9	X10	PMC 指数	评价等级
P1	0.75	0.33	1.00	1.00	1.00	1.00	0.60	0.67	0.50	1.00	7.85	优秀
P2	0.75	0.67	0.60	1.00	1.00	1.00	0.60	0.67	0.50	1.00	7.79	优秀
P3	0.75	0.67	1.00	1.00	1.00	1.00	0.90	0.33	0.50	1.00	8.15	优秀
P4	0.75	0.33	0.80	1.00	1.00	1.00	0.90	0.33	0.50	1.00	7.61	优秀
P5	0.75	0.33	1.00	1.00	1.00	1.00	0.70	0.33	0.50	1.00	7.61	优秀
P6	0.75	0.67	1.00	1.00	1.00	1.00	0.80	0.67	0.50	1.00	8.39	优秀
P7	0.50	0.00	0.40	1.00	1.00	1.00	0.70	0.67	0.50	1.00	6.77	可接受
P8	0.75	0.33	0.80	1.00	1.00	1.00	0.70	0.33	0.50	1.00	7.41	优秀
P9	0.50	0.00	0.40	1.00	1.00	1.00	0.60	0.67	0.50	1.00	6.67	可接受
P10	0.75	0.33	0.80	1.00	1.00	1.00	0.70	0.33	0.50	1.00	7.41	优秀
P11	0.75	0.67	1.00	1.00	1.00	1.00	0.50	0.33	0.50	1.00	7.75	优秀
P12	0.75	0.33	1.00	1.00	1.00	1.00	0.60	0.67	0.50	1.00	7.85	优秀
P13	0.75	0.67	1.00	1.00	1.00	1.00	0.70	0.67	0.50	1.00	8.29	优秀
P14	0.75	0.67	1.00	1.00	1.00	1.00	0.90	0.33	0.50	1.00	8.15	优秀
P15	0.75	0.33	0.80	1.00	1.00	1.00	0.80	0.67	0.50	1.00	7.85	优秀
P16	0.75	0.67	0.60	1.00	1.00	1.00	0.70	0.33	0.50	1.00	7.55	优秀
P17	0.50	0.00	0.80	1.00	1.00	1.00	0.60	0.33	0.50	1.00	6.73	可接受
P18	0.75	0.33	1.00	1.00	1.00	1.00	0.80	0.33	0.50	1.00	7.71	优秀
P19	0.75	0.00	1.00	1.00	1.00	1.00	0.70	0.33	0.50	1.00	7.28	优秀
P20	0.75	0.33	1.00	1.00	1.00	1.00	0.90	0.33	0.50	1.00	7.81	优秀
P21	0.75	0.33	0.60	1.00	1.00	1.00	0.80	0.33	0.50	1.00	7.31	优秀
P22	0.75	0.33	0.40	1.00	1.00	1.00	0.60	0.67	0.50	0.00	6.25	可接受

续表

编号	X1	X2	X3	X4	X5	X6	X7	X8	X9	X10	PMC 指数	评价等级
P23	0.75	0.67	0.80	1.00	1.00	1.00	0.70	1.00	1.00	1.00	8.92	优秀
P24	0.50	0.00	0.80	1.00	1.00	1.00	0.60	0.33	0.50	1.00	6.73	可接受
P25	0.75	0.33	1.00	1.00	1.00	1.00	0.50	0.33	0.50	1.00	7.41	优秀
均值	0.71	0.37	0.82	1.00	1.00	1.00	0.70	0.48	0.52	0.96	7.57	—

在计算出 PMC 指数的基础上绘制 PMC 曲面图，通过图像的方式能够更加形象直观地反映省级政府深化产教融合政策评价效果。根据计算公式（5）绘制 PMC 曲面图，鉴于矩阵的对称性和平衡性，删去一级变量 X10。受限于篇幅，本文只呈现 25 项政策的 PMC 曲面图以及 PMC 指数得分最高和最低的 PMC 曲面图即 P23 和 P22，其中 25 项政策的 PMC 曲面图取所有政策一级变量的平均值绘制而成。PMC 曲面图中不同颜色代表不同的指数值，曲面凸出部分表示政策一级变量得分较高，凹陷部分则表示一级变量得分较低（详见图 1—图 3）。

$$PMC（曲面）=\begin{pmatrix} X1 & X4 & X7 \\ X2 & X5 & X8 \\ X3 & X6 & X9 \end{pmatrix} \tag{5}$$

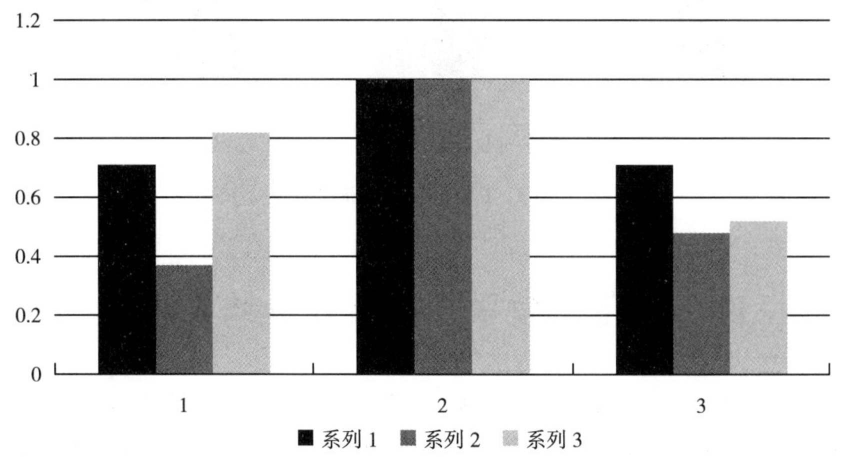

图 1　25 项政策的 PMC 曲面图

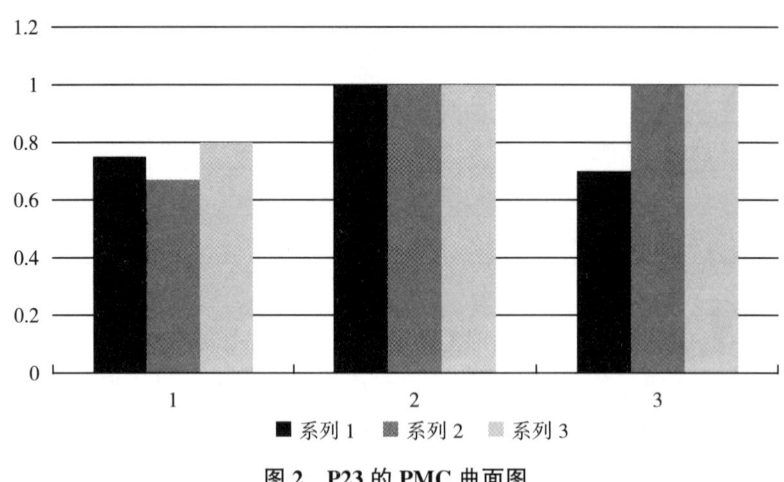

图 2　P23 的 PMC 曲面图

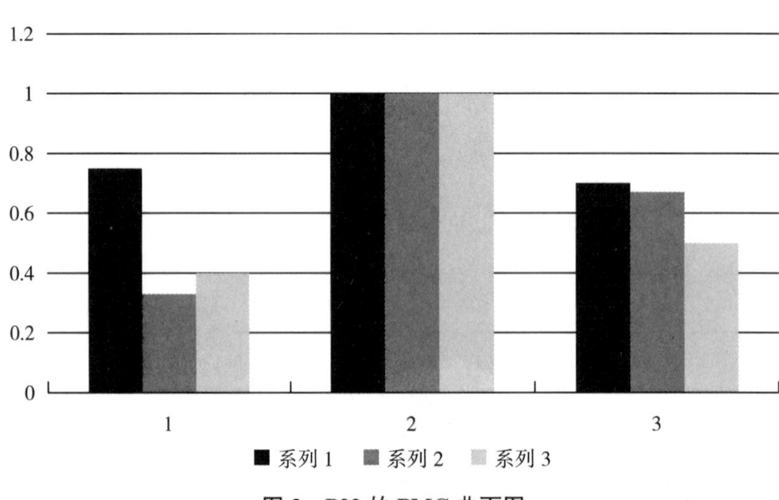

图 3　P22 的 PMC 曲面图

四　深化产教融合政策评价结果分析

由各项深化产教融合政策 PMC 指数评价结果可知，25 项政策的 PMC 指数介于 6.35—8.92，共有 20 项政策评价等级为优秀，分别为政策 P23、P6、P13、P3、P14、P1、P12、P15、P20、P2、P11、P18、P4、P5、P16、P8、P10、P25、P21、P19，其余 5 项政策评价等级均为可接受，分别是政策 P7、P17、P24、P9、P22。由此可知，省级政府深化产教融合政策总体设计较为合理，政策设计充分考量了深化产教融合所涉及的各个维度，有利于推进本地区产教深度融合发展。

（一）政策优势和不足分析

为了清晰对比省级政府深化产教融合政策的优势和不足，本文从各项政策的一级变量得分与其平均值进行比较分析。由表 4 可知，X2 政策时效平均值最低，仅为 0.37，追溯二级变量取值情况可知大部分政策多注重长期目标规划，很少进行中期和短期目标规划。X8 政策评价平均值次之，仅为 0.48，分析政策文本可知有 24 项政策规划不具体，14 项政策地域特色不鲜明。X9 政策视角的平均值也较低，为 0.52，追溯二级变量取值情况可知只有 1 项政策的内容全面涉及宏观和微观视角，其余 24 项政策内容仅涉及宏观视角。X1 政策性质的平均值为 0.71，有 21 项政策得分高于平均值，均为 0.75，其他 4 项政策得分低于平均值，均为 0.5，透过政策文本发现 4 项政策的政策性质主要体现在建议和监管层面，预测性和监管性不足，其余 21 项政策与 1 分政策相差的 0.25 分均为监管性内容缺失所致；X7 激励约束的平均值为 0.7，追溯二级变量取值情况可知各省多主张以税收减免、金融支持、土地供应、财政补贴、试点示范等激励手段来保障深化产教融合顺利推进，较少运用监督检查、考核评估、法律规范等约束手段。X3 政策功能均值为 0.82，追溯二级变量赋值可知部分政策未能全面体现校企协同育人、提升人力资源、促进区域经济发展和落实中央政策。文件引用均值为 0.96，仅有 1 项政策未引用其他政策文件，其余 24 项政策均有引用。X4 政策领域、X5 政策对象、X6 政策重点 3 项指标平均值均为 1，即 25 项政策在上述方面均为满分，说明 25 项政策涵盖教育、科技、社会服务和经济领域的内容，政策对象涉及政府、企业、学校等多方利益主体，政策重点明晰，同时也说明各项政策在这 3 个方面的一致性程度较高，政策优势明显。

（二）政策差异分析

为了进一步分析各地深化产教融合政策差异，本文将 PMC 指数得分最高和最低的两项政策 P23 和 P22 进行比较。由表 4 可知，政策 P23 的 PMC 指数为 8.92，接近完美级别政策，除了在政策性质、政策时效、政策功能、激励约束 4 个方面得分相对较低，其余一级变量均为满分 1。此外，10 个一级变量中只有政策功能低于均值，其他变量均高于或等于平均值。由此可见，P23 政策质量较高，政策设计各个维度较为全面。若要进一步完善政策，可重点考虑优化 X2 政策时效这一指标。政策 P22 的 PMC 指数为 6.25，政策评价等级为可接受，10 个一级变量中除了政策性质、政策领域、政策对象、政策重点、激励约束得分较高，其他变量的得分都低于平均值。就 P22 而言，如表 4 和图 4 所示，它与 P23 的差距主要体现在政策时效、政策功能、政策评价、政策视角、政策引用 5 个方面。追溯二级变量评分可知，P22 政策时效缺乏对短期、中期和长期目标的规划；激励约束措施不全面；政策内容缺乏详细解构，政策内容地域特色不鲜明；政策内容缺乏微观视角；政策文本缺乏对其他文件的引用。若要进一步完善政策，建议优化路径为 X8—X2—X3—X9—X10。

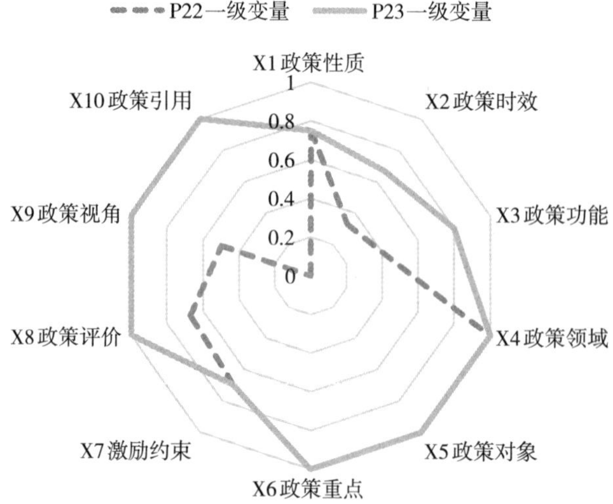

图 4 政策 P22 和 P23 一级变量得分比较

五 研究结论与政策建议

本文基于文本挖掘法和 PMC 指数模型以 2018—2021 年省域层面出台的 25 项深化产教融合政策为分析对象，结合政策特征构建评价指标，对 25 项政策进行量化评价，识别政策优势、不足及其差异，提出优化产教融合政策的建议。研究发现深化产教融合政策设计总体较为科学合理，有

20 项政策被评为优秀级别政策，其余 5 项被评为可接受级别政策。其中，政策 P23 评分最高，接近完美级别政策，得分最低的政策 P22 也处于为可接受级别范围。整体来看，25 项政策在政策功能、政策领域、政策对象、政策重点、政策引用 5 个方面得分较高，政策优势明显。但各地深化产教融合专项政策仍不完善，存在政策目标规划不清晰、政策内容不具体、地域特色不鲜明、政策监管性不足、激励约束机制不完善等共性问题，这些指标的具体数值为产教融合政策进一步优化和改进提供了一定借鉴。基于以上研究结果，提出如下优化建议，以促进各地产教融合健康发展。

第一，根据省情合理规划政策目标。各地深化产教融合政策目标期限设置比较单一、不够全面，多为长期内容，较少涉及中期和短期内容，最终会影响产教融合政策前瞻性功能的发挥。因此，未来各省在设计或修订产教融合相关政策时应结合当地经济社会发展现状和产教融合需求，统筹规划政策发展目标，分阶段部署具有可行性的短期、中期和长期目标，在总目标的引导下，层层推进，逐一进行击破。

第二，增强产教融合政策的监管性。目前已有的深化产教融合政策文本的政策性质主要体现在预测、建议和引导层面，监管性不足。有效的监管既是促进产教深度融合发展的重要保障，也是深化产教融合政策设计具有科学性和合理性特征的重要体现。因此，未来各地进行产教融合政策设计时，应重视企业、职业学校、高等学校、中介组织、政府等各方利益主体的监督和反馈，引入深化产教融合政策的监管和诊断机制，比如增设监督机构等内容。

第三，提升产教融合政策内容的科学性。在贯彻落实中央政策的基础上，结合地域特色、产业结构和教育发展实际探索具有创新性的产教深度融合发展路径，是地方深化产教融合政策的核心内容。虽然一些省份在政策内容上对国家深化产教融合政策进行了创新，但大部分省份的政策地域特色不鲜明，创新性不足，多从宏观层面制定深化产教融合的发展方向，缺乏具体可行的实施路径，政策科学性亟待提升。因此，未来省级政府在制定或修订产教融合政策时，需根据当地经济发展水平、特色产业、教育发展现状、产教融合现实需求等情况，综合考虑影响产教深度融合发展的各种要素，进行政策创新，设计出地域特色鲜明的产教融合政策文件。此外，尽量兼顾政策的宏观层面和微观层面，提高政策的可行性。

第四，完善产教融合政策的保障约束机制。考核评估、监督检查、法律规范等约束措施不足是省域政府深化产教融合政策中普遍存在的问题，尤其是法律规范措施为空白，这也是制约地方产教深度融合发展的因素之一，事关产教融合发展的质量问题。因此，未来各省级政府部门致力于推动产教融合试点示范，对积极参与产教融合的企业、学校、各类组织机构进行财税用地和金融支持的同时，也要增加组织管理、考核评估、法律规范等保障措施，奖惩并重，有利于规范各利益主体的权力和责任，从而推动产教融合健康发展。

Research on Deepening the Integration of Industry and Education Policy Evaluation and Optimization in Provincial Regions: Based on PMC Index Model

Zhou Jiayan

Abstract: Policy evaluation is the premise of formulation and effective implementation of industry and education integration policy, as well as basis for the adjustment and optimization of industry and education integration policy. Combining PMC index model with text mining method, 25 policies for deepening the integration of industry and education published in provincial regions were analyzed, and evaluation indexes were constructed based on policy characteristics. Quantitative evaluation was conducted on the 25 policies to identify advantages, disadvantages and differences of policies, and suggestions for optimizing the integration of industry and education were put forward. The study found that the overall design of policies for deepening the integration of industry and education in provincial regions was reasonable, with 20 policies rated as excellent and 5 as acceptable. However, there are still some problems such as unclear policy target planning, insufficient specific policy content, unclear regional characteristics, insufficient policy supervision and imperfect incentive and restraint mechanism. In the future, when provincial governments formulate or revise policies for the integration of industry and education, policy objectives should be rationally planned, policy supervision should be enhanced, policy content should be improved scientifically, and incentive and constraint mechanisms should be improved to optimize policies.

Keywords: policy evaluation; deepening the integrating of industry and education; text mining; PMC index model

2015—2019年我国31省（市、区）高校科研效率实证研究

——基于数据包络分析法

王若梅　唐　攀*

摘　要：在国家创新体系建设中，各级政府不断加大对高校的科研创新投入，高校科研规模也随之不断扩大，各地区高校也不断更加关注如何提升自身科研效率这一重要问题。本文运用数据包络分析法（DEA-Malmqusit）对2015—2019年全国31个地区高校科研效率进行动静态分析。研究发现，2019年我国各地区高校整体科研绩效水平较高，发展势态良好，但是从动态角度来看，这5年间各地区高校科研全要素生产率的提升更多取决于于技术的进步，还存在科研资源配置不合理、科研管理水平和效率低、科研成果产出与转化弱和科研人员创新活力弱等问题，为此，高校应该优化资源配置，提高科研管理水平，提高科研成果转化率，提高科研队伍的整体水平，提升自身科研效率。

关键词：高等院校；科研效率；DEA-Malmqusit方法

近年来，科技创新备受重视，党的十八大强调把科技创新摆在国家发展全局的核心位置，提出了实施创新驱动战略的重要部署。党的十九届五中全会更是把创新驱动发展作为“十四五”期间我国经济发展的核心任务。高校作为实施创新驱动发展战略、建设创新型国家的重要力量，是培养创新型高素质人才的主战场和孵化器，各级政府不断加大资源投入，支持高校科研创新发展，高校科研规模逐渐扩大。从我国高校科技经费总体

---

* 王若梅，西北政法大学教学质量监测与评价中心研究员，研究方向：高等教育管理、大学教师与教学。唐攀，西北政法大学2020级教育经济与管理专业硕士研究生，研究方向：高等教育评估。

投入来看，2019 年投入总量为 22143.6 亿元，比 2018 年增加 2465.7 亿元，增长 12.5%。从我国高校研发人员数量来看，该类人员数量及全时当量呈不断上升趋势，2019 年研究与发展全时当量人员 356062 人，较 2018 年增加 24247 人，增长 7.31%①。随着对高校科研人、财、物的投入不断增长，合理利用科研资源，提升高校科研效率成为高校科研管理亟待改善的重要方面。

当下学者对高校科研效率做了许多具有理论与实践双重价值的研究，在科研效率评价方法的选取上，灰色关联分析法、AHP、主成分分析法、模糊综合评价，数据包络分析法（DEA）等研究方法被国内外学者广泛运用。其中数据包络分析法由于科学客观的测量投入与产出的真实关系等优点，特别适合运用于多投入多产出的生产系统而得到广泛运用。比如，苏荟等基于 DEA-Tobit 模型对 2015—2017 年我国省际高校的科研效率进行比较分析，研究发现我国西部地区高校相对中部、东部地区高校科研效率更高②。宗晓华等运用超效率—非径向 DEA 模型分析其科研效率和影响因素，发现这 10 年间教育部直属高校规模效率不断递减，科研效率进步缓慢③。晋兴雨等以 S 大学为例，对其 20 个学院的科研绩效进行评价，发现高校需要从内部管理机制、资源配置、科研成果产出等方面进行加强与提升④。

综上所述，我们可以发现学者更倾向于选择权重不受主观因素影响的 DEA 方法，但是大部分研究没有很好地考虑行政区域内部的经济发展差距，只是简单地按照行政区域划分来比较东、中、西部高校科研效率。所以，本文把全国 31 个地区按人均 GDP 分为三类地区，使研究对象经济环境尽可能相近，然后运用 DEA-BBC 和 Malmquist 模型测量各地区高校科研效率，提出提升科研效率的建议与措施。

---

① 中华人民共和国教育部科学技术司：《高等院校科技资料统计汇编》，高等教育出版社 2020 年版，第 94—95 页。

② 苏荟、刘奥运：《“双一流”建设背景下我国省际高校科研效率及影响因素研究——基于 DEA-Tobit 模型》，《重庆大学学报》（社会科学版）2020 年第 1 期。

③ 宗晓华、付呈祥：《我国研究型大学科研绩效及其影响因素——基于教育部直属高校相关数据的实证分析》，《高校教育管理》2019 年第 5 期。

④ 晋兴雨、张英姿、于丽英：《高校教学与科研综合绩效评价研究——基于 DEA 模型的实证分析》，《教育发展研究》2018 年第 19 期。

一　数据获取及研究对象分类

（一）数据获取及处理

本文主要使用《高等院校科技资料统计汇编（2015—2020）》① 的科研投入产出数据。由于科研投入和产出之间存在或长或短的滞后期，本文借鉴宗晓华、廖帅②等学者的文章，选取 1 年作为投入产出之间的一个滞后期③，选取 t-1 年度不同区域的相关数据作为投入指标数据，t 年度的数据作为产出指标数据进行分析。

（二）各地区经济发展情况及分类

由于各地区经济发展存在不平衡性，根据《国家统计年鉴 2020 年》④ 的各地区人均 GDP 数据，借鉴世界银行发布的 2020 年收入标准，将人均 GDP 大于 12535 美元的北京、上海、江苏、浙江、福建、广东、天津 7 个地区划分为 Ⅰ 类地区，将人均 GDP 为 7500—12535 美元的湖北、重庆、山东、内蒙古、陕西、安徽、湖南、辽宁、海南、河南、四川、宁夏、新疆、江西 14 个地区划分为 Ⅱ 类地区，将人均 GDP 小于 7500 美元的青海、西藏、云南、贵州、河北、山西、吉林、广西、黑龙江、甘肃 10 个地区划分为 Ⅲ 类地区。

二　研究方法与指标体系的确定

（一）研究方法与模型选择

1978 年，国外运筹学家 Charnes 等人最早提出数据包络分析法

---

① 中华人民共和国教育部科学技术司：《高等院校科技资料统计汇编》，高等教育出版社 2020 年版，第 94—95 页。

② 廖帅、葛梅、苏雪晨、吕卉：《我国不同区域高校科研效率评价研究——基于分类 DEA 模型的实证分析》，《中国高校科技》2021 年第 1 期。

③ 孙绪华：《我国科技资源配置的实证分析与效率评价》，博士学位论文，华中农业大学，2011 年。

④ 国家统计局：《2020 中国统计年鉴》，中国统计出版社 2020 年版，第 69 页。

（DEA）。这是一种用于比较同类型决策单元（DMU）好坏的数据分析方法。主要是基于相关数据，运用线性规划的方法来确定生产前沿面，通过投影分析对比每个单元与前沿面的相对距离来判断各 DMU 的效率。在运用数据包络分析方法时，首先要确定研究对象（DMU），其次适度适量的选取科学合理的投入与产出指标，最后选择合乎研究需要的 DEA 模型，测算得出其效率结果。

1. 关于 BCC 模型的选择

CCR 与 BCC 模型是数据包络分析法里的两种经典模型。本文选择 BCC 模型，其在 CCR 模型的基础上考虑了规模报酬可变（VRS），将综合技术效率（TE）分解为纯技术效率（PTE）和规模效率（SE），可以进一步分析各 DMU 的技术效率和规模效益。

2. DEA-Malmquist 指数

1994 年 Fare 等美国学者将 Malmquist 指数进一步与 DEA 模型相结合，改进后的 DEA-Malmquist 指数分析法可用于评价不同时期的全要素生产率的动态变化，反映决策单元在不同时期的生产效率。其中，全要素生产率（TFP）=［纯技术效率（PTE）×规模效率（SE）］×技术进步变化指数（TEPH）。TFP 指数及其分解指数大于 1 表明相应的效率提高，反之则代表下降，等于 1 表示效率没有发生变化。

（二）指标选择

选取合适的评价指标是评价高校科研绩效的核心。其评价指标主要从高校科研投入及产出两个方面考量。高校科研投入是指投入到高校科研活动中各种资源及要素，主要包括人、财、物的投入；高校科研产出则涵括了产出数量、质量以及效益等内容。在参考相关学者研究成果之后，得出表 1 所示的评价指标。

表 1 高校科研投入—产出指标体系的构建

一级指标	二级指标	三级指标
投入指标	人力投入	研究与发展全时当量人员（X1）
	财力投入	科研经费内部支出（X2）
		科研课题当年支出（X3）

续表

一级指标	二级指标	三级指标
产出指标	产出数量	出版科技著作数（Y1）
		发表学术论文数（Y2）
	产出质量	专利授权数（Y3）
		成果授奖（Y4）
	产出效益	技术转让当年实际收入（Y5）

（三）指标检验

为了验证选取指标的合理性，运用 SPSS26.0 软件验证指标之间的相关性，由表 2 可知，高校科研人、财力投入与产出数量、质量和效益三个产出方面显著相关，并且投入的 3 个三级指标与产出的 5 个三级指标之间均存在正向相关关系。

表 2　　　　高校科研投入—产出指标相关性分析结果一览表

	Y1	Y2	Y3	Y4	Y5
X1	.851**	.924**	.779**	.683**	.847**
X2	.798**	.932**	.819**	.640**	.860**
X3	.796**	.895**	.778**	.625**	.838**

**. 在 01 级别（双尾），相关性显著。

三　高等院校科研效率分析

（一）高校科研效率静态分析

将 2019 年 31 个地区的高校科研数据导入 DEAP2.1 软件中进行测算，得出不同区域高校科研综合效率、纯技术效率和规模效率的数值，整理结果见表 3。

表3　　　　2019年31省（市、区）高校科研效率值一览表

地区	综合技术效率	规模效率	规模报酬	
北京市	0.593	0.973	0.609	递减
天津市	0.494	0.573	0.862	递减
河北省	0.814	0.954	0.854	递减
山西省	1	1	1	不变
内蒙古自治区	1	1	1	不变
辽宁省	0.615	0.873	0.705	递减
吉林省	0.972	1	0.972	递减
黑龙江省	0.542	0.877	0.618	递减
上海市	0.635	0.89	0.714	递减
江苏省	1	1	1	不变
浙江省	0.779	0.943	0.827	递减
安徽省	0.844	1	0.844	递减
福建省	0.619	0.694	0.892	递减
江西省	0.944	0.98	0.963	递减
山东省	0.8	1	0.8	递减
河南省	1	1	1	不变
湖北省	0.883	1	0.883	递减
湖南省	0.882	1	0.882	递减
广东省	0.671	0.867	0.774	递减
广西壮族自治区	0.739	0.867	0.852	递减
海南省	0.897	1	0.897	递增
重庆市	1	1	1	不变
四川省	0.987	1	0.987	递减
贵州省	1	1	1	不变
云南省	0.878	0.932	0.941	递减
西藏自治区	0.797	1	0.797	递增
陕西省	0.991	1	0.991	递减
甘肃省	1	1	1	不变
青海省	1	1	1	不变
宁夏回族自治区	0.956	0.985	0.97	递增
新疆维吾尔自治区	1	1	1	不变
均值	0.849	0.949	0.891	

1. 从整体综合效率来看，2019 年 31 个地区高校的平均综合技术效率只有 0. 849，说明上升的空间还较大，其中只有山西、内蒙古、江苏等 9 个地区投入与产出基本保持一致，其资源配置能力、规模状态等方面均达到最优状态。而北京、天津、河北等 13 个地区综合技术效率低于平均值，说明这 13 个地区的高校投入与产出结构需要进一步优化调整，资源投入没有被有效使用，科研管理和技术水平还有较大的提升空间。

2. 从纯技术效率来看，纯技术效率值反映的是高校内部科研管理的效率和水平的高低。从表 3 中可以看出，2019 年我国各地区高校科研纯技术效率均值为 0. 949，整体均值较高，其中，山西、内蒙古、吉林等 17 个地区高校科研纯技术效率等于 1 为有效，其他地区高校还需要进一步优化内部科研管理制度，提升自身科研管理水平。

3. 从规模效率来看，规模效率反映的是高校科研管理水平和效率一定的条件下，其科研投入与产出现有规模与最佳规模之间的差距。由表 4 可知，2019 年我国区域高校科研规模效率均值为 0. 891，整体规模效率良好，但是 2019 年规模效率达到最佳的只有山西、内蒙古、江苏 9 个地区，由此表明各区域高校科研规模效率有效地区不多，规模效率非有效区域要通过调整科技规模来提高科技产出绩效的提高。

4. 从规模报酬来看，各地区高校规模状态主要分为规模报酬递增（irs）、规模报酬不变（-）、规模报酬递减（drs）三类，其中山西、内蒙古等 8 个地区规模报酬不变，说明这 8 个地区规模状态符合当下生产水平。而规模报酬递减和规模报酬递增可以通过调整规模大小改善效率。一般情况下，规模报酬递减情况下，产出绩效会随着规模扩大而降低，在此情况下，需要提高产出或降低投入，所以北京、天津、河北等 20 个地区应该根据自身情况相应的扩大产出或减少投入。而在规模报酬递增情况下，绩效会随着规模的扩大而增长，因此，海南、西藏、宁夏 3 个地区需要提高科技投入规模，使其绩效随着规模扩大而提升。

（二）非 DEA 有效高校科研效率投影分析

如表 4 所示，主要存在北京、天津、河北等 9 个非 DEA 有效地区，对其进行投影分析发现：非有效决策单元主要分布于经济发达地区，投入冗余这一部分主要集中在 X1 和 X2，产出不足则主要集中于 Y1、Y3 和 Y5，从投入角度来看，我国经济发达地区，人才济济，经费充足，在科研投入这一块远远超出其他地区，存在一定程度的资源浪费，此外，还要考虑到科研投入与产出滞后期的影响，我国经济发达地区承担着较其他地区更高层次更难攻克的一些重大课题项目，需要较大的资源投入，较长的转化周期，所以需要客观看待经济发达地区投入冗余这一问题。从产出角度来看，一定程度上揭露出我国大部分高校在科技成果转化方面不足，大部分科技成果还停留在理论层面和实验室中，其对社会经济服务度还有待提升。所以，高校应该加强科研管理，优化资源配置，充分发挥科研人才的创新潜力，提高科研成果转化率。

表 4　　2019 年非有效决策单元科研投入冗余与产出不足一览表

	X1	X2	X3	Y1	Y2	Y3	Y4	Y5
北京市	12708	6588374	9183480	0	0	12020	88	47656
天津市	0	0	90838	758	0	4915	16	109967
河北省	0	48018	0	40	0	794	0	36992
辽宁省	7930	0	101663	387	3803	5006	0	17360
黑龙江省	3861	0	1294438	620	6243	6965	0	107280
上海市	5351	746471	0	231	0	13076	74	153968
浙江省	2694	2079733	0	637	16810	0	68	28043
福建省	4527	1623034	0	675	5016	0	5	17696
江西省	1062	465034	0	190	1757	0	0	0
广东省	2243	0	0	121	0	7309	193	146907
广西壮族自治区	4806	410105	0	227	0	0	0	2935
云南省	0	0	0	8	0	563	8	25582
宁夏回族自治区	573	36374	0	0	0	535	7	0

（三）高校科研效率动态分析

为进一步分析我国 31 个地区高校科研效率的年度变化趋势，采用 Malmquist 指数模型测算 2015—2019 年高校科技创新的全要素生产率及其分解指数，结果如表 5 所示。

表 5　2015—2019 年高校科研效率全要素生产率指数及其分解指数一览表

年份	技术效率	技术进步效率	纯技术效率	规模效率	全要素生产率
2015—2016	0.989	1.09	1	0.989	1.078
2016—2017	0.988	1.077	0.975	1.014	1.064
2017—2018	1.013	0.918	1.009	1.004	0.93
2018—2019	0.983	1.008	0.997	0.986	0.991
均值	0.993	1.021	0.995	0.998	1.014

根据表 6 可看出，我国不同区域高校的全要素生产率从 2015 年到 2019 年的年均增长 1.4%，但是我们可以发现 2015—2019 年每年度全要素生产率呈下降趋势。从其分解指数分析发现，技术效率变化指数年均降低 0.7%，技术进步变化指数年均增长 2.1%，技术进步的上升空间要高于技术效率的下降空间，说明在 2015—2019 年，我国分地区高校科研投入产出全要素生产率的增长的动力源是技术进步。其中技术效率指数中，纯技术效率变化指数年均降低 0.5%，规模效率变化指数年均降低 0.2%。可以看出，2015—2019 年各地区高校的科技创新能力和科学技术水平有所上升，但是在科研管理、资源配置、投入产出结构等方面存在较多问题。

2015—2019 年各地区的高校科研效率的全要素生产率及其分解指数均值，如表 6 所示。

表 6　2015—2019 年 31 省（市、区）高校科研效率全要素生产率及其分解指数一览表

地区	技术效率	技术进步效率	纯技术效率	规模效率	全要素生产率
北京市	0.881	1.024	0.993	0.887	0.902
天津市	1.033	0.964	1.01	1.022	0.996
河北省	0.974	1.03	0.988	0.986	1.003
山西省	1	1.054	1	1	1.054
内蒙古自治区	1.051	1.072	1.051	1	1.127
辽宁省	0.957	0.975	0.967	0.99	0.933
吉林省	1.065	0.992	1	1.065	1.057
黑龙江省	0.921	1.041	0.968	0.952	0.959
上海市	1.053	0.932	1.004	1.049	0.981

续表

地区	技术效率	技术进步效率	纯技术效率	规模效率	全要素生产率
江苏省	1.013	1.049	1	1.013	1.063
浙江省	0.94	1.023	0.985	0.954	0.961
安徽省	0.959	1.047	1	0.959	1.003
福建省	0.887	1.025	0.913	0.972	0.909
江西省	1.027	1.071	1.037	0.991	1.1
山东省	0.96	0.995	1	0.96	0.956
河南省	1	1.092	1	1	1.092
湖北省	1.028	1.011	1	1.028	1.04
湖南省	1.051	1.021	1	1.051	1.073
广东省	1.008	0.984	0.965	1.045	0.992
广西壮族自治区	0.927	1.038	0.965	0.961	0.963
海南省	0.973	1.129	1	0.973	1.098
重庆市	1	1.043	1	1	1.043
四川省	1.11	0.939	1	1.11	1.042
贵州省	1	1.112	1	1	1.112
云南省	0.968	1.033	0.983	0.985	1
西藏自治区	0.955	0.959	1	0.955	0.917
陕西省	1.006	1	1	1.006	1.006
甘肃省	1.039	1.017	1.033	1.006	1.057
青海省	1.049	1.024	1	1.049	1.075
宁夏回族自治区	0.994	1.036	0.996	0.998	1.03
新疆维吾尔自治区	1	0.956	1	1	0.956
均值	0.993	1.021	0.995	0.998	1.014

从表 6 中可以看出，全要素生产率大于 1 的地区有 19 个，其中吉林等 7 个地区全要素生产率的提高主要来源于技术效率的提高，其余 12 个地区全要素生产率的提高则主要来自技术进步。全要素生产率小于 1 的地区中，北京等 6 个地区技术进步指数大于 1，说明可以看出影响这 6 个地区全要素生产率不高的原因在于其技术效率较低，说明这 6 个地区要加强科研管理水平，优化科研资源配置，提高资源利用率；而天津、上海、广东、新疆技术效率大于 1，其全要素生产率不高的原因在于技术进步效率

逐渐下降，要注重提高高校科技人才的创新活力，注重技术的创新和进步。

四 研究结论与建议

（一）研究结论

1. 2015—2019 年我国高校整体科研绩效水平较高，整体态势发展良好，但地区间仍存在明显差距。其中，DEA 非有效地区高校，在投入这一块主要存在人力资源的浪费这一问题；在产出这一块主要存在科研成果转化效率低这一问题。

2. 地区经济发展水平与高校科研绩效无必然关系，GDP 为Ⅱ类地区的科研绩效水平最高，GDP 为Ⅰ类地区的规模效率水平不高，主要是由于资源配置不合理，拉低了整体科研绩效水平。Ⅰ类地区要向Ⅱ类地区学习其科研管理的方法与手段，提高科研资源的配置能力与运行效率。

3. 2015—2019 年全要素生产率呈现下降的趋势，这提醒各地区高校应该注重技术进步、科研管理、资源配置等全方位的提升，注重技术与管理的持续性提升，高等重视科研效益，尤其关注科研技术创新能力及科研成果的应用与转化。

（二）研究建议

1. 合理配置科研资源，优化高校科研投入规模

高校投入科研资源要科学适量，不要一味地追求科研规模、科研经费、科研人员等数量上的增长，而要更多的考量优化科研规模和经费结构，激发科研人员在其创新创造活力等质量方面的提升。从上述分析发现部分地区高校在科研投入这一块存在冗余或不足的问题。近年来，各级政府不断加大对高校科研创新的投入，对此，高校应认清自身具体情况，调整优化自身的投入产出规模，提升自身科研效益。

2. 提高科研成果转化率，重视科研服务经济社会效益

通过上述分析发现，未能实现 DEA 有效的高校其科研成果转化率较低，该类型高校应提高科研成果转化率，重视科研成果的经济社会效益。为了更好地发挥出高校科研成果的价值，高校应结合自身特色和市场需

求，建立科学合理的转化机制，完善成果转化的管理办法及其工作流程等。高校还应发挥自身优势，根据区域经济发展和企业需求，与相关企业开展深度合作，开展科学研究，推进科技成果转化。

3. 加强科研队伍管理，激发科研队伍创新活力

近年来，我国不断深化科研体制改革，对科研人员减负、赋能、放权，已取得阶段性成效。在面对新一轮科技革命和实现我国经济高质量发展的新要求下，地方高校还要进一步加强科研队伍管理，激发科研创新活力。首先，要树立以人为本的发展理念，把人才的成长放在第一位，营造开放共享的科研生态环境，激发科研人才的创新火花和创造动力。其次，要完善科研人才评价考核机制，注重对科研成果质量、效益的考核评价。最后，高校应建立合理的激励机制，激发科研人才创新创造的活力，鼓励科研人才勇于创新，追求卓越。

Research on the Scientific Research Efficiency of Universities in China's 31 Provinces, Autonomous Regions and Municipalities: Based on DEA Method (DEA-Malmquist)

Wang Ruomei　Tang Pan

Abstract: In the construction of the national innovation system, governments at all levels continue to increase investment in scientific research and innovation in universities, and the scale of scientific research in universities has also continued to expand, and universities in various regions have also paid more attention to the important issue of how to improve their scientific research efficiency. In this paper, the data envelopment analysis method (DEA-Malmqusit) is used to analyze the scientific research efficiency of universities in 31 regions across the country from 2015 to 2019. The study found that in 2019, the development trend is good, but from dynamic dates, total factor productivity depends on technical progress, and there are still problems such as unreasonable allocation of scientific research resources, low level and so on. Improve the overall level of the scientific research team and the efficiency of their own scientific research.

Keywords: institutions of higher learning; scientific research efficiency; DEA-Malmquist method

陕西高校近年国家级教学成果的现状、创新与展望*

宋鸿雁　张曌鑫**

摘　要：国家级教学成果奖既是国家对高校教学工作的高度重视，也代表了我国教育教学工作的最高水平。论文以陕西高校2018年国家级教学成果汇编为基础，梳理了教学成果的院校类型、合作情况、学科、主题等结构性现状；重点反映近年教学成果在理念、课程、实践教学、协同育人方面的创新趋势；并对陕西未来做好国家级教学成果工作进行展望。

关键词：陕西高校；国家级教学成果；现状；创新；展望

国家级教学成果奖不仅体现了国家对高校教学工作的高度重视，也代表了我国教育教学工作的最高水平。2022年新一轮国家级教学成果奖相关工作已经启动。本研究以陕西高校2018年国家级教学成果汇编①为主要素材，进行形式结构分析与成果创新内容分析，把握陕西高校教学改革成果的现状，重点总结近年的创新趋势，并对未来陕西高校国家级教学成果奖相关工作进行展望。

* 基金项目：陕西省2021年高等教育教学改革研究项目重点项目“陕西高校本科教学改革与创新的理论与实践研究”（21BZ050）；陕西省高教学会2021年高等教育研究项目“美国高校推进本科教育创新案例研究”（XGH21153）。

** 宋鸿雁，西北政法大学高教所研究员，教育学博士，研究方向：比较高等教育管理；张曌鑫，西北政法大学管理学院教育经济与管理专业2021级研究生。

① 刘建林主编，郭立宏副主编：《高校人才培养的理论与实践探索——2018年度陕西高等院校国家级教学成果奖汇编》，西北大学出版社，2019年。

一 陕西省本科2018年国家级教学成果现状

在2018年国家级教学成果奖中，陕西省本科高校共获奖42项，其中一等奖7项（含军校1项）、二等奖35项，获奖总数位居全国第三。本文以其中36个本科国家级教学成果奖项目作为分析样本。主要从“完成单位”“完成方式”“研究领域”三个分析单元进行实证研究。“完成单位”主要从“高校类型”维度进行分析，按项目第一完成单位进行排序，不重复计算；“完成方式”主要涉及“合作情况”；“研究领域”从“学科分布”和“研究主题”两个维度进行分析。

（一）教学成果获奖高校的类型分布

按照教育部2017年9月正式发布的“世界一流大学和一流学科（简称‘双一流’）建设高校及建设学科名单”，陕西省本科高校中有一流大学建设高校3所，A类两所为西安交通大学、西北工业大学，B类一所为西北农林科技大学；一流学科建设高校5所：西北大学、西安电子科技大学、长安大学、陕西师范大学、第四军医大学。

36个本科获奖成果中，获奖总数的前三名分别是西安交通大学（9项）、西北工业大学和西安电子科技大学并列第二（5项）和陕西师范大学（4项）。获得一等奖的4个高校均为“双一流”高校。32个二等奖中，“双一流”高校共包揽26项，占二等奖总数的81.26%，西安交通大学以8项的优异成绩居榜首；双非院校获奖6项，占18.74%，其中西安建筑科技大学斩获两项，是双非院校中获奖数量最多的。在陕西所有普通本科高校中，双一流高校占比为14%，其获奖总数占比却高达83.3%，可见7所双一流高校是获奖主力。

（二）获奖成果完成方式分析

获奖的36个本科成果均为团队合作成果。本研究以5人为一组统计单位，将各项目的完成人数量进行分类汇总。人数最少的团队仅5人，最多有16人，平均数为12人。获一等奖的4项成果均是11—15人的团队；二等奖的成果中，由11—15人合作完成的占56.25%，6—10人团队完成的占34.38%，5人以下和16人以上的合作团队不到二等奖总数的10%。

虽然教育部在高等教育国家级教学成果奖的评审工作安排中并未对项目参与人数作具体规定，但从历年参评和获奖情况可以预见，10 人左右的团队合作仍是未来参评教学成果奖的主要形式。

从完成单位来看，以一方独立申报的获奖项目为主，占九成以上，合作完成的项目仅有 3 项，包括 2 项校际合作项目和 1 项校企合作项目。2 项校际合作项目均为双一流高校联合项目，且都获得国家级教学成果奖一等奖，高校间的合作可见明显的“强强联合”之势。

（三）获奖项目研究领域的分析

1. 获奖成果的学科分布

按照成果申报书上的所属学科代码作为分类标准，即哲学、经济学、法学、教育学、文学、历史学、理学、工学、农学、医学、军事学、管理学、艺术学、其他，2018 年陕西省本科国家级教学成果奖项目在学科间分布是不均匀的。工学获奖项目 23 项占 63.9%；教育学项目 5 项占 13.9%；文学与理学各 3 项，各占总数的 8.3%；最后是农学与艺术学各 1 项，仅各占总数的 2.8%；其他学科无获奖。如此分布结果，可能与获奖高校的重点学科专业建设相关，体现出获奖成果所属学科的活跃度较高，教改力度大，取得成效也更为显著。例如，获得一等奖的 4 个项目中，有 3 项都是在工学领域中做出的教学改革创新，这 3 项获奖项目分别来自西北工业大学（宇航材料）、西安电子科技大学（集成电路）和西安交通大学（物联网工程）。

2. 获奖成果的主题分布

高等教育国家级教学成果奖的主题在一定程度上能够反映出我国高等教育领域的改革重点。通过对 36 个获奖成果的名称进行关键字的提取再归纳分类，获奖成果共划分了八类，按照权重大小排序，依次是：人才培养改革、教育教学改革、实践教学改革、学生能力培养体系改革、教师队伍建设、课堂教学改革、教材建设、教学质量保障。

统计显示，“人才培养改革”主题最为突出，占总数的 55.55%。另外，在 4 项一等奖成果中，“人才培养改革”主题就有 3 项，占一等奖总数的 75%。除此之外，以“教育教学改革”“实践教学改革”“学生能力培养体系改革”和“教师队伍建设”为主题的获奖成果也受到重视。相对较为单项的“实践教学”“学生能力培养”“教师队伍建设”“课堂教学”“教材建设”而言，以综合性内容与目标为特色的“人才培养改革”在教学成果中占据绝对优势。

二 陕西省高校本科教学改革成果的创新分析

以上形式分析获得了陕西高校2018年本科国家级教学成果奖在院校主体构成、合作完成情况、学科分类、主题分类等方面的基本情况。为进一步把握陕西省本科教学改革成果，我们对这些教学成果的创新领域进行梳理总结，为改革经验未来制度化奠定基础。理论与实践的创新是国家级教学成果评审的重要指标之一。这里着重观察陕西高校国家级教学成果在理念创新、课程与实践体系创新、创新创业教育以及协同机制创新上的表现。

（一）以人才培养目标理念创新引导本科教育教学改革

理念与理论创新对于实践具有直接指导作用。理念的创新涉及人才素质内涵与培养目标的认识，也涉及相应的教学或人才培养方式路径的认识。

1. 人才培养目标创新

西安电子科技大学电波传播人才培养改革提出“面向电波传播工程与国防科技应用，厚基础、强实践、宽视野、重个性”的人才培养理念。西安建筑科技大学细化了大学生可持续发展能力概念：获取新知解决问题、应对新挑战，不断为社会创造价值并始终保持发展态势的能力；明确了可持续发展能力的系列基本特征和潜在要素。西安交通大学在机械工程领军潜质人才培养新模式探索中提出一等品行、很强工程社会观念、系统思维能力、工程组织与创新能力的培养目标，具体由36项指标构成。陕西师范大学在教师教育课堂模式创新与实践中提出创新人才6种心智要素：专门领域知识、内在动机、多元文化经验、问题发现、专门领域判断标准、说服传播心智，并基于该认知构建新的课堂模式，以确保创新人才培养目标的实现。

可以看出人才培养目标理念中的明确趋势，即超越理论知识掌握，逐渐侧重能力提升、创新力形成，同时关照综合性精神素养的提升。而且在知识、能力与素质的三维结构中，各方面的内涵更为充实和富有专业定位特色。即不仅要培养“知道者”；还必须拥有特定专业能力，拥有面对未来不确定性的学习与适应能力，面对多元现实世界的批判鉴别能力，以及家国情怀、人文情怀、生态情怀等。这些要素之间是相互协调支撑的。这种结构的转变与新时代本科教育立德树人的要求高度一致，也是高等教育更好地满足社会需求的必然要求。正如有学者评判高等教育质量标准的转变时所说的，已经从最初的“知识标准”发展到“人的标准”，再发展到今天“人与自然、世界协调发展的标准”①，高等教育改革的人才培养目标定位也转变为更为全面的、可持续的、理性与人格、科学与价值的平衡发展。

2. 培养理念的创新

西安电子科技大学在电子信息类创新人才改革实践中提出“培养能力、适应变化、基础为根、实践为体、创新为魂”的人才培养理念；西北工业大学宇航材料人才培养中提出践行了“立足学科优势，面向宇航特色，基础实践并重，强化创新发展”的教学理念。西安电子科技大学在集成电路人才培养模式改革实践中确定了“基础与应用融合、产学融合、科教融合”的人才培养理念。西安交通大学在高校思政课教学改革中以理论联系实际的理念和方法为切入点，提出政理、学理、事理“三理贯通”的教学新理念。

教学和人才培养的理念反映了高校实现人才培养目标的特定思路。综观各项成果，可以发现这种思路首先以人才培养目标为引领，其次是根据本校传统特色与战略规划而各有特色。但其共性也很突出，即重视培养要素与环节的系统性顶层设计；重视理论与实践相结合相融通，重视科研与教学的融合，重视学校与社会的融合。重视系统性顶层设计的目的在于维护整体的目标方向。重视各种融合则是尊重本科人才培养质量的内在规定，即人才培养的质量一定是在联系中形成，也必然是有助于各种联系的获得，特别是学习质量和人的发展最终有赖于对各种知识的联系、知识与社会的联系、自我与社会的联系、人类与环境的联系等。这种联系的获得旨在对外部世界与自我的整体性认知与定位。这也是有学者论及高等教育要教给学生什么知识时，所提到的让知识关联起来是教育教学改革的着力

① 邬大光：《雪山的雪线与高等教育的质量底线》，《高校教育管理》2022 年第 1 期。

点。[①] 只有在这种联系中，学习和教育才能实现真正的价值。

（二）以不断完善的递进式课程与实践教学体系创新推动人才培养改革

1. 课程体系的结构

长安大学在地质类专业创新人才培养体系改革中构建了基础课—专业课—创新课的三阶段课程体系，覆盖识别、表达、分析、评价、模拟复杂地质问题的知识。西安电子科技大学在集成电路人才培养模式改革实践中整合了基础理论、技术贯通、系统应用层级的本科课程体系。西北大学在大学生信息设计创新能力培养改革中构建了导论、设计、应用的三级课程体系。西北大学在岩石学教学改革中形成了基础、理论、前缘、探索四层次课程教学体系。这些说明人才培养在课程体系建构上突破了传统简单的公共基础课、专业基础课、专业方向课的基于学科专业从宽广到窄深的结构，而是更加重视课程在能力培养功能上的层级递进特征，从奠定基础知识的课程，最终过渡到侧重应用能力培养的课程，使学生在应用中获得对基础理论知识的融会贯通，实现创新应用能力的提升。

2. 实践教学体系的结构

西安电子科技大学在集成电路人才培养模式改革实践中形成涵盖基本技能、综合能力与工程实践训练各自内容丰富的三阶段校企合作，以项目—导师制推进科研创新素质培养。西安电子科技大学在电波传播高层次创新人才培养改革实践中构建了基础、提高和创新三层次的实践教学体系，各层次有相应的实践教学系列。西北农林科技大学在森林保护专业创新人才培养改革中创建了基础、专项和综合实践技能三层楼的实践教学体系。西北大学在岩石学教学改革中构建了基础训练、能力提升、探索创新三维度信息化实践教学体系。西安交通大学在机械工程领军潜质人才培养改革中构建了课内基础、课内综合、课际交叉、创新实践四层次递进的实践教学体系。长安大学在地质类专业创新人才培养体系构建实践中创建了“认知—技能—应用—创新”四层次、“实验—实习、设计—科研、培训—竞赛、创新—创业”四模块的实训实践教学体系。长安大学在卓越

① 宣勇：《大学教什么：有效知识体系的建构》，《教育家》2021 年第 13 期。

工程人才培养改革中构建了入门认知层、综合设计层、系统应用层、企业实践层四层和专业实践、课外科技活动、校企协同三个不断线的实践教学体系。

从中可见，在实践教学体系建构上，获奖成果所在高校均认识到了实践能力与相应实践活动载体的层次递进性，从一般的规范性基础训练，到中间的能力提升，到用于提升创新创业等综合应用的实践活动。在呈现分层次递进共性的同时，各校在层次设计与实践教学内容形式与资源配置方面各有特色，差异来源于学科专业特色、对应的业界实践需求、院校所处经济社会情境等。实践必须也必然是基于特定情境条件的、个性化的，只有这样才能在实现特定价值的基础上达到实践创新能力培养的目标。

实践教学体系化除了纵向结构递进性，还表现在一些学校对相关专业技术流程的全链条体验与实践方面。典型的如西北工业大学首创的大学生“系统性实践”在卫星飞行器等领域人才培养改革中，由师生组成联合研究团队，全流程参加复杂系统设计、研制、测试、实验与实际应用的实践过程，提升学生实践教学的前沿性、深刻性与挑战性。

（三）多元路径探索创新创业教育改革

大部分获奖成果都包含创新创业教育改革创新，但不同高校采取了具有院校特色的发展路径。如西安电子科技大学通过“理论课程、实践能力、创新素质”三位一体的模式培养集成电路复合型创新人才，包括通过项目—导师制的方式实施创新创业教育。西安电子科技大学结合电子信息专业，通过形成“技术创新者”的三级众创空间，设置三种激励性教学管理制度，以及结合兴趣、制作与产品并将双创融入人才培养全过程来立体化地推进创新创业教育。西北工业大学创建了多专业融合和校内外协同的“专业实践训练、学科创新竞赛、行业特色创业”递进式创新创业培养模式。西安美术学院将创新创业教育融入课程、课堂、实验、实习实训等教学各环节，融入人才培养全过程。

这种多元性部分源于人们对创新创业相关概念的不同认识，也源自高校自身学科专业与对应行业基础的特色。就前者而言，成果材料中创新、创业两个词汇常常相提并论，但专门讨论创新能力比专门讨论创业能力的情况更多。这反映出人们已经认识到两者尽管有很强联系但也各有界限，创新意识与能力培养更具有基础性价值与重要性，这与高等教育的基础知识属性和象牙塔属性密切相关。由于获奖成果所在高校大部分为双一流高校，培养创新性人才是其无法回避的责任，培养创业精神与能力则相对不是那么急迫。就后者而言，大部分获奖成果依托特定的学科专业领域，如航空航天航海、机械工程、矿物岩石、工业设计、森林、建筑、电气工程、纺织轻工、物联网等，这些学科专业各有自身特色，其所依托和面向的行业同样有各自的发展方式与结构状态，无论创新能力还是创业能力培养体系的建构都必须充分考虑这些内外部因素。

其中的共性是，高校普遍认识到实践教学作为创新创业教育的重要路径之一，也构成创新创业教育的重要内涵，因此两者的体系结构往往相互嵌套。另外，将创新创业教育融入整个教学和人才培养体系也是重要共识，很多高校都在不断深化对创新创业教育内涵的认知，把创新创业的意识、能力、素养融入课程教学、实验实践，融入显性课程与隐性文化，融入大学教育的全过程，而避免孤立地对待创新创业教育。

（四）以协同体制机制创新盘活教育教学改革资源

协同育人的体制机制在创新过程中更为完善。西北工业大学软件工程实践教学构建了课程建设合作型、创新技术带动型、综合工程体验型、企业项目协同型四种校企合作的全过程实践教学模式；建设“校内工场”“校外工厂”两类联合实践平台与校企融合团队的资源建设；形成了校企资源共享、过程共管、成果共享的共赢教学与管理机制。西安交通大学通过具有成果孵化、双创教育功能的第三方实体，建立了学校、企业、第三方关联体的“三主体”工程教育共同体，构建领军潜质人才成长的真实工程环境与国际创新氛围：依托有 11 家高校和制造企业的 2011 年高端制造装备协同创新中心培养“装备制造领军人才”；依托校企共同发起的国家增材制造创新中心，并联合美国创新中心，培养 3D 打印领军人才；依托碑林环大学创新产业带，发起丝绸之路创新设计产业联盟，成立国际米兰设计学院，培养创新设计领军人才；依托松山湖国际机器人产业基地联合培养机器人领域的“学院派”创新创业人才。

成果总结材料分析可见，协同育人已经成为高校培养创新性人才的通行做法，其广度深度都有长足进展，相关体制机制更为灵活复杂，体现了各方共赢的契合点，从而盘活了各方资源。协同育人反映了高校办学面向社会的开放程度。这种开放体现为高校与其他社会和企业组织互动范围的持续扩大，也体现为高校与其他社会和企业组织双向互动的日益深化，更为深入地嵌入对方的发展。协同育人体制机制的持续扩大深化也是高校在经济社会发展中地位日益突出的体现，随着经济社会发展对知识与创新的依赖，高校与其他社会组织之间的边界必将具有更强的渗透性。这种协同创新在全球化和互联网时代，更是跨越了国界，在本科人才培养中汇聚了不同国别与文化的资源，同时也有助于文化传播与跨文化理解。

三 陕西高校本科教学成果建设的展望

陕西高校在教学改革方面取得了丰富的创新成果，但前述形式结构分析也显示了突出的问题。这些问题包括成果获奖的院校分布不均衡、学科领域以理工科占绝对优势、主题以综合性人才培养改革为主，从而对于高校办学特色、人文社会领域人才培养、教学改革的基层积极性、前沿未来主题方面的关注等方面存在明显不足。陕西高校本科教学改革与教学成果的培育建设需要切实深入考虑和解决以下问题，以充分发挥国家级教学成果奖促进陕西高等教育和人才培养质量全面提升的政策初衷。

（一）强化宣传以促进教学学术发展和营造教学创新文化

已有的教学成果具有极强的典型示范性。其所要解决的关键教学问题、所提出的理念、解决问题的思路等，对于整个高等教育具有普遍指导意义。因此应加强已有成果的宣传，促进教学学术的发展以及教学改革的持续深化。具体的方式如国家、省或学校层面编辑出版成果汇编、打造更多刊物刊登相关研究成果、形成更多学术研讨会平台等。教学成果不是一般意义上的经验总结，而是在一定理念或理论指导下，设计规划与实施、评估检验所形成的各层次教育教学模式，具有很强的学术性，这些成果的学术发表对于其他高校和教师提升其教学与人才培养反思能力，提升其改革的理论品质，具有积极意义。

（二）完善教学成果奖励政策以鼓励不同类型高校办出特色

当前的教学成果奖主要由双一流高校包揽，其他高校所获极少。而其他高校在我国高等教育体系中占据绝大多数，其教学改革积极性与成效影响着我国高等教育整体的人才培养质量。因此高等教育教学成果奖制度需要探索相应的改进措施，以更好地鼓励和展现其他各种类型高校形成有特色的人才培养模式与质量。

（三）平衡成果的学科结构以支持人文社会科学类人才培养改革创新

当前的教学成果中，涉及的学科专业主要是航空航天、集成电路、电子信息、电器工程、软件工程、公路交通、轻工纺织、地质、岩石、力学、机械、工业设计、物联网等工科领域，而人文社科类的只有师范教育、古典文学、翻译、艺术等为数极少的成果。这说明人文社会科学类未受重视，或者改革成效不显著。无论如何，它们应该受到更多关注，以平衡科学技术发展给人类社会带来的可能危机，保证人类社会的可持续发展。人类的可持续发展不仅要靠科学技术，也要靠人文社会的价值引领，这一点随着人工智能、基因生物技术等的发展以及风险社会的来临更具紧迫性。

（四）重视系统性主题的同时关注其他专题领域的改革创新

主题结构分析发现，系统性主题的改革成果奖占据优势，其他一些重要的主题则关注不足。如对师资队伍建设、质量监测与保障体系建设、学生学习能力与成果评估、教材与教学资源建设等的深度关注不足。特别是在未来，随着全人教育的发展以及教学范式的转型，诸如学生自主学习或学习范式转型、课程思政、五育并举人才培养等这些主题的重要性会更为凸显，很有必要成为下一届乃至更远期国家级教学成果关注的改革主题。

四　结语

分析陕西高校 2018 年国家级教学成果，可以说“双一流”高校表现亮眼，在本科人才培养的内涵建设上取得了多方面创新成就。这些创新既包括理念方面的创新，也体现在课程教学、实践育人、创新创业、协同育人等改革领域中。高等教育外部社会与科技环境正在发生快速变化，对人才的创新实践能力与责任担当素养的要求也越来越高，陕西高校要在未来的教育教学改革中取得更卓越的成就，必须在总结宣传已有创新经验的同时，正视问题，使国家级教学成果奖励制度更趋优化，以更好地促进教学改革，提升人才培养质量。

Status, Innovation and Prospect of National Teaching Achievements in Shaanxi Universities in Recent Years

Song Hongyan Zhang Zhaoxin

Abstract: The national teaching achievement award is not only attached with great significance to university teaching by our government, but also represents the highest level of educational and teaching achievement. Based on the compilation of national teaching achievements of Shaanxi universities in 2018, the structural status of teaching achievements, such as institutions and hosts, cooperation, disciplines and themes, was sorted out. It mainly summarizes the innovation trend of the teaching achievements in the aspects of ideas, curriculum, practice teaching and collaborative education. At the same time, it puts forward some prospects for the future efforts of national teaching achievements in Shaanxi Province.

Keywords: Shaanxi universities; national teaching achievements; status; innovation; prospect

供求关系下我国高等教育第三方评估的困境及出路

张思敏　王若梅*

摘　要：“管办评分离”背景下，政府主导的高等教育评估逐渐转向第三方评估。本文从供求关系视角出发，政府、高校、社会公众为高等教育评估的需求主体，第三方评估机构为高等教育评估产品和服务的供给主体，政府、高校、社会公众对第三方供给产品有特殊性要求；高等教育第三方评估供需矛盾主要为独立客观的服务与对政府资源依赖相矛盾，高校个性化评估需求的复杂性与第三方评估产品类型单一相矛盾，高等教育第三方评估结果与客观事实相矛盾。产生矛盾主要原因是高等教育第三方评估机构缺乏独立性、专业性低、公信力不足。解决高等教育第三方评估供需矛盾要加强第三方评估机构专业能力建设，实现高质量专业发展；加强政府治理，营造良好的评估环境；引导社会参加第三方评估，加强外部监督的有效性。

关键词：高等教育；第三方评估；供求关系

我国高等教育正处于全球经济变革和高等教育转型发展相互叠加的历史时期，2015 年教育部颁发《关于深入推进教育管办评分离促进政府职能转变的若干意见》、2017 年教育部等五部门发布《关于深化高等教育领域简政放权放管结合优化服务改革的若干意见》都提出“要深入推进管办评分离，切实履行监管职责”①。2020 年中共中央、国务院发布《新时

---

* 张思敏，西北政法大学管理学院教育经济与管理专业 2020 级硕士研究生，研究方向：高等教育评估。王若梅，西北政法大学教学质量监测与评价中心研究员，研究方向：高等教育管理、大学教师与教学。

① 孟亚欢：《激励相容视野下第三方教育评估的道德风险规避研究》，硕士学位论文，大连理工大学，2019 年。

代教育评价改革总体方案》，强调建立健全教育督导部门统一负责的教育评估监测机制，发挥专业机构和社会组织作用①。国家各项宏观政策出台为高等教育第三方评估提供了有力的政策支撑，激发第三方评估市场发展的潜力。

目前，高等教育第三方评估市场建立不够充分，市场供需不平衡。政府、高校、社会公众对高等教育第三方评估需求也都各不相同。本文以供求关系视角为出发点，政府、高校、社会公众（学生、家长、用人单位）为高等教育第三方评估的需求主体，第三方评估机构为供给主体，主要研究各评估需求主体对第三方评估产品的特殊性要求，分析供需矛盾及其原因，最后提出解决供需矛盾的对策。

一　各需求主体对第三方供给产品的特殊性要求

（一）政府需要第三方提供更加多样化的评估产品与服务

管办评分离背景下高等教育第三方评估越来越受到政府重视。通过搜索发现山东、温州、青岛等省市都出台了第三方机构教育评价办法，如《山东省第三方教育评价办法（试行）》《温州市委托第三方机构开展教育评价暂行办法》，明确政府向第三方评估机构购买产品服务具有多样性，包括法律、法规及政策执行情况；教育改革与发展情况；教育布局与资源配置情况；教育热点、难点、重点问题；教育教学质量状况；校长、教师专业发展水平；学校办学水平；学生综合素质发展水平以及其他需要评价的项目②。2020 年中共中央、国务院发布《新时代教育评价改革总体方案》强调“推进高校分类评价，引导不同类型高校科学定位，办出特色和水平”③。政府开展高校分类评价需要第三方评估机构对各类高校设置不同的评估方案、评估指标、评估办法，科学合理评估各类高校办学

① 《中共中央　国务院印发深化新时代教育评价改革总体方案》，《人民日报》，2020 年 10 月 14 日第 1 版。

② 温州网：《为提高区域教育质量助力 温州政府将花钱购买教育评价》，（2019-04-09）［2022-07-27］. http：//news. 66wz. com/system/2019/04/09/105158891. shtml。

③ 沈其娟、徐梦婷、蔡三发：《管办评分离背景下我国 4 省市高校分类评价的实践》，《上海教育评估研究》2021 年 10 月第五期。

水平。

（二）高校需要第三方提供更加具有个性化的评估产品服务

高校需要第三方评估机构提供个性化的评估产品。从评估产品看需要学科评估、专业评估、专业认证、课程评估、学生就业质量评估。从需求主体看有研究型大学、教学科研型大学、教学型大学和高职高专院校四类，各类高校对评估产品的需求不同，甚至各高校要求第三方评估机构根据其办学定位、学校特色来制订评估框架、评估指标，提供个性化的“一校一指标”体系来满足高校需求，以更客观地反映各高校办学质量的差异化，突出高校需求主体的发展特色。

（三）社会需要第三方提供更为客观的评估产品与服务

高等教育普及化阶段社会公众对高等教育质量问责的意识越发强烈。长期以来政府主导评估和高校自我评估都是处于一种半封闭状态，对社会公众的需求回应不足。用人单位、学生、家长对高等教育的需求可以通过第三方评估提供的产品和服务来满足，例如，麦可思提供应届毕业生培养质量评价服务、出版《就业蓝皮书》等。学生家长在择校选专业时通常会关注第三方评估机构颁布的学校、学科排行榜来做参考，如“艾瑞深中国大学排行榜”、网大教育发布中国大学排行榜、麦可思发布的《看就业，选专业》等这些产品都是学生家长所需要。社会大众对第三方评估产品需求增加除了有效客观了解高校教育质量，也使企业、学生、家长对教育资源的投入分配更加科学合理。

二　高等教育第三方评估存在供需矛盾问题

（一）独立客观的服务与对政府资源依赖相矛盾

第三方评估独立于政府和高校之外独立自主开展评估，向需求主体提供客观合理的评估产品与服务。目前，我国高等教育第三方评估对政府存在一定程度上的资源依赖，半官方评估机构从成立起就依附于政府部门，例如，江苏省教育评估院、上海交通大学高等教育研究院等，成立时的场地、资金都来自政府，评估项目绝大多数也都来自政府的委托，在评估专家的筛选和组织、评估指标的制订等方面都受政府影响。民间第三方评估机构因专业性弱，获得政府评估项目较少，为了获得项目委托在参与竞标、评估过程甚至是评估结果上都从政府角度思考，独立性不足。无论是半官方还是民间第三方评估机构都很难做到完全独立。

（二）高校个性化评估需求的复杂性与第三方评估产品类型单一相矛盾

分类评估政策背景下各类高校对评估需求不同，都需第三方评估机构提供个性化评估产品。高校评估需求类型多，有对高校“属物”的评估包括学校、学科、专业、课程等，也有“属人”的评估包括教师、学生、教育管理人员等，这就要求第三方评估机构在评估框架制订、评估指标、评估方法上提供个性化的设计。高等教育评估市场中大多数第三方评估机构提供的产品服务类型单一，难以满足上述个性化需求。全国目前真正开展教育评估业务，并获得了同行和社会认可的民营性第三方教育评估机构大约只有 47 所①，大多数民营性第三方机构都只是挂名有这项业务，而未进行过真正的教育评估。实际操作中服务类型比较单一，主要聚集在学科发展、教师发展等方面。

（三）高等教育第三方评估结果与客观事实相矛盾

社会大众对无政府背景的第三方评估不信任，抨击多于理性认识和支持。首先，第三方评估机构评估指标设计过于简单，强调指标量化忽视内在质性分析，评估指标权重比例差异化导致高校排名差距过大与实际情况不符。其次，民间第三方评估机构向社会公布的评估结果常遭受质疑，对比软科、校友会、武书连大学排行榜，发现同一所学校在不同排行榜中排名位次差距很大。例如，排名相对前列的中国人民大学，2019 年在软科榜大学排名中获得第 31 名，在校友会榜中位列第 5 名，在武书连榜单中位列第 19 名，不同榜单的横向对比中最大排名差值达到 26 名②。社会公

① 王璐、邹靖：《市场机制下第三方教育评估机构的发展：机遇、路径与挑战》，《教育测量与评价》2020 年第 9 期。

② 牛书成、康景彬：《管办评分离中高等教育第三方评估机制构建》，《南昌大学学报》（人文社会科学版）2022 年第 2 期。

众质疑第三方评估机构公布的大学排行榜结果的公正性。

三 高等教育第三方评估供需矛盾产生的原因

（一）高等教育第三方评估机构缺乏独立性

我国大多数第三方评估机构都是在政府帮助下建立起来，运营资金靠政府财政拨款做支撑、运营场所、经营管理都是由行政部门调配；在人事方面，评估专职人员多是由上级教育行政部门直接从政府部门抽调人员组成，组建评估专家队伍最终也是由教育行政部门决定。从法律角度看，缺少系统、科学的法律法规来明确高等教育第三方评估机构的地位、性质与运行机制，导致第三方评估机构发展缓慢。对第三方机构具体参与方式、权威性如何保障等没有形成专门的法律文件，而这些恰恰是确认第三方评估合法性以及保障第三方评估机构独立性的重点。

（二）高等教育第三方评估机构专业性低

依附于政府部门成立的第三方评估机构，评估人员都是上级教育行政部门任命的政府官员，并未系统接受过评估专业知识的学习，开展教育评估活动都是依据相关高等教育知识和积累的评估经验，评估专业性有待提高。民间第三方评估机构很多是由非专业人员组成专家多数以兼职为主、退休的老教师或教育行政人员，缺少来自社会、企业和拥有丰富评估经验的专业人员参与。其次，第三方评估机构在评估方法上定量定性结合不足，利用“互联网＋”技术深度抓取评估数据进行分析的能力不足，专业性有待进一步加强。

（三）高等教育第三方评估机构公信力不足

当前我国高等教育第三方评估存在评估过程数据失真、评估结果可信度存疑等问题。高等教育第三方评估机构对高校需求主体开展评估时信息搜集必须要尽量真实、精准、客观，但评价信息受时间、地点、对象等不同因素影响加上证据来源渠道单一，一定程度上信息数据会存在失真现象。另外，为了获得理想中满意的评估结果和口碑宣传的效果，高校主动提交的自我评估材料或官方网站上公开发布的信息往往展现自己的优势而隐藏劣势，存在过度包装的现象，各类需求主体对高等教育第三方评估结果满意度较低。

四 高等教育第三方评估供需矛盾的解决路径

（一）加强第三方评估机构专业能力建设，实现高质量专业发展

首先，高等教育第三方评估机构要建立科学、有序的机构运行机制，完善机构内部章程和管理制度，规范组织机构行为的合法性，增强专业性。其次，建立组织结构合理的人才队伍。优化结构，合理配备教育学、教育心理学、管理学、统计学、心理测量学、计算机等相关方面的人员①。最后，从评估理论和技术层面要求不断掌握新政策、新理论和新技术，以此来增强自身竞争力。只有全方位、整体性的加强高等教育第三方评估机构专业性的建设，才能提高市场中的竞争优势，实现高质量专业发展。

（二）加强政府治理，营造良好评估环境

1. 健全法律法规，培育制度环境

我国高等教育第三方评估健康发展离不开健全的法律法规。首先，要加快推进相关立法工作，明确第三方评估机构的合法地位。加快修改完善《普通高等学校教育评估暂行规定》以适应新时代第三方评估发展要求，部分发达地区可依据高等教育第三方评估市场发育情况制定当地《高等教育第三方评估条例》。其次，健全法律法规来保障第三方评估的独立性确定其合法地位，明确其权利和义务，同时也要制定监督条例和问责法规来约束和规范第三方评估机构的行为。最后，加强对高等教育第三方评估机构的监管，把好“入口关”和“出口关”。对高等教育第三方评估实施元评估，完善高等教育第三方评估市场的制度环境。

2. 加强政策扶持，规范市场竞争秩序

为创造公平有序的高等教育第三方评估市场环境，政府对民间第三方

---

① 严萍：《高等教育第三方评估机构的基本特征与建设路径》，《高教探索》2019 年第 10 期。

评估机构应给予经济政策的扶持。政策上，对业务量不足、营业额低、收入少的第三方评估机构在税收方面进行减免帮助机构维持运转。经济上，对新兴建立的第三方评估机构给予启动经费资助，对运营困难的第三方评估机构，政府依据其专业能力将部分评估项目给予委托帮助企业渡过难关。要对高等教育第三方评估机构开展元评估，对评估机构资质进行审核，制定准入标准。规范高等教育第三方评估的服务价格，制定合理的第三方评估机构收费标准与费用支出明细。加强对高等教育第三方评估机构的动态监督，建立评估投诉反馈制度，鼓励群众主动监督、同行之间相互监督。

（三）引导社会参加第三方评估，加强外部监督的有效性

1. 转变高校消极态度，加强与第三方评估建立协作关系

评估思想上，高校积极主动地参与到第三方评估中转变评估的思维定势从“被评估”转向“要评估”；评估行为上，第三方评估都是基于各种信息、数据资料做出价值判断，高校的自评报告和资料都应尽可能的真实，避免因评估结果对学校不利而提供虚假的数据。高校提供给第三方评估机构有关人才培养、科学研究、社会服务、文化传承创新质量的信息数据真实性直接影响评估结果的可信度。高校积极主动地参与第三方评估，根据评估结果检查高校自身发展存在的漏洞，及时完善人才培养方案、调整专业设置等满足社会对高等教育的需求。

2. 转变社会公众思想，积极行使监督权

信息化时代人人都是社会治理的主体，公众作为社会的主人应激发自己的主人翁意识。适当借助公共媒体，特别是以微信、微博、论坛等为代表的“新媒体”，解读高等教育第三方评估的内涵，提高对高等教育第三方评估工作的认识。社会公众也是高等教育评估需求主体之一，发挥其外部监督的积极作用，学会利用多种渠道来维护其知情权和行使监督权，表达对高等教育需求，保护受教育主体的权益。通过高等教育第三方评估渠道加深对高等教育发展现状的认识，做到监督高等教育整改帮助完善高等教育体制。

The Dilemma and the Way out of the Third-Party Evaluation of China's Higher Education under the Relationship of Supply and Demand

Zhang Simin Wang Ruomei

Abstract: Under the background of "separation of management and evaluation", government-led higher education evaluation has gradually turned to third-party evaluation. From the perspective of supply and demand, this paper shows that the government, universities, and the public are the main body of demand for higher education evaluation, and third-party evaluation institutions are the main body of supply of higher education evaluation products and services. Requirements: The contradiction between supply and demand of third-party evaluation of higher education is mainly the contradiction between independent and objective services and dependence on government resources, the complexity of individualized evaluation needs of colleges and universities and the single type of third-party evaluation products, and the results of third-party evaluation of higher education are inconsistent with objective facts. The main reason for the contradiction is the lack of independence, low professionalism and insufficient credibility of the third-party evaluation institutions of higher education. To solve the contradiction between supply and demand in third-party evaluation of higher education, it is necessary to strengthen the professional capacity building of third-party evaluation institutions to achieve high-quality professional development; strengthen government governance and create a good evaluation environment; guide the society to participate in third-party evaluation and strengthen the effectiveness of external supervision.

Keywords: higher education; third-party evaluation; supply and demand relationship

我国高校科技稿件外流致因

——三维归因理论视角*

冯　颖**

摘　要：本文从新的视角探究我国高校科技稿件外流的原因。在文献分析法基础上，借助于三维归因理论分析我国高校科技稿件外流问题。从客观刺激物、行动人、所处情境三方面，剖析了我国高校科技稿件外流的原因；其中，客观刺激物方面的原因又细分为政策层面、期刊层面、机构层面。使用三维归因理论，是分析我国高校科技稿件外流致因的一种新的尝试；通过从内部归因与外部归因维度，全面地深挖了导致我国高校科技优质稿件流向国外期刊的原因。

关键词：科技期刊；稿件外流；三维归因理论

一　引言

科技论文跨国发表是推动人类科学技术进步的重要手段，也成为跨国学术交流的主要途径之一。随着我国科学技术发展，我国科研人员在国外期刊发表论文逐年增多。据国际权威数据库显示，我国国内学术论文数量大、质量高，其中较高比重的论文都发在国外期刊上①。中国科学院院士朱作言曾言，“我国科学研究呈现两头在外趋势，其中就包括论文发出去”。近些年，我国高校科技论文“外流”趋势显著，备受各方关注。我国高校科技论文外流增长率显著高于其他国家，已成为全球科技论文外流增长最快的国家之一，也是外流量最多的国家。我国正步入“高度外流”的

---

* 基金项目：西北政法大学教育教学改革研究项目“学术型硕士研究生科研能力提升机制研究”（XJYY202105）。

** 冯颖，西北政法大学管理学院副教授，博士后，研究方向：学术评价。

① 武晓耿：《中国科技论文统计与分析课题组2011年中国科技论文统计与分析简报》，《中国科技期刊研究》2013年第1期。

后半警戒区，长此下去，不久的将来我国将进入“超量外流”国家之列[①]。我国高校科技期刊数量居全球第二[②]，仅自然科学和技术类的期刊总数就五千余种，约占全国期刊总量的半数，仅次于美国[③]。在我国高校科技论文外流大趋势下，国内科技期刊仍要维持运营，论文质量相比国外期刊要低得多，正演变成恶性循环，长此以往，我国高校科技期刊将进退维谷。

二 研究概况

我国高校科技论文稿件外流已引起科技期刊界与学界的关注与重视，早在20世纪90年代就曾出现个别文献关注稿件外流现象，李秀芳（1994）从编辑出版角度提出了优秀稿件外流的对策[④]，杨金华（1997）分析了高校学报稿件外流的原因及对策[⑤]。近二十余年陆续出现一些文献分析稿件外流现象。通过对已有文献的梳理，多数文献分析了“稿件外流”现象，梳理其原因，提出其对策。例如，宋鸿（2005）重点分析了我国高水平学术论文外流问题，并给出解决策略[⑥]；王维朗等（2011）从期刊建设视角，重申针对优质原创文章的服务体系的重要性[⑦]；付晓霞等（2013）对论文外流问题进行了分析，也相应地给出一些应对策略[⑧]；苏新宁和王东波（2016）通过统计2014年我国SCI和SSCI学术论文外流情况，梳理出具体原因，并提出了应对建议[⑨]；刘彩娥（2018）、

---

① 吴锋、王建冬：《20年来中国大陆科技论文外流态势监测与评析》，《情报杂志》2013年第3期。

② 赵亚辉：《我国科技期刊数量世界第二》，《人民日报》2010年6月9日。

③ 刘静：《我国科技期刊出版管理体制改革研究进展》，《中国科技期刊研究》2014年第6期。

④ 李秀芳：《优秀稿件外流的对策》，《编辑学报》1994年第3期。

⑤ 杨金华：《高校学报稿件外流原因及对策》，《宁夏大学学报》（自然科学版）1997年第18卷第2期。

⑥ 宋鸿：《高水平学术论文外流问题应当引起重视》，《中国科技期刊研究》2005年第5期。

⑦ 王维朗、吕赛英、游滨等：《科技期刊创建吸引高水平原创论文服务体系的策略——Cell Research成功经验的启示》，《科技与出版》2011年第12期。

⑧ 付晓霞、游苏宁、李贵存：《我国优秀论文外流的现状与对策》，《编辑学报》2013年第4期。

⑨ 苏新宁、王东波：《中国优秀学术论文急速外流的原因及应对策略》，《河海大学学报》（哲学社会科学版）2016年第4期。

曾建勋和杨代庆（2020）从论文外流的危害进行分析，并基于原因导向给出了建议措施[①②]；吴锋和何锋（2013）从历史演进视角分析了我国优秀科技论文外流现象[③]；孙静等（2019）、李娟等（2019）、赵新科等（2019）从作者角度分析稿件外流的深层原因[④⑤⑥]；还有一些文献分析特定的研究对象，如高校学报稿件外流问题[⑦⑧]；通过分析特定期刊来探究稿件外流问题，如农业工程领域论文、医学学科。此外，个别文献还从论文稿件外流切入期刊硬性指标问题、分析文献经济损失等问题[⑨]。整体上看，稿件外流问题的关注度仍无法匹配其发展态势，已存文献多次表象给出具体原因，缺失研究理论的支持，尚且缺乏内层机理的探究。

三　稿件外流归因理论分析

（一）三维归因理论简述

在分析人们的行为时，总试图进行推断与解释。所谓归因，即归结行为的原因或归结形象的缘由，指根据有关信息、线索对行为的原因进

① 刘彩娥：《把论文写在祖国大地上——国内科研论文外流现象分析》，《北京工业大学学报》（社会科学版），2018 年第 2 期。

② 曾建勋、杨代庆：《关于扭转我国科技论文外流局面的政策性思考》，《编辑学报》2020 年第 6 期。

③ 吴锋、何锋：《我国优秀科技论文外流的历史演进及对科技期刊的启示》，《出版发行研究》2013 年第 3 期。

④ 孙静、韩颖、张陈、曲艳丽等：《从科技期刊作者角度分析稿件外流的原因》，《中国科技期刊研究》2019 年第 7 期。

⑤ 李娟、钟正灵、储冀汝、彭京亚、余文涛：《“稿件外流”现象与作者投稿影响因素分析》，《安庆师范大学学报》（社会科学版）2019 年第 3 期。

⑥ 赵新科、赵正芳：《影响优秀科技论文外流的作者因素分析与编辑对策》，《天津科技》2019 年第 9 期。

⑦ 沈菲飞：《政策导向对高校稿件外流的影响——基于 15 所高校的制度文本分析》，《中国科技期刊研究》2018 年第 12 期。

⑧ 王丽兰、李艳双、宋长占、鞠善洪等：《高校科技期刊稿件外流原因分析与应对策略》，《新媒体研究》2018 年第 20 期。

⑨ 刘丽英、魏秀菊、朱明等：《我国科技论文外流的文献经济损失构成及原因分析》，《编辑学报》2015 年第 5 期。

行推测与判断的过程。归因问题由社会心理学界于1958年较早提出，直到20世纪60年代中期才引起关注。三维归因理论，即三度理论，由美国社会心理学家H. H. 凯利于1967年创立。三维归因理论认为人们在进行因果归属时，需要从主观与客观领域的三个方面出发，即（1）客观刺激物，（2）行动人，（3）所处情境；其中，行动人属于内部归因，客观刺激物与所处情境属于外部归因。凯利认为，若把某个特殊结果或现象归属于某个特定原因时，从这三个方面的线索能够很快发现对归属中信息的认识。

（二）科技稿件外流归因解析

伴随我国高校科技发展与科技研究领域深化，科技稿件发表需求旺盛。我国高校科技期刊存在大量优质稿件外流现象，并愈演愈烈。稿件外流问题已经引起我国科技期刊界、科技界及有关部门的高度关注。需要对稿件外流这一现象，探究其本质原因。应用三维归因理论分析稿件外流问题，使得分析具备了理论依据与支撑，从而为缓解以及解决优质稿件外流问题提供依据与参考。

1. 客观刺激物

科研人员发表学术成果的原因众多，既有自身爱好的原因，也有学术交流的原因，还有一些外部客观刺激因素的作用，如学位获取、职称评定、项目申请与结题、绩效考核、荣誉评选等。这些方面是我国高校科技期刊稿件外流的客观刺激物的构件，可以将其分为几个层面，如政策层面、期刊层面、机构层面等。

（1）政策层面。在《关于破除科技评价中“唯论文”不良导向的若干措施（试行）》实施前，在SCI、SSCI、EI检索收录的期刊发表学术成果成为科研人员学位获取、职称评定、项目申请与结题、绩效考核、荣誉评选的重要标准，甚至成为我国衡量科研机构与科研人员学术水平的重要或唯一指标，这种政策导向的负面效应日益凸显，直接后果是导致许多优质稿件大量外流，科研人员不仅需要付出稿件评审费、发表费，还会导致重要成果与新成果在国外面世早于国内，再加上许多数据库在国内使用还要付出较多成本，从而不利于国内学术成果交流与科技发展，甚至滋生学术不端问题。

（2）期刊层面。我国高校科技期刊虽然逐渐国际化，但整体态势不容乐观，与国外期刊存在较多不足。再加上期刊编委会、编辑团队、同行评审专家、期刊编辑出版规范与管理团队国际化水平不足、国际化观念欠缺、国际化思维缺失，且在期刊数字化、新媒介融合发展等方面均存在很大不足，导致我国高校科技期刊与国外期刊差距越拉越大，也成为我国高校科技期刊稿件外流的主要原因之一。

（3）机构层面。高等院校与科研机构作为科研人员的主管机构，对科研人员诸多行为产生深远影响。以高校为例，对国际各类排名的关注并将其视为自身实力的体现，从而提升高校的社会声誉，吸引优质生源。而排名无一不关注科研成果的发表，尤其在国外期刊上的发表。例如，QS世界大学排名评价指标有反映研究质量的两项指标，即学术声誉互评、全职教师的人均论文引用率的权重分别为40%、20%；软科排名评价指标更加侧重学术研究成果，其指标均为研究、论文指标；US News排名评价指标也侧重综合科研实力，论文数等文献计量学指标占去65%；泰晤士THES排名则更加注重学术公信力，反映学术论文影响的论文引用率、研究的国际声望等研究指标分别占据32.5%、29.25%。

2. 行动人

在我国高校科技期刊稿件外流现象中，稿件所有者构成了稿件外流问题中的行动人维度。作为稿件的撰写、投稿与发表的行为主体，稿件所有人以行动人角色与稿件外流问题直接关联。稿件所有人又多以科研人员为主，如高校、科研机构中的科研人员。本文以高校的科研人员为例，通过分析这类行动人，可以解析稿件外流问题的主观原因。

从科研人员的投稿意愿看，科研人员一定程度上倾向于将优质稿件投到国外期刊。科研人员对学术成果级别的追逐、自我学术要求、高级别成果带来的荣誉感与学术溢价成为科研人员的稿件外流趋势的内部因素。科研人员为了各种考核评价，类如学位获取、职称晋升、项目资助、评选优秀、结项考核等则构成了科研人员稿件外流的外部因素。

3. 所处情境

在三维归因理论中，所处情境主要指因果关系中参与主体所面临的环境因素。在我国高校科技期刊稿件外流这一因果关系中，所处情境主要包括科研人员、科研机构、科技期刊等参与主体所面临的各类环境因素。就科研人员而言，除了其所处机构现行政策环境因素，会受到因政策因素带来的经济环境影响，经济环境的影响包括奖励与惩罚；所谓奖励包括因学位获取、职称晋升、项目获得、奖励授予等带来的直接或间接经济收入；所谓惩罚包括缺少国外期刊成果而无法按期学位获取、职称晋升、项目获得、奖励授予等相应的机会成本，还有绩效考核不合格而带来的收入减少等。就科研机构而言，以高校为例，学校声誉、排名、吸引力等因素成为高校关注热点，一定程度上驱动着高校科研人员发表国外期刊成果。就科技期刊而言，我国英文版科技期刊数量虽然持续开始增长，但高水平英文版科技期刊仍偏少，自主办刊能力较弱，且科技期刊整体水平不够高。国外出版集团加快了对中国市场的抢占步伐，进一步吸引了我国优质稿源。多种因素的综合加剧了我国高校优质稿件的外流程度。

Causes of Scientific and Technological Manuscript Outflow from Universities in China: Perspective of Three-Dimensional Attribution

Feng Ying

Abstract: From a new perspective, we will explore the reasons for the outflow of scientific and technological manuscript from universities in China. On the basis of the literature analysis method, the problem of scientific and technological manuscripts from universities in China is analyzed by three-dimensional attribution theory. This paper analyzes the reasons for the outflow of scientific and technological manuscripts from three aspects: objective stimuli, actors and situations; among them, the reasons for objective incentives are subdivided into policy level, journal level and institutional level. Using the three-dimensional attribution theory is a new attempt to analyze the causes of the outflow of scientific manuscripts from universities in China; from the perspective of internal attribution and external attribution, this paper comprehensively delves into the reasons for the flow of high-quality scientific and technological manuscripts from universities in China to foreign journals.

Keywords: scientific and technological journals; manuscript outflow; three-dimensional attribution theory

全球化下高校科技人才流动

——挑战、机遇与应对

孔　爽

摘　要：在全球化日益深入，大国政治和经济摩擦越发频繁的背景下，全球劳工移民数量持续增长，高收入经济体仍占据技术移民的主导地位，留学目的地国已呈现多元化的发展态势。新一轮科技革命促使世界科学中心的转移，大国博弈使科技人才国际国内双循环存在割裂风险，民粹思潮使人才流动区域化和局部化趋势明显。面对科技人才国际流动新机遇和新挑战，我国应采取更为积极的策略：建设开放包容、思想解放、稳定可预期的学术生态，在持续推进教育对外开放的同时积极探索高校科技人才引进新模式，扩大技术移民并充分发挥中心枢纽城市的虹吸效应。

关键词：全球化；教育对外开放；科技人才流动；世界科学中心

引言

当前国际形势的基本特点是世界多极化、经济全球化、文化多样化和社会信息化，非传统安全问题层出不穷，这对国际秩序和人类生存构成了严重挑战。同时，以中国为引领的新兴经济体国家群体崛起，这将使全球化出现新的变局并进入深度调整期，改变往常以西方为中心的全球化局势。

科技人力资源是建设科技强国的核心资源，高校科技人才是科技人才队伍的重要组成部分。2021 年 5 月，习近平总书记强调，“我国要实现高水平科技自立自强，归根结底要靠高水平创新人才”。同年 12 月，习近平总书记在中央人才工作会议上强调，“深入实施新时代人才强国战略，加快建设世界重要人才中心和创新高地”。全球化和信息化使世界格局从“静态空间”转变为“流动空间”，相对于物质、资本等要素而言，人才要素在知识经济时代下更为积极和活泼，人才资源作为社会发展第一资源的特征和作用更加明显，在全球范围内的流动、循环、配置必将更加广泛。[①] 面对新一轮科技革命和全球化，我国高校如何认识全球科技人才流动的挑战与机遇，以何种方式和策略参与到全球科研人才流动配置的大循环中，本文试图对这些问题予以思考，为我国科技强国战略实现有利的高校科技人才流动奠定认识基础。

一 全球科技人才国际流动的现状及特征

（一）全球劳工移民数量增长，技术移民主要流向高收入经济体

根据联合国移民署发布的《世界移民报告 2020》和《世界移民报告 2022》，2019 年全球国际移民数量接近 2.72 亿，占全球总人口数的 3.5%，其中近三分之二是劳务移民；2020 年全球总移民人数达到 2.81 亿，占全球总人口数的 3.6%，其中劳务移民占比为 62%。从国际移民区域分布来看，2019 年，欧洲和亚洲分别接纳了 8200 万和 8400 万国际移民，共占全球国际移民总数的 61%，北美洲国际移民数量达到 5900 万人，占全球国际移民总数的 22%；2020 年，欧洲移民人数增长到 8700 万，依然是移民的最大目的地，其次是有 8600 万移民的亚洲，北美洲移民数量不变。从国际移民来源国和目的地国来看，2019 年，印度以 1750 万移民人数成为国际移民的最大来源国，其次是墨西哥和中国，分别有 1180 万和 1070 万移民；全球最大的移民目的地国仍是美国，有 5070 万国际移民迁入。2020 年，印度仍是全球移民国外人数最多的国家，有近 1800 万生活在国外，墨西哥是第二大移民输出国，大约有 1100 万人，俄罗斯以 1080 万移民人数成为第三大移民输出国，中国则降为第四大移民输出国，约为 1000 万人；美国和德国仍然是全球第一大和第二大移民目的国，分别有 5100 万移民和 1600 万移民。这两份世界移民报告显示，全球移民总量并没有因为新冠肺炎疫情的暴发出现下降，而是持续增长的态势；新兴经济体成为主要的移民来源国，技术移民主要流向高收入经济体。

① 中国科协调研宣传部、中国科协创新战略研究院：《中国科技人力资源发展研究报告（2018）——科技人力资源的总量、结构与科研人员流动》，清华大学出版社 2019 年版，第 89 页。

（二）人才流动区域化和局部化趋势明显，数字化和共享化趋势鲜明

近年，全球化浪潮出现逆流，保护主义、单边主义盛行，且全球公共卫生事件客观上限制了人员国际流动，国际人才全球化流动格局正发生新的变化。基于文化相近、地理相邻等客观因素和一些国家的政治考虑，人才的国际流动出现了区域化和局部化的趋势。同时，大数据、人工智能、区块链、物联网以及虚拟现实等新技术的迅猛发展，为国际人才交流与合作带来全新的实现路径。新的信息技术正打破物理空间的限制，扩展国际人才交流的边界。欧美多国大量投入虚拟实验室，在大学、研究机构和企业等多个场景广泛运用，借助网络计算机、虚拟现实技术、数字化仪器和软件，全天候对全球实验人员开放，实现了实验资源、实验数据和智力资源的远程共享。近两年，线上人才流动呈现爆发式增长态势，顶级国际学术会议参会人数比新冠肺炎疫情前显著增加。线上与线下结合的交流方式将促使国际人才交流方式发生转变，从长期人才计划向短期人才交流、柔性引进和灵活交流方式转化，教育资源、学术资源、智力资源在更大范围实现了共享。

（三）留学目的地国呈现多元化的发展态势，在美博士留学生比例大幅下降

根据美国国际教育协会 IIE 最新发布的《2020 年门户开放报告》（*The Open Doors Report 2020*）统计数据，2019—2020 学年在美国接受高等教育的国际学生为 108 万人，同比 2018—2019 学年下降 1.8%，是 2008 年经济危机后赴美留学人数的首次下降。报告指出，美国作为世界最大的留学国家，其博士留学生占比从 2016 年到 2017 年占比骤减至 26%，同比下降了 14 个百分点，其他国家和地区将可能迎来高层次人才竞争的新机遇。根据全球化智库（CCG）出版的《中国留学发展报告（2020—2021）》蓝皮书，虽然近 15 年来赴美留学人员总数持续增加，但其增长率自 2009—2010 学年以来持续下降的态势并没有明显改变，从 2009—2010 年的 29.9%下跌至 2019—2020 学年的 0.8%。在中美关系持续走低的影响下，我国出国留学人员在留学目的地国的选择上将可能进一步呈现多元化发展趋势，不少计划出国留学的中国留学生将目光投向了留

学环境及签证政策更为友好、新冠肺炎疫情控制更为有效的国家和地区。

二 全球化下中国科技人才流动面临的挑战

（一）全球科技人才竞争激烈

全球已经进入科学格局重塑期，世界各国扩大智力引进，人才国际竞争加剧。发达国家利用优势地位，通过放宽技术移民政策、开放高等教育、设立合作研究项目、提供丰厚薪酬待遇等方式，持续增强对科研人员的吸引力，给科技人才创造发挥更大作用的机会和提供更优厚的物质生活待遇及良好的工作条件、科研条件、学术环境，提高了对全球科技人才的竞争力。移民政策是发达国家吸引国际人才，特别是发展中国家人才流向本国的重要措施。美国政府为加大技术移民数量，曾三次修订移民法的相关规定，通过消除来源限制提高专业人才的比例，对杰出的高技术人才不设限额。除了从法律层面为科技人力资源的流入提供保障，美国政府的科技政策和创新战略也为美国营造了优越的科技创新环境，增强了对高技术人才的吸引力。此外，美国着力打造国际科技合作网络，在主导和参与大量国际大科学计划和项目的基础上建立科学家网络，进一步寻找和吸引相应的高技术人才。中国在吸引、培养和吸纳高层次海外人才上与发达国家存在不小的差距，这制约了中国进一步扩展科技人才储备空间，促进科研人员流动和知识创新的难度加大。

（二）中美摩擦加剧，影响高校科技人才流动

过去十余年，中美双方关系稳定，美国对华定位以国际贸易伙伴为主，我国科研人员在中美两国间的流动活跃且顺畅。在中美竞争加剧的新时期，以美国为首的西方发达国家加强了对于中国科技产业发展的警惕与戒备，实施对华知识技术封锁。美国智库多次提议限制对来自中国的科研人员的资助，防范中国经济、科技与高等教育的崛起，致使两国原有的交流与合作模式难以为继。从美国对华态度看，中美关系的竞争性越来越凸显，潜在的对抗性风险加大，有学者认为，美国精英对华政策的新共识从“接触”，调整为“封锁”。拜登政府上台后对美国国际高等教育与移民政策进行改革，向全世界释放强烈的信号，表明美国高等教育在很大程度上

再次对全球顶尖智识开放。中国高校需要充分认识到拜登政府在高等教育对外开放与人才争夺中展现出来的新动向，及时采取积极的应对策略提高我国对国际高层次科技人才的吸引力。

（三）研究型大学的科技人才数量不足、科研团队实力不强

我国科技人才培养规模与储备总量上取得了举世瞩目的成就，但研究型大学在科技人才质量上与美国相比仍存在一些差距。根据科睿唯安最新发布的2020年“高被引科学家”名单，全球60多个国家的共有6167位来自各领域的高被引科学家入榜。中国上榜人数激增，入选科学家从2019年的636人次（占比10.2%）上升到2020年的770人次（占比12.1%），已取代英国成为第二大“高被引科学家”所在地区。美国仍居榜首，入选科学家有2650人次，占据榜单的41.5%。[①] 中国科学家作为新兴力量正在冲击着原有国际科技的支配结构，但现有实力尚不足以从根本上撼动美国科技强国的地位。由于高校科技人才这一群体通常具有广泛和公开的学术产出成果，可以通过学术成果挖掘其流动轨迹和信息。根据莱顿大学对研究型大学按论文引用率排名前5%的论文数统计，目前中国顶尖研究型大学在学术表现方面与英美顶尖研究型大学的差距仍然存在，清华大学引用率前5%论文数（1270篇）仍不及8所北美大学和3所英国大学，清华正在追上英国剑桥大学（1342篇），但仍低于麻省理工学院（1549篇）和斯坦福大学（2044篇）。虽然中国在物理和工程学科排名前十的大学中占据4所，同美国处于同一水平，但是在生物医学和生命科学方面远不如美国，这也导致了大量生物医学方面的学术人才流失。

（四）高等教育国际化人才培养与引进中存在人才流失问题

外部环境和宏观政策的变化，向高等教育系统提出了培养国际化人才的要求，高校也在积极履行着自己的职责，为优秀师生提供出国学习和深造的机会，加大国际化人才培养力度。在此过程中却逐渐暴露了一个突出问题，即中国培养的学术人才经过学习和深造后留在他国工作。这造成了严重的人才流失问题，同时某种程度上也是国家公共教育资源的浪费，需

---

① 胡蝶、王嵩迪：《中美高校科技人才规模与质量比较研究》，《中国高教研究》2021年第6期。

要政府和整个高等教育系统反思问题背后的原因，采取有效的措施来缓解人才流失问题。此外，高校人才引进过程中信息不对称现象凸显。一方面体现在国际高水平人才对我国机构公开招聘的信息了解不及时、不充分；另一方面体现在我国机构在引进人才中难以深入全面地了解人才的真实学术水平，导致引进过程中引进待遇与其学术能力不对等，进而导致我国引进或回流的科研人员质量良莠不齐。

三　全球化下中国科技人才流动的机遇

（一）第四次工业革命促使世界科学中心转移

从第一次工业革命开始，每一个世界强国的崛起，都会相应产生一个世界科学中心。16 世纪以来，世界科学中心经历了从意大利，依次到英国、法国、德国、美国的转移。这些国家依靠科技人才实现了世界科技发展的重大突破和工业革命的完成，它们保持世界科学中心的周期长短不一，短则六七十年，长则 100 年以上。横跨信息、物理和生物三大领域的第四次工业革命正重塑全球科技新格局，全球科技创新进入前所未有的密集活跃期，全球科技人才流动加快，为我国成为世界科技中心提供了难得的“机会窗口”。21 世纪以来，我国经济快速发展，成为世界第二大经济体，国内生产总值突破 100 万亿元。创新型国家建设成果丰硕，具备了建设世界科技中心的经济条件和物质基础。在当前新一轮科技革命与产业变革的孕育期，世界科技创新版图的多极化，恰好为我国建设世界科技中心提供了难得的战略机遇期。中国要抓住这次机遇，按照科学活动中心转移的规律和科研人员流动的现状，制订各类科技计划和人才政策，积极参与科技资源和优秀人才的全球化竞争，努力成为下一个世界科学中心。

（二）中国高速发展的经济环境为国际科技人才提供发展平台

潘教峰等（2019）在分析历史世界科学中心国家的经济、社会、文化等条件的基础上，提出了世界科技中心转移的“五要素钻石模型”，该模型认为，经济的高速发展是科学中心崛起的必要条件，意、英、法、德、美等国家科学兴盛时期都伴随着经济的快速发展。[1] 目前，部分发达国家经济发展较慢或者处于停滞状态，对于科研的投入度相较以往不够充裕，并且在某些发达国家还存在着科技人才饱和或过剩的现象，导致大量科技人才没有合适的工作机会。与此同时，中国经济发展迅猛，为迎接数字时代，政府提出激活数据要素潜能，推进网络强国建设，加快建设数字经济、数字社会、数字政府，以数字化转型整体驱动生产方式、生活方式和治理方式变革。政府不仅优化科技政策、加大了对科研事业的投入，很多省份面向全球出台了相应的海外人才政策或计划，为本地区的科技发展和创新体系招纳人才，例如，江苏省的“创新团队计划”和广东省的“孔雀计划”。这些重大科技创新平台不仅能留住国内高层次科研人才，也能吸引我国一大批海外科技人才回国工作，为其提供优越的科研环境和科研条件，依托国内经济循环体系形成对全球科技人力资源的强大引力场。

（三）中国科技人才出现回流态势增强、输出放缓的局势

《中国科技人力资源发展研究报告（2018）》指出，杰出科研人员的国际回流态势增强。杰出科研人员国际流动主要受到发展空间的影响。杰出科研人员本身积累大量科研成果、合作资源与国际影响力，吸引其流入的主要因素为发展空间和价值实现。目前，我国杰出科研人员表现为净流入的主要原因是在欧美国家发展面临较为明显的“华人天花板”，发展空间受限，而国内科技发展突飞猛进，企业巨头和知名院校以优渥的条件吸引高端人才。跨国公司、海外研发中心等组织形式强化了我国科研人员的流动性，如 BAT（B 指百度，A 指阿里巴巴，T 指腾讯）在美国专门设立研发中心或猎头据点，吸引外国科研人才回流。根据《中国科技人力资源发展研究报告（2018）》从科技人力资源网络出入度来看（反映流入科技人力资源占该国科技人力资源的比例），中国位列第四，而法国位列第五，澳大利亚位列第七。因此，在吸引科技人力资源方面，中国基本与很多发达国家处于同一水平，说明大量科技人力资源已经从全球开始流向

① 潘教峰、刘益东、陈光华、张秋菊：《世界科技中心转移的钻石模型——基于经济繁荣、思想解放、教育兴盛、政府支持、科技革命的历史分析与前瞻》，《中国科学院院刊》2019 年第 8 期。

这些具有较强发展潜力的国家。

（四）全球高等教育科研体系间的合作研究逐渐增多

现代科学技术的高度分化和高度综合，促进了大量科技群体、人才集团的形成，从而导致人才流动的加强。科学技术的高度分化，对各个学科领域人才的专业程度要求越来越高；科学技术的高度综合，又要求各学科领域的专业人才要发挥群体智慧和集体协作的力量来完成某些研发任务。科技创新的主体和环节呈现全球化协作与融合，科技创新链条不同环节和学科之间的边界逐渐淡化，科技创新的全球化、网络化协作趋势明显。由学科驱动的科研合作在全球范围内纵横交错，大多数国家的科研发展都不可避免地卷入了全球科研体系，全球科研体系将越来越占据科研发展的中心地位。近年来全球科研体系的主要趋势之一是国际合作论文数量和比例的增长，全球科研体系是一个扁平、开放和包容的开放网络。“十四五”规划中指明“构建国家科研论文和科技信息高端交流平台”，这有利于我国加入全球性科研行动，共享科技资源和协作研究，构建国际合作网络，加深国际国内科研论文的交流合作，加速科技人员的国际流动。

四　全球化下中国科技人才流动的对策

（一）建设开放包容、思想解放、稳定可预期的学术生态

党的十八大以来，我国出台了一系列政策措施，通过建设交流合作平台、拓展渠道、创新政策、加强服务保障等方式，促进科技人才国际交流合作，提升科技人才国际化水平。我国当前引才和用才的政策主要关注物质待遇和硬环境，忽视学术生态和制度环境对于国际学术人才流动的影响。① 在科技人才创新文化建设中，建设开放包容、思想解放、稳定可预期的科技生态，各个部门加快培育促进科技创新的强大精神动力，在全社会营造尊重科学、尊重人才、激发创新活力的良好氛围，在弘扬科学精神、科技伦理治理、作风学风建设等方面采取积极举措。开放包容的学术

① 李梅：《全球化新变局与高等教育国际化的中国道路》，《北京大学教育评论》2021 年第 19 期。

环境是一种凝聚学术集体和团队的力量，能够有效避免急功近利的学术氛围和短平快的项目，能够为科技人才的思维留出更多、更大的空间和余地，实现中国制造向中国创造的转变，也是保持不同学术观点和不同学术方向之间关系和谐的融合剂。德国凭借现代大学制度的建立和尊重科学的文化，教育和科研体系具有稳定的自我增长空间而不受过多干预，使得科学发展得以存续并释放自己的潜力。在学术和科研管理制度建设方面的要点是自主性和自由的学术环境和氛围，凭借对科学研究的热爱形成强大的内驱力，舒缓以硬性指标评价人才的外在压力，以鼓励先进的创新团队为主，以合约性的绩效式管理为辅，以关心和支持科研人员生活和工作环境为主，以形成制度压力为辅、力戒浮躁和急功近利、建立健全符合科学规律的评价体系和激励机制，真正为科技人才构建一个开放包容、思想解放、稳定可预期的科研环境。

（二）加强人才国际交流，积极探索科技人才引进新模式

2021 年 12 月，习近平总书记在中央人才工作会议上指出，“结合新形势加强人才国际交流，坚持全球视野、世界一流水平，千方百计引进那些能为我所用的顶尖人才，使更多全球智慧资源、创新要素为我所用。要采取多种方式开辟人才走出去培养的新路子，使人才培养渠道多元化，储备更多人才”。由于世界知识体系存在等级化的权力结构，所以全球科研体系既是一个扁平、开放和包容的开放网络，也具有一定程度的等级秩序，这种等级秩序嵌套在学科、大学和国家的权力关系中。[①] 我国应积极探索科技人才引进新模式，在相关科技政策和创新政策制定中，要继续保持“整合全球创新要素”的思路，通过支持国际科学交流与合作，推动国际科研人才的引进，特别是我国高层次科研人员的回流和国内优秀人才的交流，通过人才流动推动知识流动与创新。在国际人才引进的过程中，更应着眼于人才引进的质量，打破人才引进“唯数量论”的僵化思维，实现我国高质量人才引进的目标。同时，也应积极探索多样化的人才引进模式，包括联合研发项目、课题申报等，通过完善的人才引进制度，便捷的人才引进流程，优厚的人才引进条件，真正实现“聚天下英才而用之”。

① ［澳］西蒙·马金森、文雯：《大学科研的全球扩张》，《教育研究》2019 年第 9 期。

（三）持续推进教育对外开放，提升高校的科研实力

教育兴盛也是历次科学中心形成的必要条件，为人才储备提供了至关重要的供给保障。教育对外开放，是不同国家之间相互学习、相互借鉴、谋求共同发展的过程，也是我国统筹国内国际两个大局，实现国内国外人才双循环的明智之举。2017 年，国务院发布了《关于印发国家技术转移体系建设方案的通知》，支持和鼓励高校、科研院所设置专职从事技术转移工作的创新型岗位，通过项目、基地、教学合作等多种载体和形式吸引海外高层次技术转移人才和团队。① 2019 年，科技部等六部门印发《关于扩大高校和科研院所科研相关自主权的若干意见》的通知，指出要优化科研管理机制，包括简化科研项目管理流程、完善科研经费管理机制、赋予创新领军人才更大科研自主权等；并改革相关人事管理方式，允许高校和科研院所通过设置创新型岗位和流动性岗位，引进优秀人才从事创新活动。②

目前，我国高等教育已进入普及化阶段，但研究型大学的科研实力和整体排名仍有待提高，应合理控制与调整高校生师比的发展速度，使生师比结构的变化符合高等教育高质量发展的标准，这是改善教学质量、提升科研水平的基础；持续推进高等教育对外开放水平，整合全球优秀教育资源，不断加深信息、物理和生物三大领域的交流与合作，提升高校的科研实力；支持高校成立多种研究院，提升产学研合作水平，对接学术研究和高新技术产业的发展，在推动高校科技成果转化和产业化的同时，汇聚大量高层次的科研人员和团队。根据科学不平衡发展理论，在科学的历史进程中，各门学科的发展并不是齐头并进的，在一定历史时期内，单门或一组学科作为先导学科领衔发展，先导学科对其他学科以及整体科学发展都具有极大的影响。③ 处于世界科学中心的国家常存在一定的学科偏向性，且不同国家优势学科有所差异。根据莱顿大学按引用率前 5%的论文对世界一流大学的学科排名，在数学和复杂计算机领域，全球排名前 7 的大学

---

① 《国务院关于印发国家技术转移体系建设方案的通知》。

② 科技部等 6 部门《关于扩大高校和科研院所科研相关自主权的若干意见》。

③ 何舜辉：《世界科学中心转移过程与形成机制》，博士学位论文，华东师范大学，2019 年。

都来自中国。政府应加大该领域国际人才调配工作力度，在高校、科研所等科研主体实施重大专项支持计划，以这类优势学科为先导，以关键共性技术、前沿引领技术、现代工程技术、颠覆性技术创新为突破口，努力实现关键核心技术的创新性发展。

（四）扩大技术移民，充分发挥中心枢纽城市的虹吸效应

世界各国政府始终保持移民规则的灵活性，通过迭代的移民政策持续促进高校、企业和科研所获得所需科研人才。我国政府必须要重视全球科技人力资源的整合利用，注重对科研人员的引进和挽留，实行更加开放的人才政策，形成具有国际竞争力的人才制度，吸纳国际人才资源，特别是吸引我国海外科研人员的回归。2021 年 12 月，习近平总书记指出，加快建设世界重要人才中心和创新高地，需要进行战略布局。综合考虑，可以在北京、上海、粤港澳大湾区建设高水平人才高地，一些高层次人才集中的中心城市也要着力建设吸引和集聚人才的平台，开展人才发展体制机制综合改革试点，集中国家优质资源重点支持建设一批国家实验室和新型研发机构，发起国际大科学计划，为人才提供国际一流的创新平台，加快形成战略支点和雁阵格局。这些中心枢纽城市作为国家创新体系建设的重要基础平台，开展重大科技基础设施项目预先研究，集中布局建设重大科技基础设施集群；建设一批跨领域、跨学科的前沿交叉研究平台，与重大科技基础设施形成交叉融合、紧密协作、相互支撑的创新内核，强化原始创新能力，充分发挥中心枢纽城市对科技创新人才的虹吸效应。城市内部构建以“基础研究和应用基础研究”“技术攻关”“成果产业化”“人才支撑”为重点的全过程科研生态链，增强国际化配置资源能力，使不同创新要素流动更加顺畅，尤其是加快科研人员的国际环流，吸纳一批高层次科研人员成为前沿科研的主力军。

五 结语

全球化和信息化使人才、知识、技术、资本等科技创新资源的全球流动速度、范围和规模达到空前水平，国家间科技合作与交流日趋频繁，诸多因素深刻影响着世界科学技术事业以及世界科学中心的转移。面对新一轮科技革命和复杂多变的国际政治格局，中国统筹国际国内两个大局，坚

持人类命运共同体的大国理念，以系统观念来构建国际国内科技人才流动的双循环体系，依托国内经济发展、科技政策以及教育开放形成对全球人才的强大吸引力，持续深化科技人才要素的流动性开放，以国际人才循环提升国内科技创新效率和水平，加快建设世界重要人才中心和创新高地。

The Flow of Scientific and Technological Talents in Universities under Globalization: Challenges, Opportunities and Responses

Kong Shuang

Abstract: In the context of deepening globalization and increasingly frequent global political and economic frictions, the number of global labor migrants continues to grow, and high-income economies still dominate skilled migration, but the destination countries have shown a diversified development trend. A new round of scientific and technological revolution has promoted the transfer of the world's scientific centers, the great power game has made the international and domestic double cycle of scientific and technological talents at risk of splitting, and the populist trend of thought has made the regionalization and localization of the flow of talents obvious. In the face of new opportunities and challenges for the international flow of scientific and technological talents, China should adopt more active strategies: to build an open, inclusive, ideologically emancipated, stable and predictable academic ecology, while continuing to promote the opening up of education to the outside world, actively explore new models for the introduction of scientific and technological talents in colleges and universities, expand technological migration and give full play to the siphon effect of central hub cities.

Keywords: globalization; education is open to the outside world; the flow of scientific and technological talents; world science center

教学研究

高校英语教学中思维能力的培养*

——以两个看似矛盾的英语学习故事为例

窦　坤　杨　倩**

摘　要： 语言与思维密不可分。要实现对语言的理解与习得，仅从认知层面、技能层面的训练入手是远远不够的。高校英语教学如果仍停留于词汇、句子的解释与翻译层面已无法满足学生自身和社会发展的需求。本文认为，语言思维能力的培养是提高学习者语言水平的关键所在，是外语教学实现知识传授、能力提升、价值引领的教学目标的基础和前提。本文通过两例英语学习故事揭示了高校外语课程思政教学中培养学生语言思维能力的重要性，并进一步从理论层面分析探讨了提高学生语言思维能力的原理和策略。

关键词： 高校英语教学；语言思维能力；个案研究

一　高校英语教学语言思维能力培养的重要性

相比中学阶段的英语学习，对于大多数学生来说，大学是人生中最后一个在校学习的阶段。同时这也意味着其毕业后的各种走向如就业、出国、科学研究、继续深造将成为检验英语学习的最后一道关卡。无论之前的英语学习多么的成与败，他们都将在此时付出最后一搏。无论是出于哪一种动机或生存的需要，都使他们对此时的英语学习寄予了更多期待。不同于中学阶段英语学习的升学压力，大学毕业意味着生存危机的到来。此时的

---

* 基金项目：2021 年陕西省教育教学改革研究重点项目“新时代高校外语类‘课程思政’建设的理论研究与实践”（编号：21BZ053）。本文提到的“高校英语教学”不对公共英语教学与英语类专业教学做区分。文中涉及的案例是笔者对英语专业与非英语专业的在校大学生进行“英语学习动机与需求”的访谈对象中的两个。

** 窦坤，西北政法大学教授，教育学博士，研究方向：教育原理、英语教育；杨倩，西北政法大学管理学院教育经济与管理专业 2020 级在读研究生。

大学生在经历了小学、中学长达10年左右的英语学习后，英语学习动机和学习目标更加明确，功利取向更为突出。一方面，大学生已经具备独立的思维能力、批判能力，有着更为强烈的参与意识和探索、发展的创新精神，在形成个性自我方面有着更为强烈的内在需求。显然，英语对于他们已不单是交流的工具和语言技能的掌握。因此，此时的英语教学更应注重学生英语思维的训练、思辨力的养成和跨文化理解力的形成等深层意义上的内容教学。另一方面，高校英语教学培养的学生还不能很好地适应国家和社会的发展。用人单位普遍对大学毕业生的英语综合能力特别是口语和写作能力普遍感到不够满意。近年来，关于高端外语人才缺乏，尤其是融合型高端人才不足的报道也不时见诸报端。最直接的体现就是能够满足各类国际专业会议需求的高级口、笔译人才严重不足。① 有学者指出，其背后的根源在于课程的前沿性、深度、广度不足，难以培养学生的思辨能力。基于此，高端英语专业人才培养应以学科教育而不是技能训练为导向，扩展学科专业知识、提高学生自主学习能力、思辨能力和学术科研能力。

显然，外部社会的要求与学生自身发展的内在诉求都在大学英语教学阶段表现得尤为明显和强烈。不言而喻，高校英语教学如果仍停留于字、词、句子的解释与翻译等语言技能层面，不锻造学生的语言思维能力已无法满足学生和社会发展的需要。卡西尔曾说，学习一门外语“如果不能学会用这种新的语言来思考，那么所有的努力都是徒劳的”②。显然，语言如果离开了思维，就会成为空洞的声音。我们无法直接把握一个人的思维，但却可以通过其言语行为读懂他的思想。这些都说明，英语思维能力的培养是提高学生英语水平的有效突破口，语言思维能力的锻造正是学习者语言水平提高的关键所在。

二　英语学习的故事

1. 一个英语“演说家”的故事。

从上学起，Linda 就对自己的英语相当自信。她一直是英语学习

① 庄智象、陈刚：《我国英语专业教育的问题及对策思考》，《外语界》2017年第3期。

② ［德］恩斯特·卡西尔：《人论》，甘阳译，上海译文出版社1985年版，第169页。

活动中的活跃分子，“几乎不太费什么劲就能把英语学好”。高中就通过了四级，到了大学，就担任班长、学生会主席等职务，与人沟通的能力无疑也促进了她在英语学习上的机会和能力。在英语学习中，她善于尝试将各种方法，如“头脑风暴法”（brain storming）用到自己的英语学习中。可以看出，她在训练自己的各项语言技能尤其是口语表达能力上有很强的主观能动性强，思维缜密、逻辑性强，善于挖掘自身不足，并从外部获取方法以弥补。

然而，“能说会道”的英语学习者也有着自己的忧虑。Linda 发现自己总有一关过不去，因为找不到问题的出口，曾困扰她很长时间。直到在一次校级英语演讲比赛中仅以 0.05 分的差距输给冠军，这时问题才逐渐明朗。这就是 Linda 提到的，在英语演讲比赛中，给定题目的演讲基本不成问题，但到了即兴演说这一关其自身的缺陷就被评委“一览无遗”：当一个问题出现在自己面前时，脑海里一下子从四面八方涌出大量的信息将这个问题淹没，使她不知该取“哪一瓢饮”。她分析“自己的不足好像不仅是演讲技巧的问题。原因好像是在语言的组织上，如思维方式或者表达的逻辑性上。再有就是英语词汇量、句式上，这两方面需要加强”。对于弥补自己的不足，Linda 采用的方法是无论在专业课上还是英语学习上，都会利用一切发言的机会“逼着自己说”，“刻意”锻炼自己的语言逻辑思维。接着 Linda 提到自己在“语言的把握”方面存在问题。她将此解释为可能是缺乏对“语言深层文化的理解”，而这阻碍了“自己向更高层次的英语的学习”。不能否认的是，Linda 的逻辑思维能力要强于形象思维能力。

之所以冠以“演说家”的名字，是因为这类学生大都给人以能说会道、善言辞的印象。这类学生有着共同的特点：不仅汉语口头表达能力强，英语口头表达能力亦是如此。并且在英语演讲比赛中，大都获得了骄人的成绩。对于学习英语的方法、感悟和不足，他们都有着清醒客观的评价。可以看得出，Linda 平时的确涉猎了很多讯息，为一个主题可以准备大量的相关资料用以佐证自己的观点，而且能记住相当多的妙语佳句。这些是演讲必备的技能。然而，造成这个缺陷的主要原因恐怕不仅在于讯息是否充足、演讲技巧、语言形式等因素，更重要的是，理解这些语言资料背后承载的意义和传递的文化。否则，英语形式的外壳则掩盖语言的思想内核，最终导致语言思维能力的缺欠和文化理解力的不足。其外在表现形式则是就给定的题目表达流利，即兴表达则存在内容空洞的现象。在这后面深层的原因是，英语教学忽视了学生思维能力和文化理解力的锻造和训练，没有教会学生创造性地使用语言。

2. 一个“阅读爱好者”的故事。

> 在和 Ted 的交谈中，你可以随时感受他知识面的广博。他可以给你详细地讲解“一滴石油要用多长时间滴下来”的原理、飞机起飞的原理等。然而，在这看似花哨繁多的信息量后面，还有着他对待生活、对待人生、对待当下一切事物的独到的观点和理解。在知识面的背后，可以触摸到他的思想。
>
> 从初中起 Ted 就开始读一些古典文集和名人传记等书籍。用他的话说，想接触一些“大人”“思想”方面的东西。但初中时大量“闲书”的阅读，使他的英语成绩一度跌落至五六十分。这时一直作为好学生的他有点着急了。在一次偶然的机会，他翻看了一本带有阅读理解题和翻译的故事书，这引起了他的兴趣。就这样慢慢一点点地看，使他自己都能感觉到在经历了一学期的大量阅读理解的训练后，英语有了一个“质”的飞跃。平时特别大的阅读量，使他“感到眼前豁然开朗，觉得学英语并不是那么难。”之后的英语学习，阅读成了他最得心应手的强项，英语学习在他觉得也越来越轻松。阅读带给他另一个成就就是词汇量的扩大。他记词汇也是记文章中的意思，“只是看懂原文的意思”，很少特意地去记忆。
>
> 关于口语，他在平时的课堂或自己学习英语的时间里，很少开口说。因为“高考之前那段日子，大家都埋头苦学，老师几乎不练习我们的口语，自己也感觉不到自己的口语究竟到了什么程度”。但有一次经历让他对自己的英语水平倍感自信。他提道，“有一次在上海买笔记本电脑。平时对电脑挺有研究。正在挑选时，有几个印度人模样的走过来用英语询问，具体原话忘了，大概就是问这款电脑的价格和性能等一些问题。我当时一点没加思索地就用英语给他们做了解答。后来，连我自己都感到惊讶，自己怎么能说英语说得这么好”。我问他，现在的口语水平怎么样？他回答说，“不太好。但不过自从

那次经历后，对自己的口语不太担心了”。

认知语言学认为，阅读者可以识别词但并不一定取得课文的意义，相反，他们可以掌握课文的实质而不识别课文中的所有词。这就解释了为什么大部分学生词汇量很大、一篇文章几乎没什么生单词，但依旧看不懂文章、不知道作者意图的现象。对于Ted来说，也许每看完一篇文章留给他的不是字词方面的记忆或技艺，而是文字背后传递给他的意义和作者的思想观点。因此，意义并不是归于课文，而是从每一个读者对课文的理解构建而成的。而语篇意义的构建直接受读者原有的知识、背景、生活经验、对情景的感知、对阅读任务的要求、读者有无阅读策略、有无参与阅读行为等因素的影响。① 显然，Ted之所以感到阅读是他的强项并因阅读促进了英语水平，这与他平时良好而广博的阅读习惯是分不开的。

三 故事背后的省思

1. 英语学习的成败外部显现为口语，内部却取决于思维。

语言与思维密不可分。思维，是语言研究和语言教学中用到的频率最高的词。通常在外语教学中，人们用“critical thinking skill”来指称思维能力。汉语将其翻译为“批判性思维能力”“高层次思维能力”及“思辨能力”三种译法。文秋芳教授认为②，“批判性思维能力”歪曲了思维的原义，并建议用“高层次思维能力”来指称“思维”的概念。但也有学者认为，“高层次思维能力”译法含混，容易引起宽泛的解释，建议译为“思辨能力”。目前，大都用“思辨能力”来指称外语教学中的思维能力的培养。但正如文秋芳教授指出的，思辨能力只是思维能力的重要部分，不能涵盖思维能力的全部，比如不包括形象思维能力。③ 因此，文秋芳教

① 戴炜华：《关于整体语言教学》，《外语界》2001年第1期。

② Critical源于希腊语的两个词根：一个是“kriticos”，意为“有眼力的判断”，另一个是“kriterion”，意为“标准”，其含义是“运用恰当的评价标准进行有意识的思考，最终做出有理据的判断。”详见Paul &Elder L. , *Critical Thinking*: *Learn the Tools the Best Thinkers Use*, New Jersey: Pearson Prentice Hall, 2006: 20.

③ 文秋芳等：《构建我国外语类大学生思辨能力量具的理论框架》，《外语界》2009年第1期。

授用“critical thinking skill”指称“思辨能力”，用“thinking skill”指称“思维能力”。本文在此基础上，将语言教学中思维能力的培养界定为“思想力”。也就是说，英语教学不仅培养学生的形象思维、抽象思维、逻辑思维等能力，更重要的是通过英语的学习丰厚自身的思想。这里的“思想力”，已不单是大脑的一种思维能力，还有心灵、精神层面的参与。引领学生不仅“深入”的把握英语，还要达到“神入”的境界和高度。它包括两个方面：思辨能力和思想能力。换句话说，是通过前者的培养，达成自身厚重思想的养成。二者是浑然一体、不可分割的。如果用“mind thinking”指称大脑的思维能力，本文用“heart thinking”意指心灵的思想力。英语作为一种语言，它自身的魅力和意蕴决定了我们唯有此，方能达到对一种语言的掌握。所以，本文提到的思维能力、思辨能力等更倾向于通过英语学习锻造学生的思维，落脚点在形成丰厚的思想。

以上列举的两个故事形成了鲜明的对比。通常来看，口语往往是衡量英语水平的标志：Linda 口语出色，但相对于口语几乎蹩脚的 Ted 来说，其对语言的领悟与理解却稍逊一筹。我们从 Linda 的故事当中可以看出，其逻辑思维能力较之形象思维能力强。比如，对于理解因中英思维方式的差异造成一篇文章谋篇布局的不同，Linda 的基本功是较好的。但是，对于语言的深层意义的理解，即形象思维能力方面是较欠缺的。同样一句话对于每一个人的感受是不同的。因为，每个人的经历不同、语言对他产生的影响和意义不同，他对此的理解也就不同。因此，采用的方法包括头脑风暴法，依旧停留于逻辑思维能力的锻造上。造成表面上看来是一时的逻辑混乱，其实是没有吸收与理解异国文化方面的差异。Ted 的故事表明，英语思维的形成有赖于隐性能力的提高，即通过阅读促成的广博的知识面是用英语思维的前提。用英语思维并非抽象地令人难以把握。人们习惯地认为，只要一提到思维，便认为它不如说出来和写出来的技能那么让人容易掌握。的确，思维无形，但我们可以通过有形的东西令它显现。正如 Ted 自己提到的，“阅读成了他最得心应手的强项，英语学习在他觉得也越来越轻松。”显然，就语言的五项技能而言，语言行为本身恰恰体现了学习者的思维活动。因为大脑支配着语言活动，没有经过大脑的语言行为是不可能的。但同时还说明，即使大脑在活动，也并不能等同于一个人的思辨能力在提高。这就需要在教学中，教师要有意识地培养学生的思辨能力，需要采取一定的教学手段和教学活动来实现。

有学者认为，语言有语言能力与语言行为之分。认为，人类学习语言的目的是开发语言能力，是运用大脑中的语言机制去生成和理解语言。至于运用口语还是运用书面语，这是语言行为的问题。所谓开不了口，那只是不开口的问题。只要有了这个能力，能够运用大脑中的语言机制去生成和理解语言，那么从书面语转化为口语是比较容易的。① 有学者曾对六个留学英国的中国学生做了采访。结果他们都表示，“虽然在出国前他们没有受过专门的听说训练，但扎实的语法基础和较强的阅读能力及较大的词汇量对他们听说能力的提高起着催化剂的作用”②。当然，这不仅显示出阅读提高思维力方面的重要性，同时也说明从阅读中仅获取信息是不够的，还要形成自己对事物的批判力和思想力。我们可以做一个有趣的假设，如果要让 Linda 和 Ted 同台竞技的话，其结果是显而易见的。无论怎样，Ted 的口语都无法与 Linda 相提并论；但如果说 Linda 以 0.05 分的微弱之差错失了冠军，其背后的原因也许应归结为她比类似 Ted 这样的学习者少了些广博的知识面以及对语言的精准理解。

2. 培养学生对语言意境的感悟应是英语教学的方向。

在英语教学中，近年来人们注意到了培养学生听说能力的紧迫性，开始在课堂中，有意识地训练学生的口语。教师普遍认为，学生口语不好是因为说得少练得少，于是单纯一味地加强口语训练，各种形式的交际教学法、活动教学法、任务教学法进入课堂。然而，并不是采用了交际教学法或活动教学法等，就意味着学生可以自然地生成听说能力了。这里存在“假交际”或“半交际”的误区。它只注重了口语活动的形式，而忽略了学生思维能力、提出独立观点和思想的能力的培养。究其原因，第一，讨论的内容多集中于表层、浅显的话题。这些话题的设计虽然对训练学生的语言技能有所帮助，但对于通过提高话题的难度、挑战度达成对学生的思维能力的培养并没有多大作用，更谈不上训练学生创造性地使用语言。第二，学生的英语水平低于他们的思维水平。因为，英语的学习是在学习者母语思维已相对成熟和成型的状态下进行的，学生母语思维水平往往略高于英语水平。因此，当讨论有挑战性的话题时，语言水平限制了学生的思

---

① 赵世开：《学习外语的漫长道路》，《外国语》2002 年第 5 期。

② 曾凯、许军等：《留英学生英语运用能力的调查及思考》，《外语与外语教学》2001 年第 2 期。

维的外显。造成学生“肚子里有货但倒不出来”的困境。第三，主观意识上，教师对于在口语教学中训练学生思维能力的认识不足，对于思维能力的深层含义理解不够。另外，对于如何在口语教学中训练学生的思维能力也显单薄。由此看来，只让学生“张开嘴巴说”已远远不够，还要让学生用“心”说，引发学生思考的说、发出自己内心的声音。

哈贝马斯认为，交际自主性产生于“理想语言情境（ideal speech situation）”。[①] 所谓“理想语言情境”是说话各方在不具有任何控制的情况下畅谈各自的内心真实的声音。而所谓“没有任何控制的情况”，本文理解为不受任何外在目的的约束而说话，意即交谈各方不是出于工具理性的目的在说话。对照英语教学，这说明学生在课堂上讲英语，不是为了某种外在的功利和目的，例如，为了掌握新学习的单词或为了练习口语而有意识的使用这个词或这句话，而是通过英语将自己真实的所思所想呈现出来，以达到思想层面的沟通。这时，师生在课堂上交流的话题不再是当作操练语言的载体，而是融入了各自的内心情境、人的精神世界的自在语言。各自说出的话也不是作为一种学习的目标和工具，而是重新激活他们已有的语言和文化的知识储备，让英语学习与他们自身以往的一切产生联系，与学生生活世界的语境融为一体，让饱有精神内涵的语言关照学生的思想，而不仅仅是把英语的词汇加到汉语的词汇上去，不是链接而是融入。正如奥斯汀所说，“说出一句话便是做出某件事”。意即，我们从一个人说出的话的结构中看出他的思想的结构（the structure of what is said to the structure of our thought）。[②]

从前文 Ted 的故事中我们也可以得出，要想将自身置于语言文本的情境当中，需要“以己度人”——尝试心境上的感同身受与精神上的琴瑟共鸣。而正是这一点造成了同样的方法、不同效果的现象。很多学生也看了大量的文章，相对应地做了大量的选择题，然而仅停留于选择题正确与否的层面上是无论如何无法达到与文本作者的思想进行沟通和交流的。帮助学生生发出对文本意境的感悟，使语言进入他的内心世界应是当代高校英语教学努力的方向。

---

① Habermas, J., *On the Pragmatids of Social Interaction*, Cambridge: the MIT press, 2001: 97-98.

② 转引自钱冠连《哲学轨道上的语言研究》，《解放军外国语学院学报》2000 年第 1 期。

四 结语

金生鈜教授曾说，由于我们习惯了逻辑思维方式（分析、归纳等），而把“理解”常常理解为某种具体的认知过程，在教育中被指为“学会”“懂了”“掌握”等，或者我们把理解等同于情感上的沟通和一致。[①] 其实，我们所谓的理解并不是掌握某种知识，理解并不是认识过程中诸多形式的一种，并不是从某种认知中派生出来的。这启示我们，达到对语言的理解，仅从认知层面、技能层面入手是远远不够的。“懂”和“会”并非意味着理解。听懂了未必理解了，不说出来未必等于没有理解。实际上，学生的口语水平——“说”与“读”“写”都有着密切的联系。正如赵世开先生指出的，一个不动笔墨、懒于思考的人言语表达时往往信口开河，其话语不是内容浮浅，就是逻辑混乱，或词不达意，或语不成篇，其口语能力弱的深层根源往往在于其书面语篇组织能力和生产能力差并且缺少系统训练。相反，书面语功底深了，口语基础会更坚实，听和说的后劲才会更足。[②]

发展学生创造性思维能力一直是高校外语教学的薄弱环节。英语专业本科教学质量国家标准对“人文素养、思辨能力、创新能力”等要素的重视说明了当前我国外语教育从“技能”到“内容”的转向。将知识习得、语言技能训练和思辨能力训练融为一体在很大程度上都将有利于学生思辨能力培养。[③] 显然，语言思维能力的培养是英语教学实现知识传授、能力提升、价值引领的教学目标的基础和前提，是外语“课程思政”落到实处的有效路径。在教学中突破“语言技能本位”的教学理念，注重培养学生的创造性思维能力是新时代背景下高校外语教学发展新的方向。

① 金生鈜：《理解与教育——走向哲学解释学的教育哲学导论》，《教育科学出版社》，1997 年版，第 40 页。

② 转引自戚亚军、唐丽娟《反弹琵琶 先写后说——非目标语环境下口语语篇生成能力培养的思考与途径》，《外语界》2008 年第 4 期。

③ 孙有中：《突出思辨能力培养，将英语专业教学改革引向深入》，《中国外语》2011 年第 3 期。

Cultivation of Learners' Thinking Ability in College English Teaching: Taking Two Seemingly Contradictory Stories about English Learning as Examples

Dou Kun Yang Qian

Abstract: Language and thinking are inseparable. Teaching only emphasizing cognition and skills is hardly enough for learners to truly understand and acquire a particular language. If teachers only paraphrase and interpret vocabulary and sentences in college English classes, the needs of learners and society would end up unattended. This paper holds that cultivating learners' thinking ability is the key to improving their language proficiency and is also the foundation and premise for teachers to deliver knowledge, improve learner's ability and shape their values through language teaching. The aim of the paper is twofold: 1) reveal the significance of cultivating learners' thinking ability in foreign language teaching incorporated with moral education through two stories about English learning; 2) theoretically analyze and discuss the corresponding principles and strategies.

Keywords: college English teaching; thinking ability in language learning; case study

LOA视域下英语专业综合英语课程课堂评价研究*

刘颖红**

摘　要：以剑桥英语为背景的LOA（Learning Oriented Assessment，面向学习的测评）是一种新的测评范式，强调宏观层面的大规模测评和微观层面的课堂评价均应保障学习的有效性和评价的可靠性。本文聚焦微观层面的LOA，依据课堂评价中LOA的本质特征，探究综合英语课程如何从评价目标、评价任务、评价结果解释与使用入手，实施面向学习的课堂评价。实践发现：学习者对评价活动的接受度会影响学习证据质量；课堂交互活动评价标准有待细化和师生共同商定；同处微观层面的课堂评价与课程学业测评也存在评价目标和标准的连贯性问题。

关键词：LOA；综合英语；课堂评价

2020年4月，教育部高等学校外国语言文学类专业教学指导委员会发布了《普通高等学校本科外国语言文学类专业教学指南》（以下简称《指南》）。《指南》对英语专业本科教学的评价要求为："评价应以促进学生学习为目的，根据培养方案确定评价内容和标准，选择科学的评价方式、方法，合理使用评价结果，及时提供反馈信息，不断调整和改进教学。评价应注重形成性评价与终结性评价相结合。"① 该表述有以下几层含义：第一，评价的出发点是促进学习；第二，评价内容应具有相关性与

---

* 基金项目：2021年陕西本科和高等继续教育教学改革研究项目"新时代高校外语类'课程思政'建设的理论研究与实践"（21BZ053）；2020年西北政法大学教学改革研究重点项目"高校外语类课程思政'金课'建设研究——以《综合英语》为例"（项目编号：XJYB202001）。

** 刘颖红：西北政法大学副教授，主要研究方向：英语教育、翻译。

① 教育部高等学校外国语言文学类专业教学指导委员会，英语专业教学指导分委员会：《普通高等学校本科外国语言文学类专业教学指南（上）——英语类专业教学指南》，外语教学与研究出版社2020年版，第11页。

代表性，获取的评价信息应充分、准确，信息解释应适当，从而保证评价效度与科学性；第三，评价结果一方面为学生学习活动及时提供反馈信息，另一方面用于教师调整、改进教学；第四，形成性评价与终结性评价同等重要。其中，评价的出发点和落脚点都是促进学生更有效的学习①，体现出“以评促学”（assessment *for* learning）的理念。这与剑桥面向学习的测评（Learning Oriented Assessment，LOA）模式不谋而合。LOA 模式是将终结性评价和形成性评价相结合的探索，具有系统性、生态性和社会—认知性。本文以英语专业综合英语课程课堂评价实践为例，探讨中国教育背景下 LOA 在课堂中扮演的角色，旨在有效地实施教学与测评，推动教、学、评融合，促进学生更有效地学习。

一 LOA 简介

LOA 是由剑桥大学英语考评部研究并提出的语言测评领域一种新的测评范式，以促进更好地学习为目标。

社会建构主义是 LOA 的核心理论。因此，LOA 视域下的学习是一种社会认知行为，具有社会性和合作性。具体而言，“学习需要基于行动，在测评‘任务’驱动的‘交互’中才能更有效地进行”；同时，“学习需要突破课堂的时空限制，把学习者的认知发展与他们在社会中的发展相统筹，培养让学习者受益终身的性情、态度和技能”②。

LOA 提出的有效学习愿景将正式大规模测评与课堂评价结合起来，依托共同的语言能力解释框架，即《欧洲语言共同参考框架》，解读宏观层面（外部测试）和微观层面（课堂评价）的证据，构成系统性的评估模型。大规模测评与课堂评价具有互补性，也具有共性——二者均以任务为中心，驱动语言活动，促成实施观察、评价、反馈、学习。③ 据此，“测评”一词涵盖测试（tests）或测验（quizzes），以及所有课堂交互活

① 潘鸣威、冯光武：《质量是核心，评价是关键——论〈高等学校英语专业本科教学质量国家标准〉中的评价要求》，《中国外语》2015 年第 5 期。

② ［英］尼尔·琼斯、［英］尼克·萨维尔：《面向学习的测评：一种系统的方法》，辜向东、李玉龙导读，外语教学与研究出版社 2019 年版，第 xiii 页。

③ ［英］尼尔·琼斯、［英］尼克·萨维尔：《面向学习的测评：一种系统的方法》，辜向东、李玉龙导读，外语教学与研究出版社 2019 年版，第 1—6 页。

动。根据性质，课堂活动分为学习为中心（learning-centred activities）和内容为中心（content-centred activities）两种。学习为中心的课堂活动是LOA 所推崇的，主张学习者为实现特定目标，在教师“支架”（scaffolding）帮助下，使用语言完成交际活动，是基于行动的学习。学习为中心的活动在认知层次上高于有意识的课程知识或内容输入，是在交际互动中促进学习和学生的身心发展。①

课堂环境中的 LOA 即形成性评价过程，完整的评价实践循环包含“表现—观察—解释—反馈”，以促进学习为首要目的。形成性评价的关键不是评价周期的长短，而是各步骤所产生的师生间或学生间交互证据，教师从学习需要出发解释这些证据，然后将其用于调整教学与反馈学生学习活动，从而更好地满足学习要求。课堂中的 LOA 有以下特征②：（1）学习成果包括特定领域技能（domain-specific skills，例如，交际语言能力），特定领域课程内容（domain-specific curricular content），可推广的学习技能（domain-independent generalizable learning skills，例如学会如何学习）。（2）课堂学习交互围绕任务展开，例如，学习者使用语言完成有意义的交际目标；任务表现经观察或记录、解释、反馈、反思，达成学习者认知能力发展和课程内容学习目标。（3）教师为课堂交互活动提供有效的支架和反馈，帮助学习者完成任务或达成目标，同时明确其学习进展。（4）课程教学与评价应同大规模测评参照共同的语言能力构念，确保微观层面和宏观层面的评价目标和标准具有连贯性，实现更好的学习成果。

综上所述，LOA 以建构主义学习理论为基础，将评价置于探究、合作的学习氛围中；以促进学习的评价为核心理念，推动师生之间和学生之间的互动，构建学习共同体③；通过以评促学，使评价真正成为学生进步

---

① ［英］尼尔·琼斯、［英］尼克·萨维尔：《面向学习的测评：一种系统的方法》，辜向东、李玉龙导读，外语教学与研究出版社 2019 年版，第 93—105 页。

② ［英］尼尔·琼斯、［英］尼克·萨维尔：《面向学习的测评：一种系统的方法》，辜向东、李玉龙导读，外语教学与研究出版社 2019 年版，第 93—105 页。

③ 在教育领域，教育家 Boyer（1995）首先提出了学习共同体（learning community）的概念，认为学校是学习的共同体，指一个由学习者及其助学者（包括教师、专家、辅导者等）共同构成的团体。它关注学习者与教师及同伴之间的协商，强调学习的社会性和建构性。知识建构、意义协商和身份形成构建了学习共同体的运行机制（引自刘建达、吴莎主编《中国英语能力等级量表研究》，高等教育出版社 2019 年版，第 198 页）。

和发展的动机和契机。①

二　LOA 在综合英语课堂评价中的实施

LOA 生态系统理论将测评融入学习系统中，为第二语言课堂评价提供了理论指导框架。但是，从理论到实践必然是一个艰难的探索过程。首先，我国是一个考试大国。仅以英语专业为例，全国性大规模考试包括英语专业四级考试和英语专业八级考试。与宏观层面的大规模考试相比，微观层面的课堂评价一直未能得到应有的重视。其次，受考试文化影响，长期以来英语专业本科教学评价以终结性评价为主，目的是评价学生阶段性学习成果，核定教学效能，关注的是结果，对教学和学习进程的评价不足，忽视测评结果对教与学的反馈和改进作用。这也是为何在英语专业本科教学评价要求中，《指南》强调形成性评价与终结性评价相结合，评价以促进学习为目的。鉴于此，LOA 理念在课堂环境中实施落地时，应考虑哪些评价要素，如何发挥课堂评价沟通教与学的桥梁作用，这是本研究试图回答的问题。

本研究实例来自西北政法大学英语专业 2019 级 1 班（27 人）的综合英语课程“面向学习的课堂评价”实践。该课程每周 6 学时，历时两个学年（第一至第四学期）。实践中，教师依据教学目标，设计真实、有意义的交互活动；收集学生在任务中的表现（学习证据）；评价学生的表现，记录其能力发展；提供反馈信息，并调整教学计划。学生根据自己完成任务的程度，了解自己的能力发展，并根据教师反馈，制订或调整学习计划。

下面，本文从评价的设计、方法、使用三个维度出发，讨论评价目标、评价任务、评价反馈这几个要素的落实问题。

（一）评价目标设定

LOA 认为，课堂环境中的测评有服务学习过程的潜能。具体而言，在教学、测评、学习三者间，LOA 首要考虑学习，让二语课堂中的测评

① 金艳：《外国语言文学类专业本科教学评价——理论与实践》，《中国外语》2021 年第 3 期。

成为沟通教与学的桥梁。① 实现这一愿景的重要一环便是确保评价目标与教学目标一致，即所教为所评，所评为所学。LOA 视域下，语言教学目标包含三个方面②：社会期待的结果、需要掌握的技能、课程目标。社会期待的结果指学习者能使用语言交流并获得受益终身的性情、态度和技能；需要掌握的技能取决于语言能力构念，反映语言能力观，是教授和测试语言能力的前提；课程目标为学习的具体内容。

具体到中国外语教育背景，综合英语课堂评价要反映三个层面的目标：国家外语教育的总体目标、本校英语专业人才培养目标、课程目标。国家外语教育总体目标对接的对象是外语教育的纲领性文件，如《指南》。《指南》描述了英语专业培养规格，包括素质、知识、能力三个方面。融合语言与知识教学，重视语言运用能力、跨文化能力、思辨能力和终身学习能力的培养。校标对接的是本校本专业培养方案，反映校情和学情，与纲领性文件基本一致。最后，评价要反映英语课程大纲和教材的教学目标。

对比 LOA 的语言教学目标及其对课堂学习成果的描述③，可以发现，作为中国外语教育的纲领性文件，《指南》所强调的能力目标基本包含了 LOA 所描绘的“社会期待的结果”和“需要掌握的技能”。不同课程会侧重传授不同维度的知识、培养不同的能力，但课堂评价都要反映语言能力、文化意识、思维品质、学习能力这四方面的核心目标。

再看综合英语课程目标，根据《指南》描述，该课程“旨在培养学生综合运用英语语言知识和技能进行语言交际的能力。通过课程学习，学生应能正确辨别和使用规范的英语语音和语调，并适应主要的英语变体；识别各种词类及其语法形式，熟练掌握常见构词法，以及基本句型和句法结构的用法；识别不同文体和语体，熟练使用各类衔接手段、常用修辞手

① Turner, C. E., & Purpura, J. E., “Learning-oriented assessment in the classroom”. In D. Tsagari, & J. Banerjee (Eds), *Handbook of second language assessment*, Berlin/Boston: Moutonde Gruyter 2015, pp. 255-273.

② ［英］尼尔·琼斯、［英］尼克·萨维尔：《面向学习的测评：一种系统的方法》，辜向东、李玉龙导读，外语教学与研究出版社 2019 年版，第 67—77 页。

③ 学习成果包括特定领域技能（domain-specific skills，如交际语言能力），特定领域课程内容（domain-specific curricular content），可推广的学习技能（domain-independent generalizable learning skills，如学会如何学习）。

法、不同文体的写作技巧，以及长句难句的转换、释义和翻译方法；运用所学知识和技能进行批判性思考，并结合现实生活中的实际问题或热点话题展开讨论，表达观点，培养思辨能力。"① 分析这段描述语，可以明确两点：第一，在四个核心目标中，综合英语课程侧重语言运用能力和思维能力目标。第二，语言能力目标包含语言知识目标，语言理解（听、读）、语言表达（说、写）和翻译能力目标。其中，语言知识运用能力目标按照语音、词汇、句法、语篇来划分，涉及语法知识和语篇知识的运用。思辨能力融入语言能力考察。

至此，课堂环境下的 LOA 评价目标已基本厘清。教师在"培养综合运用英语语言知识和技能进行语言交际的能力"这一课程总体目标下，依据各项分目标，设计目标指向明确的语言交际活动，开展课堂评价。

不同于其他测评范式，LOA 优先关注学习证据解读，目的是让参与课堂评价的各方能以任务目标为参照获取信息，做出调"教"促"学"决策，推进学习进程，实现目标成就。实践中，教师作为评价者，需要确定学生应具有的语言能力范围，具体阐述评价目标。为此，综合英语课程参照《中国英语能力等级量表》② （以下简称《量表》），依据其对各项语言能力表现的具体描述，设定课堂语言交际任务目标。以综合英语（一）常用的"复述故事"任务为例，其考察口头叙述能力，《量表》五级描述语为："能借助原文的词句，复述所读故事的大意。"六级描述语为："能完整、详细地复述话题熟悉的文章内容；能用自己的语言改编或

---

① 教育部高等学校外国语言文学类专业教学指导委员会，英语专业教学指导分委员会：《普通高等学校本科外国语言文学类专业教学指南（上）——英语类专业教学指南》，外语教学与研究出版社 2020 年版，第 15 页。

② 据刘建达、吴莎在《中国英语能力等级量表研究》（2019）一书所述，量表以 Bachman 和 Palmer 提出的交际语言能力（communicative language ability）模型为基础，该模型反映了人们对交际语言能力及其相关方面的基本认识，为外语教学和测试提供了基本的理论指导。根据该模型，交际语言能力包括三种能力：语言能力（知识）、策略能力（在含有具体情境的交际语言使用中恰当运用各种语言能力的能力）、心理生理机制。语言能力（language competence）下分组构能力（organizational competence）和语用能力。组构能力分为语法能力和篇章能力；语用能力则包括以言行事能力（illocutionary competence）和社会语言能力。策略能力把语言知识、语言使用者的知识结构和语境结合在一起，在选定达到表达目的最佳方法时起到评估、策划、执行的作用。心理生理机制主要指语言使用的渠道（如视觉和听觉）和模式（如接受和产生）。

续讲故事。"①《量表》在统一的语言能力框架下为学习预期成果提供了具体参考，教师可根据学情、学习阶段，分层设定任务目标，观察、记录学生能力发展过程。

需要说明的是，以剑桥英语为背景的 LOA 依托《欧洲语言共同参考框架》对每个发展阶段学习者语言能力做定性描述，用统一的语言能力标准对接外部测试与课堂评价，形成系统的评估模型。我国 2018 年推出的《量表》，是我国首个覆盖教育全学段的英语能力测评标准。就微观层面的课堂评价而言，《量表》在统一的语言能力框架下，从能力、知识、活动等角度为学习预期成果提供了具体参考。经过细读和加工，《量表》既可提供评价依据、反馈框架，也可为教学目标提供参照。

（二）评价任务设计

LOA 在课堂层面关注的第一个问题是如何生成"交互"从而促进学习。学习为中心和内容为中心的课堂活动会产生不同的学习成果。内容为中心的活动一般是课程指定的语言学习任务，体现教材目标，关注学业目标的达成。学习为中心的课堂活动则以目标语言使用域（Target Language Use Domains）的任务为参照，改造、设计评价任务，强调交互的目的性、意义和真实性；它同时关注学习者交际语言能力发展，及其在任务实施过程中实现的心理成长，如自我调节能力、反思能力。

鉴于两种课堂活动的互补性，综合英语课堂既有典型的内容为中心的评价活动，如"单元小测验"，也有超越技巧和方法讲授层面，以发展学生交际语言能力和可推广能力为目标的评价活动，例如，"阅读文学名著—观看名著改编电影—撰写原著与电影比较小论文"任务（以下简称"小论文"任务）。此类学习为中心的评价任务设计灵感源于教材内容，但具有语言使用任务的本质特征，即在特定的情境中个人为实现特定目标使用语言完成的具体活动。"小论文"任务便基于综合英语（三）第二单元 How Reading Changed My Life（"阅读如何改变了我的生活"），要求学生从文中列举的文学名著中选取一部阅读。但任务内容不是常规的"读后感"式写作任务，而是引入学生喜闻乐见的观影形式，学生可以选取自己感兴趣的视角（演

---

① 教育部、国家语言文字工作委员会：《中国英语能力等级量表》，高等教育出版社 2018 年版，第 44 页。

员、导演、编剧等），对比原著和电影、评价优劣。这种对比、评论活动凸显了任务的真实性特征。又如，基于教材第三册第六单元 How Do We Deal with the Drug Problem?（“我们应如何应对毒品问题?”）选材特点而设计的“综合信息写作（synthesis writing）”任务，其素材是单元中的三篇文章，三位作者围绕“是否应禁止毒品”问题各抒己见。任务要求学生提炼、整合各家观点，比较、评述，然后提出自己的观点。其任务特征反映了学术论文写作中文献综述部分的撰写要求。

显然，此类以学习为中心的任务通过制造认知冲突（cognitive conflict），实现认知成长。更为可贵的是，学习为中心的活动不仅关注在交际互动中促进学习，还看重学生的身心发展。以“小论文”任务为例，学生在任务实施过程中获得的情感、态度、自我调控能力、反思能力发展，是 LOA 所推崇的、致力实现的语言学习目标。为保证面向学习的课堂活动顺利实施，对学习产生积极影响，LOA 主张教师应成为学习交互的促进者。这里，任务设计引入“支架”，帮助学生有效地实施任务或深层次理解任务内容，如“综合信息写作”任务中的范例（exemplar）支架，“主题拓展阅读”中的问题支架，“复述”任务的提示（cues）支架。是否提供支架、支架有效与否，取决于教师对任务要求（达成任务目标所需技能水平）和学生现有水平的认识。针对不同学生群体，教师可运用支架调节任务难度，设计不同版本的任务。

（三）学习证据收集、解释与使用

如何获取“交互”的证据以最大限度地增加其对未来学习的积极影响，这是 LOA 在课堂层面关注的第二个问题。课堂交互活动是学习证据产生的源头，上面提到的教师自主设计的活动，连同课本上的活动、课堂观察、有计划的口头提问和课堂讨论、课后作业、有同伴反馈的小组活动等，都属于有计划的评价活动（planned assessment）。自发性评价活动（spontaneous assessment）包含课堂对话中的即时提问，课堂交谈中的即时反馈，以及师生就意义、话题、形式进行的同构。[①] 教师应重视交互活动

① Turner，C. E.，& Purpura，J. E.：“Learning-oriented assessment in the classroom”. In D. Tsagari，& J. Banerjee（Eds），*Handbook of second language assessment*，Berlin/Boston：Mouton de Gruyter 2015，pp. 255-273.

的成果和交互过程，做好交互活动的观察、记录、评估。成果形式包括学生完成的练习习作，视、听、说成果；学习过程记录，如电子档案袋，可借助技术手段。LOA 重视捕捉学习过程证据，认为其有助于提高 LOA 的效度。这是因为课堂环境中的 LOA 即形成性评价过程，完整的评价实践循环包含“表现—观察—解释—反馈”，教师收集各步骤所产生的师生间或学生间交互证据，从学习需要解释这些证据，将获取的信息合理用于改善教学、促进学生发展，形成螺旋上升、持续循环的过程。课堂学习证据既可以是捕捉到的个体表现，也可以是小组交互活动表现，且后者更为重要，因为社会建构主义强调学习的社会性和合作性。

以“小论文”任务为例，阅读、观影和写作时间为两个月（9 月 14 至 11 月 15 日），其间（11 月 10 日）教师重申论文内容要求和格式要求①。交互过程包含教师书面反馈两轮（截至 11 月 22 日）和小组同伴面对面点评一轮（11 月 23 日），11 月 29 日提交定稿并完成“小论文反思问卷”。问卷内容主要涉及三个方面：第一，论文写作的收获；第二，写作和修改过程中遇到的困难；第三，做同伴点评（Peer Review）的收获或发现。至此，交互过程和成果，个体表现和小组交互表现，均纳入教师观察、记录、评估的范围。同时，问卷统计结果反映出学生所经历的情感、态度变化，对自身时间安排、写作能力的反思，对同伴点评的肯定，以及对写作活动的全新认识，即写作是运用语言完成有目的、有意义的真实活动。这些成为教师进一步解释个体表现，提供有益反馈的依据。

解释学习证据即判断学习者现有水平与评价目标之间的差距。此时，教师必须明确什么样的问题或错误需要关注。例如，“复述”任务的评价指标主要有两项，一是再现原文内容的完整度，二是转述原文词句的数量和质量。相较“朗读”任务，其对语音、语调等语言知识运用能力的要求是不妨碍理解即可。因此，教师在解释证据时不应混淆主次，真正引导学生关注任务目标达成情况，从而提供有针对性和指导性的反馈。

学习证据使用是形成性评价的关键步骤。以“朗读”任务为例，纠

---

① 面向学习的课堂强调正确理解教师和学生的角色。教师是学习交互活动的促进者，学生应学会管理自己的学习，具有评价自我和评价同伴的能力；同时，具有恰当的动机，即完成真实而有意义的语言交互活动，而不是就任务表现获取表扬。此处，教师重申任务要求，有助于学生对照、反思任务表现，做出必要调整。

音或示范是一种反馈，但是反馈效果并不确定。因此，指导学生根据任务反馈采取后续行动，缩小现有水平与目标水平的差距便尤为必要。例如，学生定期做跟读模仿练习，教师反馈学习成效，这是构成形成性评价的关键。又如，“小论文”写作任务让学生看到了自身的不足，在寒假布置“写作句型精读与句子仿写”任务，则事半功倍；这也说明，学习为中心的活动与内容为中心的活动，二者具有互补性，相互配合可共同促进学习。

三　实施中遇到的问题及反思

历时两年，综合英语“面向学习的课堂评价”，在 2019 级一个教学班完成了一个教学周期的评价实践。实践表明，开展面向学习的课堂评价，其成效既和主观方面，即人（教师、学生、同辈）的因素有关，又受到客观因素，即测评自身的影响。

（一）学习者对面向学习的评价活动的接受度不高

从评价保障维度而言，学生参与度是 LOA 促学评价理念落地的重要影响因素之一①。仍以“小论文”任务为例，评价发现，一位写作能力较好的同学论文修改质量不高，沟通也不积极。“小论文反思问卷”中“写作和修改过程中遇到的困难”一项，该同学认为“翻译功底”不够，“表达不尽如人意”。但相较其他同学（80%受试明确提到，写作时受中式思维或中式表达困扰）的表现，以及对比该同学以前的写作表现，“表达困难”显然不是主要原因。该同学表现出的懈怠更多是态度问题，即对任务的认识和接受度出现了偏差。长期以来，学生习惯了内容为中心的课堂评价活动，貌似与课本学习关系不大、不属于考试内容的活动难以激发其学习兴趣。

面向学习的测评以促进学习为首要目标。以语言学习为例，“学习”不仅指课程知识和技能，还包含更高层面的交际语言能力和让学习者受益终身的可推广能力，包括性情和态度。换言之，学习的本质是实现个体发

① 金艳：《外国语言文学类专业本科教学评价——理论与实践》，《中国外语》2021 年第 3 期。

展。个体的态度、性情、（学习）技能这些辅助性技能（ancillary skills）发展对主要技能（语言交际能力）发展产生影响，表现为改善学习状态、提高自我效能（self-efficacy）。实践中，教师应关注学生辅助性技能的习得或发展状况，尽管其不像语言交际能力证据那样明确、具体。例如，教师在实施学习为中心的任务时，首先向学生解释清楚任务的设计目的和实施意义，引导学生转变学习观念，达成共识。同时，在任务实施过程中，注意观察学生表现，及时督促、帮助其更好地投入学习任务中，保障学习证据质量，从而最大限度地增加其对未来学习的积极影响。

（二）评价标准有待细化与协商

高质量的课堂评价实践具有一致性（alignment）、效度（validity）、信度（reliability）、公平性（fairness）。明确评价标准能提升评价任务目标与课程目标、教学大纲的一致性，让评价者有据可依从而增加评价信度，确保评价基于考查的能力或目标知识掌握情况（即效度），避免因评价者偏见导致的不公平性。① 但在实际操作层面，制定、实施评价标准会遇到一些具体的问题。

前文提到，综合英语课程参照《量表》，根据其对各项语言能力表现的具体描述，设定课堂语言交际任务目标。并以“复述”任务为例，引用“口头叙述”能力分表中五级描述语和六级描述语，说明任务成功的目标。以《量表》作为尺度参照描述各阶段语言能力水平，有助于教师关注学习者的进步；同时，明确任务成功的标准有助于学生主动、高效地投入学习；还可以成为学生自我评价的依据。学生自我评价的结果进而可成为师生间讨论的内容，进一步推动学生反思性学习能力培养，即达成社会期待的学习成果——学习者能使用语言交流并获益。但是，教师在解释学习证据，判断学习者现有水平与评价目标之间的差距时，常常需要比《量表》描述语更加细化、更易操作的评价标准。例如，“复述”任务评价指标包含内容、转述数量、转述质量、语言运用四个维度，每个维度划分四个等级。制定此类分项式评价标准，需要评价设计者（通常是教师）将考查能力要素分解，然后制定各项能力评价标准和等级。无论是

① 许悦婷：《教—学—评一体化视角下的外语课堂评估：评分理论与实践》，2022 年 5 月 14 日外语课堂教学评价：理论与实践研修班。

分项式评价还是整体性评价，都需要教师具备一定的评价专业知识和评价素养。

另外，评价实践发现，开展学习为中心的课堂交互活动，若师生共同商定评价标准，则更利于学生深层次理解任务意义和要求。在“小论文”同伴点评环节，教师虽然提供了评价标准（包括内容、结构、语言、格式），但缺少师生讨论环节。因此，学生对评价标准的理解程度、实际运用情况，教师都难以掌握。作为弥补，教师在开展小组点评前，可先就评价标准与学生商讨，达成一致；在小组点评后，可要求学生在修改稿中说明同伴提供的意见，以及自己所做的修改。总之，明确、细化的评价标准能帮助学生完成自我评价，改进自己的学习。

（三）形成性评价与终结性评价的连贯性不强

在课堂环境中，LOA 将评价置于探究、合作的学习氛围中，推崇学习为中心的交互活动。这类任务强调交互的目的性、意义和真实性；它既关注学习者交际语言能力发展，也关注学习者在任务实施过程中实现的心理成长，如自我调节能力、反思能力。实践中，教师常常面临一个窘境，即同处微观层面的课堂评价与课程学业能力测评，存在评价目标和标准不连贯的问题。通俗地讲，就是期末试卷考的不是平时教的。上文提到，学生对学习为中心的活动接受度不高，原因之一就是认识上出现了偏差。因此，课程学业测评应改变偏重考查课程内容或知识的做法，多从目标语言使用域的任务特征出发，设计测评任务，做好终结性评价与课堂形成性评价的衔接，以延续、巩固 LOA 在课堂环境中的学习成果。例如，课堂评价中实施的“综合信息写作”任务，体现了学术写作场景中的任务特征；课程学业测评开发人员（通常为授课教师）在设计写作任务时，便可以借鉴、改造这种任务形式。从另一个角度看，学业测评作为终结性评价，向学习者传递重要的信息，如学科重点、成功的标准。学生有可能将其作为指引，规划、改进自己的学习；所以，学业测评也可以起到形成性评价的作用。因此，在 LOA 视域下，教师应积极探索课堂形成性评价和课程终结性评价的有机结合，实现更好的学习成果。

四 结语

LOA 视域下的课堂是社会建构型课堂，课堂交互活动不仅促成知识的学习，也促成学习者身心的发展。实施面向学习的综合英语课程课堂评价，旨在让学习和个体发展融为一体，培养终身学习者。无论是明确评价与成功目标，设计课堂交互活动促成学习，还是关注学习过程与成果、适当解读学习证据并有效使用，都是为了保证学习的有效性和课堂评价的科学性。综合英语课堂不仅包括课程内容为中心的交互活动，还参照《量表》提供的语言能力解释框架，设计了以学习为中心、符合目标语言使用域任务特征的交互活动，让学习者在真实任务场景中获得语言能力和认知能力的发展，实现更好的学习成果。为保证学习为中心的课堂交互质量，学生需要在教师引导下完成观念转变，认同、接纳此类交互活动；为保证学习证据解释效度，任务评价标准应细化，并通过师生协商讨论达成共识。另外，有计划或无计划的课堂交互随时在发生，课堂评价是一个连续体，具有形成性特征。教师的主要职责是创造良好的学习环境，观察学习过程，适时提供支架帮助，反馈学习成效，采取后续行动改进教学、促进学习。与此同时，教师也应关注同处微观层面的课程学业测评，注意形成性评价与终结性评价的连贯性，从而切实推动教、学、评的融合。

Learning Oriented Assessment in the Classroom Practice of Comprehensive English

Liu Yinghong

Abstract: Cambridge English Language Assessment approaches LOA (Learning Oriented Assessment) from a systemic view, where assessment operating both on the macro level of evaluating outcomes and the micro level of individual learning interactions which take place in the classroom should contribute to the effectiveness of learning and the reliable evaluation of outcomes. This paper focuses on learning-oriented classroom assessment practices, with Comprehensive English course as an example. Following the essentials of LOA in classroom practice, it discusses the implementation of LOA from aspects of setting explicit criteria, designing learning-centred tasks, interpreting learning outcomes and giving feedback.

Keywords: LOA; comprehensive English; classroom assessment

“知识型职业”理念下日本法科研究生教育的改革与启示

郭艳利*

摘　要：“二战”后，随着日本工业化浪潮的推进，教育服务于国家发展需要是日本研究生教育的主导理念，因此，日本法科研究生教育的发展也随着国家需要而改变。法科研究生教育在经历一系列的改革后建立了“法科大学院”的法科研究生教育体系，它以“知识型职业”理念下的研究生法律职业教育为定位，构建了理论联系实践的研究生法律职业教育课程体系，并引入了淘汰与评价机制，虽然改革过程出现一些问题，但也给了我们一些启示。在法科研究生的培养过程中，我们应该培养法律职业人，而不仅仅是“法官/检察官”；重视过程培养，明确“研究生院”和“二级学院”的培养责任；协同创新，注重实践教育完善评价与淘汰、竞争机制。

关键词：日本；法科；研究生教育

一　工业化浪潮下日本研究生教育的发展

日本的研究生教育最早可以溯源到1866年，《帝国大学敕令》中将1877年文部省创办的东京大学更名为帝国大学，同时设立了大学院。这标着研究生院在日本的成立。① 与美国第一所研究型大学——霍普金斯大学相比，已经晚了将近十年。

“二战”后，日本经济受到重创，为了促进经济发展，改变经济相对落后的局面，解决自然资源相对匮乏的限制，政府将大学视为国家现代化

---

* 郭艳利，西北政法大学高教所副研究员，研究方向：高等教育学和学位与研究生教育研究。

① ［日］市川昭午、喜多村和之編：“現代の大学院教育”，载《玉川大学出版部》1995年第9期。

的工具，教育的工具性作用被凸显。随着经济的发展，工业化发展需要更多拥有娴熟技能和组织管理能力的劳动者，但是，日本传统的终身就业理念深深影响着教育的发展，大学的培养目标是为企业培养具有奉献精神的企业职工。所以学生的训练也是由雇佣单位来承担的，而且这种训练也与企业的需要密切相关。同时，由于教育成本、企业薪酬、资历等一些问题的影响。日本研究生的入学率相对较低，学生对研究生阶段的学习兴趣不大，导致日本研究生教育的发展相对滞后。“20 世纪 80 年代，日本每 1000 人口中约有 0.5 人为研究生，英国为 1 人，是日本的 2 倍，美国为 5 人，是日本的 10 倍。本科生和研究生的比例日本接近 4%，美国大约是 14%。”①

20 世纪 80 年代后期，随着知识经济的发展，持续创新成为企业竞争的重点，高层次人才是增强企业竞争力的核心，为了提升企业竞争力，日本研究生教育的规模不断扩大。日本研究生教育也进入了改革发展时期。为了适应当时社会的发展需求，日本研究生教育更注重学生应用能力的培养，培养的主要是社会从业人员。推行技术—教学—学习一体化教育模式，教学服务于工业发展。大学、政府的研究所和企业的工业实验室是当时主要的科研机构，因此，大学与企业建立一定的合作关系。与此同时，文部省又在一些大学建立了高科技合作研究中心，推进企业、研究所和大学的合作，以促进这些领域的科学研究，从而提升研究生的科研能力，进而促进整个日本经济发展对高科技的需求。②

2003 年，借鉴美国研究生院设置的经验，日本正式颁布了《专业学位研究生教育院设置基准》，成立了以培养高级专门职业人才为目的的“专门职业研究生院”，完善了日本研究生教育体系。2006 年又出台了《研究生教育振兴施策要纲》，对日本产学研合作的研究生教育培养模式进行了具体规划，重点资助“产学合作教学项目和长期实习项目”“尖端交叉研究领域的产学合作项目”“大学内外合作开发专业学位研究生教育

---

① ［美］伯顿·克拉克主编，王承绪译：《探究的场所——现代大学的科研和研究生教育》，浙江教育出版社 2001 年版，第 192 页。

② ［美］伯顿·克拉克主编，王承绪译：《研究生教育的科学研究基础》，浙江教育出版社 2001 年版，第 360 页。

课程项目"等①。2011年，日本制定了《第二次研究生教育振兴实施政策纲要》，再次为研究生教育的产学研合作提出了改革方向。体现了日本研究生教育服务于社会发展的特点。为了促进国家发展，实用性的教育理念始终伴随着日本研究生教育的改革。

二 日本法科研究生教育体系的改革

日本法科研究生教育延续了服务"国家需求"的理念，以培养具有"法律素养"的人为目标，是一种通识教育，培养法律、行政管理、政治等方面的通识人才。"法学部"的学生通过四年的本科教育，再参加司法考试，其中只有少数的通过者才能进入"司法研修所"，在这里进行实务操作能力训练。所以，大部分毕业生走向了社会，从事社会管理工作。与此同时，还有少数毕业生接受硕士和博士阶段的教育。法学硕士研究生阶段的学习一般为2年，博士研究生阶段的学习为3—6年。法学专业硕士研究生必须修满30学分，并完成一篇学位论文，通过答辩后方可获得学位。② 研究生教育主要培养目标为学术型人才，这些学生毕业后主要从事科研和教学工作。

20世纪80年代，出于解决日本高度社会化与国际化所造成的法曹（法官、检察官和律师总称为"法曹"）人数不足以及司法考试通过者高龄化的目的，日本政府对司法考试制度进行了改革，"即使经过了这样那样的改革，司法考试的合格率仍然维持在3%左右"③。进入90年代以来，为了更好地适应社会和企业的需求，改变高等教育和司法考试脱节的状况，日本政府推行了研究生教育的"重点化"政策，从而带来了日本大学法学院结构上的调整与改变。例如，1991年和1992年东京大学法学院和京都大学法学院先后进行了机构改革，把"法学部"改为"大学院法

① 高益民：《创新人才培养与新世纪日本研究生教育改革》，《比较教育研究》2009年第11期。

② 龚刃韧：《关于法学教育的比较观察——从日本、美国联想到中国》，《北大法律评论》2001年第4期。

③ 孙义刚：《高素质法律人才的培养——日本法学研究生教育改革透视》，《中国青年政治学院学报》2008年第2期。

学（政治）研究科”，法学部的教授也改称“大学院法学研究科教授”① 改革的重点就是凸显研究生教育的重要性。伴随着这种改革，大学的培养目标开始由单纯地培养学者转变为实际部门需要的专门人才，开始开设“专修”或者类似的课程，招收部分社会在职人员进入大学学习。

此后，为了实现法学教育、司法考试和司法研修的有机结合，推行法律职业培训教育，2001 年，日本内阁府“司法制度改革审议会”向内阁提交了《司法制度改革审议会意见书——21 世纪日本的司法制度》（以下简称《意见书》）的最终报告。同年 11 月，日本政府又制定了《司法制度改革推进法》，落实《意见书》的政策。在这些政策的推动下，2004 年，日本新型的法律职业培训机构——法科大学院正式登场。②

“法科大学院”以法律职业教育为目的，属于硕士研究生层次的法学教育。

法科大学院的学生由“法学部”毕业生与非“法学部”毕业生两部分组成，其比例为 7 : 3，学制分别为 2 年和 3 年。③ 通过改革，只允许“法科大学院”的毕业生参加司法考试。此外，司法考试的通过者需要在司法研修所参加一年半左右的学习，学习内容以法律实务训练为主，成绩合格者才能获得相应的职业资格，而那些不是“法科大学院”毕业生首先必须通过预备考试才有资格参加新司法考试。④

三　日本法科研究生教育的理念与改革措施

（一）“知识型职业”理念下的研究生法律职业教育定位

除少量法学硕士与博士研究生从事教学与科研工作外，日本法科研究

---

① 龚刃韧：《关于法学教育的比较观察——从日本、美国联想到中国》，《北大法律评论》2001 年第 4 期。

② 戴龙：《全球化时代的日本法学教育与发展》，《南京航空航天大学学报》（社会科学版）2008 年第 2 期。

③ 辛崇阳：《日本法学教育制度及其对我国的启示》，《中国法学教育研究》2008 年第 3 期。

④ 田中成明：“法科大学院時代の法学教育”，『ジコリスト』（No. 1262）2004. 2. 15，第 115 页。从 2006 年到 2010 年，现行司法考试制度和新司法考试同时实施，2010 年现行司法考试制度停止实施。

生教育的主体是“法科大学院”教育。日本《意见书》中规定了“法科大学院”的培养目标：①培养“法治”建设的中坚人物，应具备专门的资质和能力；②在讲授法律专业基础知识的基础上，培养学生的批判性和创造性思维能力，以及解决法律具体问题所需要的必要的法律分析和评论能力；③使学生获得对尖端法律问题的基本理解力，广泛关注各种各样的社会问题，思考社会和人类的现状，培养责任感和伦理观，提供为社会服务的机会。[①] 可见，借鉴美国法学院的培养模式，日本法科大学院以“知识型职业”概念和职业学校的为定位。[②] 它与日本教学服务于“国家需要”的教育理念相适应，以及日本“专门职业研究生教育”改革的需要，以培养法律“专门”人才，而不是“通才”为目标；以培养法律“高级”人才，而不是单纯的“技能型”人才为目标；以培养培养法律“创新型”人才，而不是“应试型”人才为目标。

（二）理论联系实践的研究生法律职业化教育

2002 年 8 月，日本教育与科学部中央教育审议会在其通过的报告《法科大学院的设立标准》，规定了“法科大学院”的课程设置。主要包括基础性法律课程、法律主干课程、法律实务基础课程和法律尖端课程。其中法律实务基础课程主要包括《法律信息检索》《司法文书写作》《法曹职业伦理与道德》《民诉与刑诉实务》《法律诊所》《模拟法庭》《法律谈判》《法律实务实习》等。[③] 其中，诊所法学教育是日本法学教育模仿美国法学教育的内容之一，注重理论与实践的有机联接，其主要形式包括法律诊所、现场实习、模拟教学。这些课程和教学模式都具有较强的实性，突出了实务教育的重要性。同时，“法科大学院”的授课教师以能够从事实务工作且具有较强专业素养的教授为主，教师需要有一定的学术资格和 5 年教学经验。此外，在整个教师比例中，20%以上的教师应当为“实践导师”，应具有 5 年以上从事法官、检察官和律师业务的经历，而

---

① 《司法制度改革審議会意見書》，http：//www. nichibenren. or. jp/ja/judical-reform，2006-06-05.

② 王斌：《要件事实论与日本法学教育改革启示》，《宁夏大学学报》（人文社会科学版）2007 年第 4 期。

③ 中央教育審議会：《 法科大学 院 の 設 立 基 準》，https：//www. mext. go. jp/b_menu/shingi/chukyo/chukyo0/toushin/020803. htm，2021 年 12 月 5 日。

且 1/3 实践导师应当是专职导师。最少需要有 12 位教师，且师生比要小于 15：1。[①] 学生通过这样的学习，不仅学习了律师知识，形成了法律的独立思维，还掌握了一定实践技能。

（三）淘汰与评价机制改革在研究生法律职业教育中的尝试

根据《法科大学院的设立标准》，日本“法科大学院”的认定和评价标准中明确指出，①改革“法学部”时代“优、良、及格和不及格”相对简单的成绩认定标准，明确了能细致反映学生能力的百分制标准，并将学生的参与态度作为成绩认定的一个因素给予考虑；②建立了留级制度，对于某一课程成绩未达到要求的学生，规定不能再参加之后相关的课程学习，也就相当于留级。③建立了第三方评价制度，为了避免单纯地为追求司法考试通过率而导致法学教育沦为应试教育，注重过程培养。[②] 可见，日本“法科大学院”制在培养过程中更加注重学生能力的认定，严格的留级制度则有效保障了其教育培养质量。

当然，由于日本属于大陆法系，与美国法学教育发展的环境不尽相同，且受旧的法学教育和司法考试制度的影响，日本法科大学院的改革并不是一帆风顺的，其间也出现了法科大学院学生司法考试通过率低的问题，当然这与日本司法考试制度本身有着密切的关系，但却间接导致了法科大学院的学生不重视基础素质培养科目的学习，而以司法考试作为最高目标，这样法科大学院的教育就重新步入了应试教育，导致其改革目标并没有完全实现。但其中关于法学教育中引入“知识型职业”理念的思想，重视实践教育，积极引入淘汰与评价机制，都凸显了其改革的成效。

四　日本法科研究生教育的启示

（一）培养法律职业人，而不仅仅是“法官/检察官”

日本法科研究生教育曾经也以“学术型”研究生的培养为主，但基

---

① Hisashi Aizawa, “Japanese Legal Education Transition” *Wisconsin International Law Journal* (2006-2007), pp. 142-143.

② 确村保：“法科大学院における成績評価と単位認定”，『法律時報』75 卷 3 号，第 54—56 頁。根据最新资料，该职能由独立行政法人学位授予与质量监督机构承担。

于教育服务于国家发展需要的教育理念，日本“法学部”的本科教育以培养“法律通才”为主。此后，随着司法改革的推进，以及“法科大学院制”的引进，法学研究生的教育层次发生了改变，在保留“学术型”法学硕士和博士研究生教育的基础上，法学硕士阶段的教育以“知识型职业”理念为指导，以注重培养高级“法律专业”人才为目的。

我国研究生教育本身起步较晚，法科研究生教育起步更晚，为了促进法科研究生教育的发展，培养应用型法律人才，从 1996 年开始，我国正式开始法律硕士专业学位研究生教育，法律硕士研究生教育发展也经过了一系列的改革，伴随“依法治国”思想的推进和高等教育普及化的发展，我国法律硕士教育也进入了快速发展时期，但由于历史原因以及司法考试制度等影响，法律硕士研究生的教育一直定位不清，在“学术型”与“应用型”之间游离。而且，长久以来我国法学教育一直都以培养“法官/检察官”为主，学生的就业首选也是进入法院、检察院工作。这些年法院、检察院招收的法学毕业生比例一直在下降。随着社会主义法治进程的加快，高层次的应用型法律人才需求日益增多，因此，法科研究生的培养应贯彻分类培养的思想，硕士层次研究生的培养，应注重培养其职业能力，在内涵式发展的基础上培养高层次的“法律职业人”；博士层次研究生的培养，应在保障质量的前提下保证其学术的严谨性。实现理论与实践的有机结合，发挥自身优势，体现中国特色，培养高层次法律职业人。

（二）重视过程培养，明确“研究生院”和“二级学院”的培养责任

日本“法科大学院”制模仿美国“法学院”的设立，以法律职业人培养为主，只有进入“法科大学院”的毕业生，才可以参加司法考试。学生想要通过司法考试必须进入“法科大学院”进行学习，这从一个侧面突出了“法科大学院”阶段研究生教育的重要性，突出了其对职业教育的重视。

我国法科硕士研究生教育的管理隶属于“研究生院”和“二级学院”，法科研究生教育主要由“二级学院”和“研究生院”共同负责。其教育性质仍然属于国民教育系列的学位教育，而非职业教育。法科研究生都可以参加司法考试，为通过司法考试，越来越多的法科研究生参加各种各样的司法考试培训班，部分学校为提升就业率也围绕司法考试进行法学

教育，使得法学教育再一次滑向了“应试教育”，与法科研究生的培养目标背道而驰。

然而，每个国家都有其特有的国情，如同美国的“法学院”与日本的“法科大学院”也并不完全相同，在当前的教育制度及司法制度下，我国法科研究生教育也不可能完全照搬国外模式。目前，在大部分国家，司法考试的重要性不言而喻，但它并不是唯一的“指挥棒”，它会导致“应试教育”的发生，但它不是“应试教育”发生的唯一原因，重视过程教育与管理，才能有效避免“应试教育”的发生。因此，我们可以借鉴日本法学院的管理模式，突出“研究生院”和“二级学院”的重要性，进一步明确责任，赋予它们更多的权利，强化过程管理的重要作用。除建立“过程”性培养制度外，还应该通过平时成绩赋分等措施来贯彻素质教育，实现法律教育的培养目标①。

（三）协同创新，注重实践教育

日本“法科大学院”的课程设置既包括法律主干课程、基础性法律课程和法律尖端课程也包括法律实务基础课程，注重法律职业技能的培养，并引入了诊所法学教育，注重理论与实践的有机连接，开设了法律诊所教育、模拟教学、现场实习等形式的诊所法律教育，并聘请律师与法官加入到“法科大学院”的教学当中，通过实践经验的传授提升学生的实践能力。

虽然我国法科研究生教育在实践教学改革方面也做了一定的尝试，引入了法律诊所教育，开展了模拟法庭教学，通过与司法实务部门建立联合培养基地，通过现场实习，构建了提升学生实践能力等的实践育人模式。但就整体而言，法科研究生教育仍以理论教育为主，实务训练课程的设置是有限的，整个课程体系的设置也是以理论教育为主的。当然这与我国法科研究生教育的性质及其定位是密切关联的。然而，现实情况是法学专业因“就业不良”被列入红牌专业。因此，迫于就业压力，更多法学本科毕业生及其他专业的毕业生进入法科研究生阶段的学习。法科研究生的就业形势也不容乐观，特别是近些年，法科硕士研究生的招生规模已经大大

---

① 邹爱华：《日本法学教育和司法考试制度改革效果评介及其启示》，《法学教育研究》2016年第2期。

超过了法学本科生的招生规模。所以，法科研究生教育必须进行整体改革，注重理论联系实践，在整个司法体系没有转变的前提下，从教育本体自身进行自上而下的内部改革，重新调整课程体系框架以及教学方法，加大法律实务课程的比例，借助“高等学校创新能力提升计划”与“卓越法律人才培养计划”平台，开创“协同创新”的新局面，与更多的法律实务部门包括企业建立联合培养计划，开创“产学研”联合培养的新局面，培养适应社会发展需要的高层次法律卓越人才，当然这种“卓越”人才是兼备实践、应用能力的高层次法律职业人才。

（四）完善评价与淘汰、竞争机制

没有评价机制与淘汰、竞争机制，教育质量就无法得以有效的保障，日本“法科大学院”规定了细致的考核标准，并将学生的参与态度作为重要的成绩认定因素予以考虑，这样学生必须有效地参与到法律实践教学当中。同时，《法科大学院的设立标准》中对于不能完成课程学习学生留级的规定也是十分明确的，体现了淘汰制的作用，在一定程度上保障了研究生教育的质量。

我国法科研究生教育的考评机制仍以学习成绩考核为主，即使是法律实践课程，其考核仍以定性考核为主，学生的表现与报告是考核主要的依据，没有详尽的评价标准。对于学生的参与态度并没有明确的规定，学生的主观评价并不能作为评价标准而被纳入法科研究生的考核之中，评价标准体系不完善，过于注重定量评价，忽略了定性评价。此外，我国法科研究生教育中很少未毕业的学生，大部分学生都能顺利通过考试，除特殊原因外，留级的学生也很少。这与我国研究生教育“严进宽出”的教育体制不无关系。所以，为有效提升目前法科研究生教育的质量，必须完善相应的评价机制，将淘汰与竞争机制引入研究生教育体系当中，并将实践能力评价作为重要的评价标准之一，关注学生的学习态度、学习经历、学习效果，以学生发展、学生学习、学习效果为中心，实现研究生教育质量质的飞跃。

五　结语

日本法科研究生教育改革取得了一定的成效，虽然也面临着一些问题，但改革的过程是一个循序渐进的过程，我们可以从中汲取其优秀的部分，以中国国情为契机，不断发展法科研究生教育。

Reform and Enlightenment of Graduate Education in Law in Japan under the Concept of "Knowledge-based Occupation"

Guo Yanli

Abstract: After World War Ⅱ, with the advancement of the wave of industrialization in Japan, education to serve the development of the country is the leading concept of Japanese graduate education, so the development of Japanese legal graduate education has also changed with the change of national needs. After undergoing a series of reforms, the law graduate education system of the "Law University College" has been established, which is positioned by the postgraduate legal vocational education under the concept of "knowledge-based occupation", constructs a postgraduate legal vocational education course system linking theory with practice, and introduces a elimination and evaluation mechanism, although there are some problems in the reform process, but it also gives us some enlightenment. In the process of training law graduates, we should train legal professionals, not "judges/prosecutors"; attach importance to process training, and clarify the training responsibilities of "graduate schools" and "second-level colleges"; collaborative innovation, focusing on practical education to improve the evaluation, elimination and competition mechanism.

Keywords: Japan; law; graduate education

新文科建设中环境资源法学硕士研究生人才培养目标及其实现路径*

郝少英**

摘　要：环境资源法学硕士研究生培养目标不仅影响着整个研究生的教育与培养，而且制约着国家实施可持续发展战略对环境法人才的迫切需求。在新文科建设背景下，环境资源法硕士研究生人才培养目标应适应环境资源法学研究生人才的社会需求、符合环境资源法学研究生人才的价值定位、顺应环境资源法学科的发展趋势而趋向多元化，但同时也面临研究方向不明确、课程设置不科学、教学方式陈旧单一、研究生质量考核不全面等一系列问题。推行培养目标具体化并规范适宜的研究方向、更新课程体系并设置特色专业、选择合理有效的教学方式、实行多元化质量考核机制等是新文科建设中实现环境资源法学硕士研究生人才培养目标多元化的主要路径。

关键词：新文科；环境资源法学；硕士研究生培养目标

2020 年 11 月 3 日，教育部发布了《新文科建设宣言》，从提升综合国力、坚定文化自信、培养时代新人、建设高等教育强国、文科教育融合发展五个方面提出了新文科建设的重要性和紧迫性。新文科建设要求通过改革创新，强化人才培养的理想信念、综合素质和创新能力，其目的是使文科专业焕发活力，更好地承担起培养适应新时代人才的重任；同时，更新文科专业内容，更好地对新时代发展予以解释并塑造新的时代精神。"新文科"是传统文科的拓展和深化，是在传统文科基础上重新定位文科的学科内涵以及人才培养目标，探索新的建设模式，以此适应时代的发展

---

* 基金项目：西北政法大学 2021 年教学改革一般项目"新文科背景下环境与资源保护法学专业研究生创新能力培养研究"（项目编号：XJYY202102）。

** 郝少英，西北政法大学副教授，硕士生导师，博士，研究方向：环境与资源保护法。

需求，满足国家的建设需求，供给社会的实际需求。① 相较于传统文科，新文科主要体现在四个方面：第一，强调以人为本，即要关注人的全面发展；第二，学科之间交叉融合，打破泾渭分明的局限，开展跨学科专业人才培养；第三，强调网络技术在教育教学方式和方法上的融合与应用；第四，立足中国传统文化，把握中国实际国情，借鉴国外先进经验，创造新的价值引领方向。新文科建设的任务是打破学科之间长久以来的隔阂，对不同学科进行融合重组与跨越交叉，实现跨学科、跨领域教学，同时将现代科学技术运用到教育与学习之中，从而全面提高文科教育质量。因此，环境法研究生培养目标必须遵循高层次人才成长规律和社会需求，不仅要满足我国环保事业发展的需要，还要满足当今环境法学人自身发展的需要，以及环境法学学科发展的需要，符合培养目标多样化的共同要求。

一　新文科背景下环境资源法学研究生人才培养的目标趋向

现行法学学位分为学士、硕士（含法学硕士和法律硕士）和博士三个层次。对法学硕士培养目标的合理定位是法学教育和选择硕士研究生培养模式的前提。环境法学硕士研究生培养是环境法学专门人才培养的一个重要层次，其培养目标正确与否，不仅影响着整个研究生的教育与培养，而且制约着国家实施可持续发展战略对环境法人才的迫切需求，尤其在新文科建设背景下，环境资源法学研究生人才培养的目标越来越趋向多元化。

（一）适应环境与资源保护法研究生人才的社会需求

20 世纪 80 年代初，我国法学学科学位制度开始逐步建立。由于当时我国高层次教学、科研人才奇缺，博士教育又不发达，硕士学位的培养目标就定得很高，主要是承担培养科研人才的重任。尽管《中华人民共和国高等教育法》对于硕士研究生的培养定位于应用型、学术研究型高层次专门人才，但在实际培养工作中却沿用着学术研究型的唯一人才培养、

---

① 修南：《面向新文科建设的教学改革研究》，《教育理论与实践》2022 年第 3 期。

评价标准。环境法学硕士研究生培养作为整个法学硕士研究生教育的组成部分，同样把人才培养和评价标准定位同博士生一样为学术研究型，学生的就业去向主要是大学和研究单位。然而，随着国民经济的快速发展，环境问题的严重性和广泛性已成为制约一些地区经济发展、影响社会稳定和威胁群众健康的重要因素。环境质量的好与坏，与一个地方环境法的贯彻落实有着密切的关系。无论从执法者还是从守法者的角度，纯法律人才已不适用，掌握全面的环境法专业知识，配备足够的环境法学专业人才，对从根本扭转我国不利的环境局面，强化环境监督管理，改善环境质量，推进环保工作具有实质性意义。近几年来，大量的学生毕业后被充实到国家行政机关、司法机关和律师行业。因为环境法学硕士研究生培养的目的要反映社会的需求，而社会对环境法学应用型特殊人才的需求在日益增强。因此，为了适应社会发展的需求，硕士生的培养目标趋向应多样化，其培养应有学术型和应用型的区分。多元化的培养目标既要求从纵向上区分硕士生和博士生的培养目标，更要求从横向上明确学术型学位与应用型学位的不同要求。①

（二）符合环境资源法学研究生人才的价值定位

环境法学硕士研究生培养的目的要反映作为社会生活主体的环境法学硕士研究生对自身发展的需求。任何教育的根本任务都是培养人，研究生教育作为高层次教育同样应当服务于实现人的自我价值的需求。随着社会的发展，人的思想观念不断更新，人们需求的层次也不断在提升②，接受高层次的研究生教育是提高现代人社会竞争能力重要途径，当今越来越多的人希望通过接受研究生教育，改善自己的社会地位与经济地位。从实际情况来看，不仅仅有许多应届的本科生希望攻读硕士学位，目前不少已经工作在各种不同职业领域的现职人员也希望有机会接受研究生教育，以求得自身的不断的发展。后一部分人由于工作性质与经历的不同，他们对知识、能力、素质要求不同，需要有不同的培养目标。因此，从人的个体发展和实现目标的

---

① 李爱年、谌意桃：《环境法学硕士研究生培养模式的探索》，《湖南师范大学教育科学学报》2010 年第 2 期。

② 刘永鑫：《我国环境法人才培养状况及应对措施》，《牡丹江师范学院学报》（哲学社会科学版）2005 年第 6 期。

差异角度看，环境法学硕士研究生的培养目标应当多样化。

（三）顺应环境资源法学科的发展趋势

环境资源法的产生源于环境保护的实际需要。一方面，环境保护法学是随着环境问题的严重化和国家强化环境管理、加强环境保护立法的迫切需要而产生和发展的，具有很强的实践性；另一方面，环境保护法学是在法学和环境科学相互渗透的基础上形成的，是研究环境保护法的理论与实践及其发展规律的学科，它横跨环境科学与法学，具有很强的学科交叉性、边缘性。全面掌握环境法学，应具备多学科的知识，不仅涉及国内法、国际法以及法理学、行政法、民法和刑法等法学学科，还涉及生态学、环境管理学、环境社会学等其他自然科学和社会科学学科的内容。因此，环境法学研究生培养必须广泛汲取其他部门法学学科的知识，并且必须有其他学科的知识铺垫，尤其是环境科学、生态学等自然科学知识。"环境法教学与研究的方法并非以既定法律制度作事后的分析与描述，其理论和方法须依赖于长期实证资料的积累，或借用经济学、哲学伦理学、政治学、社会学、生态学的理念进行分析"①。

根据教育部颁发的《关于修订研究生培养方案的指导意见》，培养目标"应根据国家对学位获得者的基本要求，结合不同学科专业、不同类型和不同层次的研究生培养以及本单位的特点"制定。但长期以来，我们将环境法学硕士生的培养目标定位在培养具有较高学术和科研水平的教学和科研人才，从课程的设置、教育方式到培养评价基本上以学术性为标准。显然，这难以满足我国环保事业发展的需要，也难以满足当今环境法学人自身发展的需要以及环境法学学科发展的需要。因此，培养目标多样化的复合型人才是环境法学硕士研究生教育发展的必然趋势。具体而言，环境法学硕士研究生培养目标包括：（1）过渡型研究生：培养具有较高学术水平和科研素质的以后攻读博士的人才，对学生的培养侧重于学术研究，在校期间可参与导师的科研项目；（2）专门型研究生：培养掌握系统专门知识的高层次人才，以满足社会专业化程度不断提高的要求；（3）应用型研究生：培养适应社会各专门领域对从业人员特定要求的高层次专门人才。

---

① 汪劲：《环境法学》，北京大学出版社 2006 年版，第 37 页。

环境资源法的人才培养一方面需要为环境立法、执法、司法和环境法学教育等环境法治建设的各个环节提供专业人才，另一方面还需要为全社会环境保护工作的开展进行人才输送。因此，环境资源法的人才培养目标应是多元的而非单一的，但现实中却没有关注到环境资源法人才培养的多元化需求，而是采取了与其他部门法学人才培养相同的单一化方式，此举极大限制了环境资源法人才培养的全面开展。

二 实现环境资源法学专业研究生人才培养多元化目标面临的主要问题

（一）培养目标规定笼统，研究方向不明确

长期以来，由于环境资源法学研究生培养目标单一，研究生培养方案中的培养目标一般都较笼统。据调研，我国环境资源法学硕士的培养目标大致包括以下五方面的要求：第一，思想政治要求，明确规定硕士生政治上掌握马克思主义的基本理论，拥护党的基本路线，品德上遵纪守法，品行端正，严谨求实，团结友爱，勤奋刻苦等；第二，专业知识要求，要求“系统地掌握环境与资源保护法学的基本理论和系统深入的专门知识”；第三，能力要求，主要包括从事环境法教学科研的能力、运用理论解决实际问题的能力、从事立法、执法、司法等法律实务工作的能力；第四，外语要求，要求学生较为熟练地掌握一门外国语；第五，身体要求，明确提出了身体健康或身心健康的要求。从这些培养目标来看，在专业知识方面，强调环境与资源保护法学的专业特点不够；在能力要求上，未突出对实践能力的培养，使得硕士研究生缺乏社会适应性，重理论轻实践，[①] 同时对硕士生的创新意识和创新能力的要求也不够。在此培养目标下，相应的研究生研究方向划分也不规范，如中国环境法、国际环境法、自然资源法、生态法和生态补偿法等，该设置划分不够细致，也缺少对前沿热点问题的研究。同时，对同一个专业但不同研究方向的研究生没有进行专门化的培养，从而阻碍了学生在专业领域的纵深发展。而且，为实现环境资源

① 苏红、杜侦、陈瑞莲：《扩招背景下硕士研究生培养方案的审视与改革》，《黑龙江教育》2007 年第 4 期。

法学研究生培养目标多样化，是否将环境法基础理论或原理划分为一门研究方向，是否将传统部门法与环境法合并为一个研究方向，是否增设一些新兴的研究方向，是否将污染防治法、环境管理、环境政策、外国环境法划为一个研究方向，是否将比较环境法和国际环境法合开等问题，均值得考虑。

（二）课程设置不科学，缺乏前沿理论的研究

环境资源保护法学是一门新兴且交叉性强的法学学科。环境资源保护法学硕士研究生应当具备合理的知识结构，既要有坚实的法学理论功底，掌握传统部门法学的基本理论，又要具备环境科学、环境经济学等其他自然科学、社会科学的基本素养，但长期以来由于受传统的单一的学术性培养目标影响，环境法资源法学研究生培养中常常忽略本学科的特点，必修课太多，多达十几门，且不乏重复开设的现象，而选修课太少，造成学生专业面太窄，欠缺对传统部门法学和环境科学等基础科学的开设，如一些通过国家司法资格考试的环境资源法硕士应聘到企业在从事环境法律事务时，虽熟悉环境法律法规但却不了解企业的相关工艺流程和产品特质，从而直接影响了环境法律事务的开展；环境资源法人才在通过国家公务员考试进入环保等政府行政机关后由于不了解规划、环评等相关专业知识，只能在工作中边干边学，从而使行政机关的工作效率受到影响。① 在专业课程的设置上，课程内容较为陈旧，未紧跟环境资源保护法学的前沿问题及关注环境资源保护法学的最新研究成果，严重阻碍了培养硕士生的独立科研能力和创新能力。

（三）教学内容过分追求学科知识的体系化，教学方法单一

在教学内容方面，教师往往过分追求学科知识体系的系统化和完整性，把知识传授作为课程教学重点，多采取灌输式的单一教学形式，② 忽视硕士生环境资源法学实务能力的培养。虽然系统化的授课内容有体系、教学进度比较容易控制、能够和其他教学方法灵活兼容等，但却往往不能

① 张建伟：《环境资源法人才培养的若干思考》，《中国大学教学》2011 年第 6 期。

② 王健：《构建以法律职业为目标导向的法律人才培养模式——中国法律教育改革与研究报告》，《法学家》2010 年第 5 期。

激发学生对授课内容的关注度和兴趣，课堂讨论不充分，师生交流不足，学生缺乏学习自主性。法学教育的终极目的应当是使学生学会如何去认知和运用法律，而不是灌输纯粹的、既定的、凝固的“一堆”知识，西方国家法学教育发展的历史轨迹可以作为我们有益的参照对象，其要义就是要避免形式主义，走务实之路。在此种教育理念下重新审视《环境与资源保护法学》，它既有根基深厚的基础理论部分，同时也有枝繁叶茂的应用理论部分，因此《环境与资源保护法学》教师在教学设计中更应注意摒弃纯粹理论灌输式的教学设计。

（四）研究生质量考核不全面，研究能力较弱

很多高校规定研究生毕业之前必须发表一定数量的学术文章，并将其与学位获得资格挂钩。要求研究生在校期间发表论文是约束他们学习的好办法，否则他们只会把研究生文凭当作一个重量级的简历，失去其应有的分量。不少学校要求环境法学研究生必须公开发表一篇论文，但对论文发表的质量并未要求，导致很多学生为完成任务而不惜通过各种途径包括缴纳版面费发表一篇论文。加之，近年来研究生急剧扩招，导师指导的硕士生数量增加，导师花费在每个学生的指导时间减少，学生参与课题的数量和深度下降，从而影响了学生的研究能力。环境资源保护法学硕士研究生研究能力的不足，也在一定程度上影响了我国环境与资源保护法学整体的科研水平。

三 环境资源法学专业研究生人才培养目标多元化的实现路径

（一）培养目标具体化，规范适宜的研究方向

针对不同类型的硕士，科学规划不同的培养目标。例如，美国佛蒙特法学院就提出环境法专业硕士学位适用于那些希望从事专门的环境法实务或从事环境法教育、科研或公共政策研究的学生；① 科罗拉多大学波尔得

① Vermont Law School. LLM in Environmental Law ［EB/OL］. ［2011 - 10 - 30］. http：//www. vermontlaw. edu/Academics/Environmental_Law_Center/Degree_Programs. htm，最后访问日期：2021 年 5 月 1 日。

分校则明确提出为那些想加深对美国自然资源法领域认识的律师而设计。① 研究方向的设置应当科学、规范、宽窄相宜。一是研究方向名称规范化，如对国内环境法的基础理论，可以统一设置为中国环境法或环境保护法；二是以环境问题导向确立研究方向，如西部生态环境保护问题；三是传统部门法与环境法交叉的研究方向，如环境侵权问题；四是热点前沿问题下的研究方向等，如气候变化法律问题等。在这四个大的研究方向下灵活设置，如美国佛蒙特法学院设置的研究方向包括生物多样性保护、气候变化、环境正义等；佩斯大学分为气候变化、土地利用与可持续发展；② 科罗拉多大学波尔得分校分为水资源管理与气候变化、栖息地保护与能源发展等。目前，国内划分研究方向最多的是武汉大学，共划分了 8 个研究方向。这表明我国环境与资源保护法学的硕士点研究方向已呈现多样化的趋势，但主流的研究方向只有几个，包括自然资源法、国际环境法、环境保护法、环境法基础或原理、中国环境法、比较环境法等。实际上，研究方向可划分得更为细致，并体现一定的灵活性，反映出当前的研究热点。同时，研究方向不宜大而全，而应顺应社会对人才培养方向的需要，划出 3—4 个主攻研究方向，体现出研究特色。

（二）更新课程体系，设置特色专业

研究生教育作为本科学习的提升及延续，两者最大的不同之处就在于研究生阶段自主学习能力与创新能力的提高。因此，应优化课程设置，更新课程体系，如所设主修课程应使环境法学硕士生对环境法学科领域知识达到一定水平；对本学科、本专业的国内外新发展、新动态有较为深入的了解；辅修课应是使硕士生进入学科前沿而开设的新理论、新技术及适应学科交叉需要的课程，③ 例如：专业的基础课程；扩大知识面和开拓学生

---

① University of Colorado at Boulder Law School. LLM in Natural Resources Law [EB/OL]. [2011-10-30]. http: //www. colorado. edu/law/llm/natres. htm，最后访问日期：2021 年 5 月 1 日。

② Pace Law School. LLM in Environmental Law [EB/OL]. [2011 - 10 - 30]. http: // www. pace. edu/school-of-law/academics/graduate-programs/environmental-law-llm，最后访问日期：2021 年 5 月 1 日。

③ 赵兵：《借鉴国际经验培养研究生创新能力》，《沈阳航空工业学院学报》2004 年第 6 期。

思维的前沿学术动态课程（如法学研究前沿问题）①；加强培养研究生的实际工作能力的课程；与论文写作直接相关的课程（如法学研究方法与论文写作）。同时，环境与资源保护法学是一门典型的交叉性学科，应利用自身的学科优势，开展一些富有特色的专业课程。② 我国高校环境与资源保护法学专业课程开设最多的是四川大学，共 17 门，而美国佛蒙特法学院、路易克拉克大学、俄勒冈大学等学校均开设了 30 门以上环境法专业课程。③ 笔者认为目前亟待开设的几门硕士专业课程包括能源法、气候变化法、环境法实务（包括文书写作和法庭辩论）、环境法研究方法等。

（三）改革教学内容和教学方法

在教学内容的选择和组织上，为避免过分追求学科知识体系的系统化和完整性，要改变把知识传授作为课程教学重点的做法。为此，在内容讲授时，教师应尽量采取专题教学方式，结合自己的学术背景和当前社会实际，向学生介绍有关问题的前沿观点和解决问题的看法和认识；引导学生通过讨论、辩论来表达个人的思想和观点，并促使其课后有目的地对某一个问题在进行系统学习的基础上深入研究。在教学方法上，改革传统的以学科知识体系为线索、以教师讲授为主的灌输式的单一教学形式。课程的组织灵活多样，可以教师讲授、学生提问，也可以采取分任务给学生让学生讲授，教师提问。例如，在讲授中国环境法课程时，可以有两到三次教师和研究生的专题讨论会，由研究生主讲，每次二人，一人担任主持，另一人中心发言，其他同学参与提问。这样既可以引导研究生深入思考，促进研究生去钻研问题，解决问题，扩大知识面，又可以培养研究生的口头表达能力和很好的协作、沟通能力，使学生在课程教学中由被动接受转化为主动参与，实现角色的转变。总之，整个教学过程朝三统一努力，即：教学过程与研究问题相统一；传授知识与培养能力相统一；业务素质与思想素质培养过程相统一。

---

① 发达国家注重拓宽研究生的知识面，强调跨学科课程的学习。

② 2007 年 3 月，教育部法学学科指导委员会在已经确立的法学 14 门核心课程的基础上，将环境与资源保护法学和劳动与社会保障法学这两门课程增列为法学核心课程，但目前还未见正式文件下达。

③ 黄婧：《我国高校环境与资源保护法学专业硕士研究生培养方案评析》，《中国法学教育研究》2012 年第 2 期。

（四）实行研究生多元化质量考核机制

研究生质量考核不能仅以学术水平为唯一标准，在严把毕业论文的选题关和答辩关的同时，采取学分制和弹性学制，对于将来无意从事环境法科研的学生，只要其修满学分，达到培养方案中的课程和论文要求，可以提前毕业；对于兼职学习、意欲从事环境法实务的学生，可适当延长培养期限，最长不超过 5 年。为提高学生研究的积极性，营造学校的学术研究氛围，应要求硕士研究生在校期间公开发表一篇与本专业相关的学术论文的同时，为保证论文质量，应对论文发表的质量或期刊作一些要求，强调论文的学术性，即要总结、归纳环境法治建设或现行环境资源法律存在的问题、根源，并提出解决这些问题的具体思路。

导师应加强对学生学术研究的监督和指导。为了更好地指导研究生，可采取以下方式：一是双向选择方式，即入学半学期后，要求导师从多个角度了解研究生，从而捕捉研究生思维活动的闪光点，塑造社会需要的合格人才。二是对研究生培养的重大问题则实行导师集体指导。环境法学硕士研究生导师集体成员包括环境法所所有教师，集体指导主要表现在负责研究生命题、复试，制订和修改培养方案，负责每位硕士研究生中期考核、学位论文开题、论文的交叉审阅、论文答辩的组织和评价，组织有关学术活动，等等。美国研究生的指导由教师群体负责。这种集体式的指导方式，具有各教授学术、知识优势互补的长处，为研究生提供了较多的学习、研究机会，从而更好地强化了对研究生的指导①。三是聘请兼职指导教师。国内外许多院校的实践证明，聘请兼职指导教师对于完善指导教师队伍结构、增强指导力量具有积极的作用。环境资源法学有很强的综合性和专业性，为了增强学生的实践能力，可聘请具有较强学术能力和实践经验的环保等部门人员作为兼职指导教师，从而拓展学生的思维，更好地满足新时代对复合型人才的需求。四是严格要求指导教师。对指导教师的业务水平、务实作风、道德品质等方面应严格要求，并采取量化的考核指标甚至实行导师淘汰制。若导师三年没有科研项目就停止招生，若要再次招生则必须重新经过导师遴选。

---

① 赵兵：《借鉴国际经验培养研究生创新能力》，《沈阳航空工业学院学报》2004 年第 6 期。

四 结语

环境资源法学专业硕士研究生人才培养目标的优劣折射出我国环境资源法学硕士研究生培养质量的好坏。因此，只有根据新文科建设的要求不断修订培养方案，积极探索适应我国国情的环境资源保护法研究生培养多元化目标及其实现路径，不断解决研究生培养过程中存在的问题，使研究生培养更加科学化、规范化，才有助于为我国培养更多优秀的环境资源法学专业人才。

Training Objectives and Realization Paths for Environmental and Resource LLM Graduates in the Construction of New liberal Arts

Hao Shaoying

Abstract: The training objectives of graduate students in environmental resources law not only affect the education and training of the whole graduate students, but also restrict the urgent demand of environmental law talents for the implementation of the national sustainable development strategy. Under the background of the construction of new liberal arts, the training objectives of postgraduate students of environmental and resources law must adapt to the social needs of postgraduate students of environmental and resources law, conform to the value orientation of postgraduate students of environmental and resources law, and conform to the development trend of the discipline of environmental and resources law. But at the same time, there are also a series of problems, such as unclear research direction, unscientific curriculum, outdated and single teaching method, and incomplete quality assessment of postgraduates. In the construction of new liberal arts, the main ways to realize the diversification of training objectives for LLM graduates are to implement the specific training objectives and standardize appropriate research directions, to update the curriculum system and set up characteristic majors, to choose reasonable and effective teaching methods, and to implement the diversified quality assessment mechanism.

Keywords: new liberal arts; environmental resources law; postgraduate training objectives

知识产权法专业学术型研究生创新能力培养模式研究*

李　艳　陈仕倬**

摘　要：知识产权法专业学术型研究生的创新能力培养是我国法治建设的需要，而且科技发展过程中不断出现的各种新的知识产权法律问题，也要求研究生具备结合所学知识，提出自己的思路和见解的创新能力。本研究提出的知识产权法专业学术型研究生创新能力培养模式，兼顾个性化与整体性，尊重学生个体差异，建立个人创新能力培养档案和创新能力综合评价机制，创新教学方法，采用课上创意写作、辩论式教学，课后建立学生自治型的创新能力培养平台、组织学生参加司法实践等方法，激发学生积极自主创新的热情和兴趣，多层次、全方位地提高研究生创新能力，解决研究生被动学习、缺乏创新的现实问题，达到培养学生创新能力的教学目标。

关键词：研究生；创新能力；个性化教学

法学研究生的培养是推动经济和社会发展的重要因素，事关我国法治建设的完善与进步。但是有研究显示我国研究生质量有下降的趋势，主要体现为问题意识匮乏、科研素养不高、实践能力不强、原创性成果产出不足等问题①，这些问题背后的主要原因是研究生创新能力的缺乏。创新性人才的培养复杂且漫长，具有活跃思维能力和较强创新能力的研究生阶段是创新人才培养的关键时期，因此要抓住研究生阶段这一关键时期，实现创新能力跨越式发展。本研究主要针对知识产权法学学术型专业研究生

---

* 项目基金：西北政法大学2021年校级教改项目“知识产权法专业研究生创新能力培养模式研究”（项目编号：XJYY202103）。

** 李艳，西北政法大学副教授，法学博士，研究方向：知识产权法；陈仕倬，西北政法大学2020级知识产权法专业硕士研究生。

① 参见苏俊宏、徐均琪等《科研赋能教学模式下研究生创新能力培养的探索与实践》，《学位与研究生教育》2021年第2期。

（以下简称知识产权研究生）创新能力的培养，欲解决传统培养模式存在的学生上课被动接受知识、课堂教学与论文写作脱节、学生的创新潜力难以发挥等问题，提出更有助于知识产权研究生创新能力培养的教育模式，调动学生研究的积极性，使学生乐于参与创新能力培养的各项活动，实现培养具有辩证思维、创新思维，具备高度的社会责任感、实践性以及适应性的合格法律职业人的知识产权法专业学术型研究生创新能力培养目标。

一　研究背景

构建研究生创新能力的培养模式，加强法学研究生教育以培养出一批具有极高创新能力的高层次法律人才，既是我国法治制建设的需要，也是响应教育部对于研究生创新人才培养的要求。教育部、国家发改委和财政部 2014 年联合下发的《关于深化研究生教育改革的意见》提出“完善以提高创新能力为目标的学术学位研究生培养模式。统筹安排硕士和博士培养阶段，促进课程学习和科学研究的有机结合，强化创新能力培养，探索形成各具特色的培养模式”。教育部、国家发展改革委、财政部 2020 年在《关于加快新时代研究生教育改革发展的意见》中也提出“坚持创新引领，增强研究生使命感责任感，全面提升研究生知识创新和实践创新能力”“完善科教融合育人机制，加强学术学位研究生知识创新能力培养。”

创新能力培养是知识产权研究生培养的重要内容，也是评判培养成功与否的重要因素之一。对于研究生创新能力培养，当前学界主要针对的是学术型研究生和专业学位研究生，主要涉及存在问题、应对措施、培养模式与机制、环境影响等，但针对知识产权法学专业学术型的研究生的创新能力培养模式的研究较少，研究还不够深入。

二　当前知识产权研究生创新能力培养存在的主要问题

对于研究生创新能力，有学者认为是运用所学知识和发挥创造性的思维，识别问题、提出问题与解决问题的综合能力，也有学者认为是由感知和发现问题能力、批判性思维能力、解决复杂问题能力、书面写作能力等组成的结构体系①。不同于其他法学学科，知识产权法学与社会和科技发展的联系更加紧密，需要时刻发现和研究科技创新、社会发展过程中出现的各种新问题，这对知识产权研究生的创新能力提出了更高的要求，因此，一般的创新能力对于知识产权研究生而言是不够的，在培养过程中还要更加注重研究生关注新现象的意识，发现、总结新问题并将所需知识与新现象、新问题灵活结合的能力。知识产权研究生创新能力的培养需从基础知识的掌握、提出问题的意识和解决问题的能力三个方面进行，但是传统的研究生培养模式存在的诸多问题，不能满足知识产权研究生创新能力的培养需求。

（一）单一的教学内容无法满足创新能力培养需求

有学者认为，课程学习获得知识创新是研究生知识创新能力得到提升最直接的方式，而学术活动是激发研究生创新能力，并使之实际表现的最佳途径②。但传统教学内容单一且陈旧，缺少实践活动的参加和对新问题的研究，容易使学生失去兴趣，而且知识产权法学与科技发展的关系十分紧密，教师仍抱残守缺地带领学生研究旧课题，不仅无法跟上时代发展的步伐，还会导致学生错失追踪专业发展新动态以获得创新的机会。

（二）灌输式教学方法不符合创新能力的培养规律

传统知识产权研究生课程教学主要是教师以课堂为主要场所，以教师为中心向学生介绍、讲解专业知识的灌输式教育方法，学生始终处于被动接受知识的状态，思维被限制，无法发挥创造力，而且学生难以接触到实际问题，不能将所学知识运用到提出问题、分析问题、解决问题的训练过程中，导致学生的课程学习只是对知识的初步理性认知，无法通过实践将所学知识上升到深层的反思性理性层面。此外，研究生创新能力的培养不应限于课堂上，课外的衔接训练也十分重要，灌输式教学方法将课堂教学作为学生培养的主要甚至唯一内容，忽略了学生课外实践中的创新能力培

① 陈凡：《文科硕士生创新能力的内涵、影响因素和培养路径》，《学位与研究生教育》2021 年第 7 期。

② 参见肖阳、温洋、于向鸿、秦方《基于 SFM 的研究生创新能力影响研究——以 A 校研究生院为例》，《中国高校科技》2021 年第 8 期。

养，无法在课堂之外营造一个自主创新的氛围。

（三）统一教学无法根据个体的差异培养创新能力

研究生创新能力应遵循教育规律的发展，以促进研究生成长与发展为出发点和落脚点①，需要满足研究生的个性化需求，因此，在创新能力培养的过程中，要根据每个学生的特点、能力、兴趣等因素为学生制订个性化的培养方案。传统的教育模式延续了本科生的统一教育方式，与研究生个性化发展相悖，严重影响研究生创新能力的培养。首先，我国绝大多数研究生培养单位没有进行学生入学后个人素质与创新能力测评，在后续的培养中无法制订个性化的培养方案，只能采取标准化的统一教学。其次，缺少对学生创新能力发展过程的监控与指导，学生的创新能力培养过程中需要教师的指导与修正，然而传统的统一教学方式下，教师无法把握学生创新能力发展的全过程并进行持续性的指导。最后，统一教学缺少综合、灵活性的创新能力测评方式，不能对研究生创新能力的发展情况作出客观、准确的评价，不利于研究生创新能力的个性化发展，影响研究生创新能力培养的后续进程。

三　知识产权法研究生创新能力培养模式设计

创新能力包括悟性、记忆力和创新素质，其中，个人创新能力的后天培养对于创新素质的提升至关重要。创新素质包括好奇心、直觉和洞察力、勤奋刻苦和集中注意力、人文素质四部分，这四部分是通过后天的学习与锻炼得以提高的，因此知识产权研究生的培养需要充分调动学生的创新兴趣与创新意识，锻炼学生发现问题的能力，引导学生养成勤奋专注的习惯。

（一）课堂教学创新能力培养

1. 教学内容的改革

改变教学内容不加区分的传统教学模式，将教学内容分为知识体系和

① 郭月兰、陈谦：《研究生教育内涵式发展的现代意蕴与实现路径》，《学位与研究生教育》2020 年第 11 期。

前沿专题两部分，两者相互配合，循序渐进地提高学生创新能力。创新的前提建立在知识产权法学基础知识扎实的前提之上，因此课堂学习应在对知识产权法原理、基本概念熟练掌握后进行专题讨论。例如，在商标法专业课程的学习中，首先是让学生自己阅读教材和商标法法条和司法解释，画出商标法体系图，并能够在课堂上给其他同学清楚讲解体系图，以此建立商标法的知识体系。之后在此基础之上进入专题研究，专题的内容选择的是当年的前沿热点问题，先由学生在中国知网上查资料，列出当年的前沿问题，再集体讨论取舍，这种通过讨论方式确定专题的方式可以促使学生关注商标法学科的热点问题，对于培养学生提出问题的能力大有裨益。知识体系学习与前沿专题学习从不同的方面共同培养学生的创新能力。一方面，研究生进行创新，首先要对本专业的基本知识有熟悉而且体系化的认识与了解，继而才能灵活地运用所学知识发现、分析和解决新问题，否则研究生的创新就如同无本之木，知识体系的学习就是让研究生熟悉掌握本专业知识，为创新打下坚实的基础。另一方面，专题讨论有助于学生了解学术前沿问题，促进学生将所学知识运用到前沿问题的分析与解决上，并且在此过程中引导学生发现新的问题，培养学生提出问题的能力。

2. 教学方法的改革

研究生阶段的教学应以学生为中心，着重培养学生科研创新能力，而不是沿用本科教学中以知识传授为主的面对面灌输式教学方法或者名为给研究生案例资料进行研究，实则教师进行解释分析的教学方法。这种以教师讲授为主导的课程组织形式已无法适应知识爆炸时代的需求①，理论知识的学习是研究生课程学习的一部分，但教学过程中不能将知识的学习作为唯一目标，还应当兼顾学生创新能力的培养，将创新能力培养贯穿知识教育的全过程。

（1）创意写作贯穿课堂教学全程

将创意写作贯穿课堂教学中，改变学生在学习中被动获取知识的低效率模式，让学生把重心放在提出问题、分析问题上，增强学生主动提出、思考问题的意识和能力。知识产权研究生体现创新能力的重要方式就是论文，论文的写作是学生对所学知识的创新性运用，学生在课程的不同阶段

① 薛欣欣、胡莉芳：《研究生课程教学中的自主学习：内涵、作用与实践策略》，《研究生教育研究》2020 年第 4 期。

进行论文写作会产生不同的效果，传统的研究生教育中，通常都在课程结束后给学生布置写作小论文作为作业或者作为课程考核，但是这容易使学生将论文写作当作完成课程的任务，使论文写作与课程内容脱钩。如果在课程开始之时，学生就有意识地将所学内容与选题、写作结合，对专业知识的掌握与理解会更深入。例如，在商标法课程中，第一周在布置学生查找商标前沿问题时，要求学生思考该课程论文的选题，每个学生可以选择两个选题，在课堂上讨论哪个选题更有研究的价值。随着学习的深入，还可以更改选题直到选出学生最感兴趣的选题。上课程专题讨论这部分内容时，任课教师可以有意识地与学生个人选题结合，在某个专题的范畴内（如商标的合理使用）让这个学生重点查找该部分资料，在课堂上宣讲商标合理使用的主要理论观点，以及个人的写作大纲和观点，再由其他学生评价、补充。这样的训练方式能够及时地将课程内容与学生写作相结合，潜移默化地培养学生的创新能力，可谓一举两得。

（2）辩论式教学法的应用

逻辑思维能力的训练是培养知识产权法学研究生创新能力的重要一环，在课堂上采用辩论方式是训练逻辑思维能力和表达能力的有效手段。在上课之前由教师提出一个有争议的辩题，学生在课前进行材料收集、辩论策略制定、辩论演练等准备，在上课时由正反两方进行当堂辩论，再由教师对双方的辩论提出意见，并对问题进行讲解。以商标法课程为例，先由教师在课前布置一个辩题，如“商标的使用是否是构成商标侵权的前提条件”，要求学生在课前准备资料，上课时分为正反两方辩论，引导学生运用对自己一方有力的证据，有理有据地证明自己的观点，最后再由教师点评。一方面，这种教学法可以调动每个学生专业课学习的热情，引导学生在课下尽可能地搜集、阅读相关资料，提高学生资料搜集能力和知识总结能力，并进一步巩固专业知识；另一方面，当堂辩论可以让学生在一个紧张的环境下进行语言的组织和观点的表述，很好训练了学生的反应能力和语言组织能力，使得学生的逻辑思维和语言表达都可以得到提高，为培养创新能力打下坚实的基础。

（3）思维导图的灵活应用

传统知识产权研究生培养模式注重从教师的角度研究如何向学生输出知识，实际上，学生如何将知识内化才是学生培养中最重要的，思维导图的运用可以很好地让学生内化所学知识。英国学者托尼·巴赞发明的思维导图充分利用了大脑各方面的能力①，以一个主题图像为中心，并由此放射很多分支联想，形成网状思维，有利于记忆并产生创造性的想法。在培养学生的创新能力时，思维导图是一种有效的工具。首先，思维导图有许多种形式可供选择，学生可以充分发挥想象力，选择满足自己需要的思维导图形式；其次，思维导图的绘制需要以核心知识为基础发散出知识的联想分支，选择什么知识点作为核心，如何发散知识都具有较高自由度，学生在此过程中既温习了所学知识，又能创造性地建立知识体系，培养了创新能力。思维导图可以应用在课程体系建立、论文选题和框架搭建等创新能力培养的多个环节中。倡导多方面应用思维导图符合大脑的思考规律，有利于全脑开发，尤其对于培养学生的创新能力有积极的作用。

（二）课外创新能力培养

培养知识产权专业研究生创新能力，仅依靠课堂教学远远不够，课堂之外的衔接训练也至关重要。我国知识产权研究生培养模式的一大问题就是课程与实践不合理的割裂，课程学习和实践训练机械地与上课和实习画等号，两者的协同效应无法实现。课外创新能力培养是课堂创新能力培养方式的有益补充和延伸，其重点在于为知识产权法专业研究生营造一个创新的氛围和环境。课内课外有效结合，实现培养研究生创新能力的目标。

1. 建立学生自治型的创新能力培养平台

知识产权研究生创新能力的培养，激发创新动力，开发创新潜能是关键，建立学生自治型的创新能力培养平台是课外创新能力培养的一种有效手段。学生自治型的创新能力培养平台的重点在于学生自治，相较于学校和教师的强制安排，学生在自由开放的自治环境下可以根据自己的兴趣需要开展不同的学术活动，有利于激发学生兴趣和热情，同时学生在组织开展学术活动的过程中也能充分发挥创造性。这种培养平台可以是研究会或者研究小组的形式，如知识产权创意写作研究会、知识产权法读书写作小组等。研究会或者读书写作小组以知识产权法学科的名义建立，但是研究会的组织、管理、开展活动采用学生自治的方式，鼓励学生主动参与，自我管理，激发学生的研究热情，达到创新能力的培养目标。研究会或者研究小组可以组织开展写作互评活动，主要采用集体写作论文、集体互评论

① ［英］托尼·巴赞：《思维导图》，李斯译，作家出版社2000年5月版，第83页。

文的方式提高论文写作能力，也可以邀请本专业教师参加，就写作方法予以指导。

2. 学术研究与司法实践结合

组织学生参加知识产权方面的司法实践会议，聆听有学术价值的讲座，促进学术研究与司法实践的有机结合，可以让学生将理论知识和实务问题相互贯通，从理论学习和实践操作两个方面拓宽学术视野，并且可以检验所学内容的应用能力，促进学术思考，为学生后续创新活动打下基础。论坛和讲座范围可以是现场的形式，也可以是线上直播，尤其是国际上的知识产权方面的论坛和讲座，如世界知名大学加州大学伯克利分校的讲座，以及国际级别的讲座都可以通过线上直播的方式聆听。也可以组织有典型性的案例庭审，后者选择收听网络直播的知识产权典型案例，让学生深度了解司法实践中的问题。通过这些学术或司法实践活动，让学生在理论学习之外接触司法实践工作，为写作积累资料，锻炼思维能力，达到培养创新能力的目标。

（三）创新能力的个性化培养

研究生创新能力的培养是研究生教育的重要目标，但是实现这个目标需要多种因素促成。在研究生创新能力的培养机制中，往往考虑的是研究生整体的创新能力的培养，容易忽视学生的特点，每个学生的智力、努力程度、求学背景等的不同点决定了创新能力的差异性。因此有必要秉承因材施教的理念针对研究生个体做出个性化的创新能力培养方案，在提高个人的创新能力的同时，提高研究生整体的创新能力。

1. 建立个人创新能力培养档案

实现研究生个性化培养，需要完成研究生创新能力初步评估、创新能力培养过程记录和创新能力综合评价三方面的内容，为知识产权法研究生建立个人创新能力的档案，跟踪研究生创新能力提高的成长轨迹是实现研究生创新能力个性化培养的一个重要手段。具体做法是在学生入学之初建立个人创新能力档案，记录学生的基本信息、兴趣方向、创新经历等信息并对其创新能力进行初步评估。每学期记录学生参与创新能力培养的活动与创新能力提升的表现，如学术论文的撰写与发表、课堂学习中创新性观点的提出、取得的成绩等。根据个人档案，指导教师对学生作定期指导，通过学生进行创新活动的频率，创新结果的质量来判断学生创新能力的发展状况，及时发现学生创新能力发展中出现的问题，帮助学生认识自己在创新能力培养过程中的不足，并提出改进建议。

2. 建立个人创新能力综合评价机制

传统的个人创新能力评价依据主要是结课论文质量或者期末考试成绩，这种单一的评价方式只能反映研究生对基本知识的掌握，难以全面反映研究生的创新能力。研究生个人创新能力是从多方面体现的，而且多元的个人创新能力对于培养学生创新意识和创新思维具有促进作用，因此应当建立个人创新能力综合评价机制，从多种途径来评价学生的创新能力。首先，利用综合课程考核体系来评价，将课程论文、读书笔记、案例讨论等与期末考试或者毕业论文综合起来考察学生的日常创新意识、知识融合能力与问题分析和解决能力。其次，课外实践活动可以很好地反映学生的创新能力，因此可以根据学生的实践活动与实践成果来评价。最后，将学术竞赛作为考核内容之一，学生的创新能力需要通过科研成果来体现，将学术竞赛作为考核内容，通过竞赛结果和研究成果客观综合地考察学生的创新能力，并且可以有效激励学生参加学术研究的主动性。

四　知识产权研究生创新能力培养模式的预期效果

本文提出的知识产权研究生培养模式是根据创新能力培养规律，针对传统知识产权研究生培养中存在的问题而设计的培养模式，在未来的实施中欲取得以下三方面的效果。

（一）增强学生创新意识

在课程学习中强调创新的重要性，将传统的教师为中心、授课为重点的教育模式转变为以学生为中心、以创新为重点的教育模式。加入热点前沿问题与案例，采取辩论式、情境化、自治型的教学方法，让学生尽可能多地接触、讨论实际问题，改变学生在学习中被动接受知识的状态，积极参与到课堂研讨中，在基础知识学习的过程中自觉地把所学知识与实际问题相结合，既加深学生对知识的印象，又能增强学生在学习中的创新主动性和创新意识，在日常学习中潜移默化地培养学生自主创新的习惯。

（二）提高学生科研能力

研究生的创新能力需要通过科研成果来外化，科研能力成为衡量法学研究生创新能力的重要指标。科研活动需要的问题创新意识、问题分析能力和问题解决能力是研究生创新能力的具体表现，而且科研活动是学术型研究生进行创新的主要途径。该教学模式在课堂教学中将知识学习与创意写作有机结合，开展课堂辩论，向学生介绍并引导学生在学习的各个阶段中使用先进的思维导图法，一方面可以提高学生科研意识，另一方面也能让学生的科研能力得到锻炼与提高。在课后的时间段里，鼓励学生参加各种学术论坛、学术活动，建立自主研究小组，打破将学术研究视为学业任务的传统观点，让学生的科研意识与科研能力在日常生活中得到提高与锻炼。

（三）实现创新能力个性化发展

研究生个人的能力与特点对于创新能力的提高有关键作用，是研究生个人创新能力培养的内在因素①。在研究生培养中，研究生的创新能力培养需要多种因素促成，该教育模式改变传统研究生教育模式下将研究生整体的创新能力的培养作为主要考虑对象的情况，建立研究生个性化培养机制，着重考虑每个学生在培养创新能力中的个体化差异，将每个学生的智力、努力程度、求学背景等作为学生创新能力初步评价的考虑因素，并秉承因材施教的理念针对研究生个体做出个性化的创新能力培养方案，在提高个人的创新能力的同时提高研究生整体的创新能力。

五　结论

知识产权研究生的创新能力培养是我国法治建设的需要，高层次的创新型知识产权人才对国家发展有着极大的推动作用。本文针对当前研究生教育模式下存在的学生被动接受知识、课程教学与论文写作脱节、学生的创新潜力难以发挥等问题，根据研究生创新能力培养的规律，对知识产权

① 参见王宇、陈刚、裴健《研究生创新能力“立体”培养的探索与实践》，《实验技术与管理》2018 年第 9 期。

研究生教育模式进行改革，在课程教学中穿插热点问题，将课堂教学与课外实践训练相衔接，丰富研究生教学内容；应用创意写作与知识学习结合、辩论式教学、思维导图等创新性教学方法潜移默化地培养学生的创新能力；建立创新能力个性化培养机制，根据学生能力制订个性化培养方案。经实践证明，改革后的教育模式取得了初步成效，受到了学生的欢迎和一致好评。根据学生的反映与实际效果，将会对该教育模式作进一步的完善，使其更有助于培养知识产权研究生的创新能力。

Research on Innovative Ability Training Mode of Academic Postgraduate Students of Intellectual Property Law

Li Yan　Chen Shizhuo

Abstract: The cultivation of innovative ability of academic graduate students majoring in intellectual property law is necessary for the construction of the rule of law in China, in the other side, emerging new problems in the development of science and technology also require postgraduate students having the innovative ability to put forward their own ideas and opinions based on the knowledge they have learned. The innovative ability training mode proposed in this study takes into account both individuality and integrity, respects the individual differences of students, establishes personal innovative ability training files and comprehensive evaluation mechanism of innovative ability. This mode adopts creative writing and debate teaching in class, establishes a platform for cultivating innovative ability and self - governance by students platform after class, organizes students to participate in judicial practice and other methods to stimulate enthusiasm and interest of students in active and independent innovation, improves the innovation ability of postgraduates from different levels and aspects. Finally this mode can solve the practical problems of students' passive learning and lack of innovation, achieve the teaching goal of cultivating students' innovative ability.

Keywords: postgraduate student; innovation ability; individualized teaching method

智能媒体环境下新媒体课程设置的英国经验*

李晓梅**

摘　要：快速迭代的智能媒体作为当下社会的基本操作系统，持续助推媒介化社会进一步形成，同时也为高校新媒体教育带来了新的挑战。在拥有领先人工智能技术并涌现出BBC、《卫报》等媒体创新典范的英国，大学中的新媒体教育日益成熟。本研究选取四所具有代表性的英国大学，对其本科教育阶段数字媒体课程设置情况及经验进行分析，为我国新媒体教育改革提供借鉴。

关键词：智能媒体环境；新媒体；课程设置；英国

随着5G移动互联时代的到来，以大数据、云计算、人工智能等为代表的智能媒体技术正在重塑传媒生态，形塑媒介化社会，冲击已有的新闻传播教育尤其是网络与新媒体人才培养体系。网络与新媒体专业建制虽只有12年，但发展迅猛，截至2021年年底，全国已有314所高校开设该专业。① 在“万物皆媒”渐成可能的智能环境下，网络与新媒体专业如何创新人才培养模式，尤其是如何进行数字媒体②课程设置，因应媒介化社会

---

* 基金项目：陕西省教育科学“十三五”规划2020年度一般项目“智能媒体环境下高校新媒体人才培养中的问题、突破与转型”（SGH20Y1147）和2022年西北政法大学教育教学改革研究项目《基于创新创业能力提升的〈网络营销〉课程混合式场景化教学改革研究》（XJYB202226）。

** 李晓梅，西北政法大学新闻传播学院（艺术）学院副教授，传播学博士，研究方向：新媒体与社会。

① 教育部历年公布的本科专业备案及审批结果相关文件：中华人民共和国教育部—政府信息公开—普通高等学校本科专业设置通知，http：//www. moe. gov. cn/jyb_xxgk/xxgk/neirong/fenlei/sxml_gdjy/gdjy_bkzysz/，2022年5月25日访问。

② 在我国，“网络与新媒体”和“数字媒体”分属不同的学科，前者纳入新闻传播学科，归属“新文科”的范畴，后者包括“数字媒体技术”和“数字媒体艺术”两个专业，和计算机、

的挑战，值得关注和研究。

一 背景

（一）智能媒体对新媒体教育的影响

智能媒体是指智能技术介入传播的生产、分发和与受众的互动反馈环节并使各环节具备智能化趋势。[①] 主要表现为：人机协作促成更快速高效的内容生产；算法催生更为准个性化的内容分发；内容终端实现场景化和体验化，信息传播更为智能和个性化。智媒环境下，“传媒行业与社会的边界逐渐模糊，传媒渗透到社会各行各业，成为界定社会属性的重要维度、社会运行的操作系统”[②]。伴随人工智能技术与新闻传播实践的深度融合，基于算法的信息分发、机器人写稿、虚拟现实技术（VR）、增强现实技术（AR）、无人机技术等人工智能技术在传媒行业普遍应用，不仅深刻影响着传媒产业的发展变革，同时也正在助推媒介与社会一体同构的智能媒介化社会的形成，对网络与新媒体人才培养提出了新的要求，旨在为媒体培养人才的传统新媒体人才培养目标亟待更新。

（二）智媒环境下英国数字媒体人才培养的研究价值

英国是21世纪人工智能发展领域的世界领导者之一，拥有领先的人工智能技术和强大的学术研究文化。伴随新媒体技术迭代对传媒的影响，BBC、《卫报》等国际知名媒体较早开展了数字化转型以及智媒创新方面的实践探索，对全球传统媒体转型产生了借鉴和引领作用。作为较早开设数字媒体专业的国家之一，英国借助发达的产业背景和进步的教学理念，经过多年探索与实践，数字媒体人才培养逐渐走向成熟，对我国新媒体专

艺术学等学科相关，偏向于“新工科”和“新文科”。本研究主要考察“网络与新媒体”专业的课程设置，但在英国大学，与之对应的专业通常表述为“digital media”，翻译为“数字媒体”。因此，本研究中的英国“数字媒体”专业在内涵上等同于我国的“网络与新媒体”（新媒体）专业。

① 李明德、王含阳、张敏、杨琳：《智媒时代新闻传播人才能力培养的目标、困境与出路》，《西安交通大学学报》（社会科学版）2020年第3期。

② 廖祥忠：《未来传媒：我们的思考与教育的责任》，《现代传播》2019年第3期。

业发展建设具有重要参考价值。

本研究选择 QS 世界大学 2022 年传媒学排名前 100 位的四所具有代表性的英国大学（伦敦大学国王学院，排名第 29 名；伦敦城市大学、谢菲尔德大学、威斯敏斯特大学，排名 50—100 名），就这些学校本科教育阶段数字媒体课程设置情况进行观察和分析。

二　英国大学本科数字媒体课程设置的主要类型

英国大学本科学习一般只有三年，就传媒学科而言，形成了模块教学的课程阶梯，每个学年的模块由核心和选修课程组成。大学一年级一般以通识性的核心课程为主，不涉及选修课程；步入三年级，学生在修满学分的同时，毕业设计是最为重要的任务。依据数字媒体课程设置的突出特点，本研究选择的四所大学可以分为以下三个类型。

（一）基于培养学生“大传播”实践能力的数字媒体课程设置：伦敦城市大学

伦敦城市大学数字媒体专业打破了传统新闻学院在数字媒体教学中融入写作、采访等基本课程的模式，课程模块简洁实用，聚焦于数字媒体环境下，与社交媒体、音视频生产相关的知识与实践，培养学生在“大传播”① 社会中掌握数字媒体开发、创意、运营、思考等基本能力。在三年的核心模块教学中，呈现因应智能媒体发展、培养学生递进型能力的课程设置特点。

1. 智媒环境下基于“能力递进”的部分新媒体课程

（1）《交互媒体设计与脚本撰写》：开设在一年级核心课程中，学生学习以用户为中心的动画设计原则和方法、脚本撰写等，学习基本的交互媒体叙事技能，为后续进阶课程打下基础。课程考核旨在测试学生的创造能力和解决问题的能力。结课后，学生需要采用动画技术进行可视化叙事，完成动画作品及 1500 字的报告。教学方式包括讲授、研讨会、辅助阅读课程和参观展览，实地考察、案例分析和演示等。

---

① “大传播”更为强调媒体之外的机构、企业、个体等运用社交媒体、生产发布沟通信息的方式，不再拘泥于媒体与受众之间的信息传播。

（2）《数字媒体实践》：开设在二年级，总学时长达300小时，其中150小时为引导式独立学习。这门课程通过进一步引领学生参与不同的项目，学习以用户为中心的设计方法，帮助学生学习全息图、虚拟现实和增强现实等新兴技术。课程批判性地分析关键理论概念，加深了学生对人机交互理论、以用户为中心的设计及其实际应用之间关系的理解。

（3）《为用户体验而设计》：这门三年级必修课程总学习时间为150小时，课程鼓励学生创意新颖的用户体验设计，批判性地评估用户体验（UX）实践，探索设计可能对用户体验和社会产生的广泛影响。课程涵盖了新兴技术和理论，技术内容覆盖脑机接口、身体改造和增强接口、增强现实接口、虚拟现实接口设计、物联网、无人机媒体、聊天机器人、数据库等新兴技术；理论知识涉及监视资本主义、数字媒体消费、注意力经济、人机交互中的情感、记忆和话语实践、“用户”/生产者、有争议的技术研究、可用性和用户体验、人机交互和可穿戴设备、神经营销等。[①] 考核形式为课程作业，其中批判性地分析已有的新颖用户界面和用户体验的案例研究占比20%，2500字左右；关于用户界面的项目提案，占比30%，2500字左右；完成拟议中的新型数字人工作品，占比50%。

以上课程帮助学生逐步从技能学习、思辨认知进入基于用户需求、完成真实作品的层级；总体而言，课程设置聚焦于培养学生面向用户需求的实践能力。

2. 毕业设计中凸显智媒技术运用

自2012年以来，数字媒体专业所在的计算和数字媒体学院已经为毕业班同学连续举办了10届毕业作品夏季秀。数字媒体专业学生毕业作品的起点，源于基础课程阶段自己构想的数字媒体工作研究计划，伴随参与式课程进阶，这个研究计划不断完善为真实的设计作品，综合体现学生将媒介技术、设计和研究能力融为一体的应用能力。2020年以来，夏季秀中涌现了一批表现突出的数字媒体专业学生毕业作品，如《虚拟电影学院网站设计与搭建》《机上乘客舒适度的虚拟现实设计》《英雄联盟世界增强现实应用程序》《歌手艾米·怀恩豪斯增强现实粉丝杂志》《为野格

① Module Catalogue：https：//intranet. londonmet. ac. uk/module－catalogue/record. cfm？ mc＝SM6069，2022年6月30日访问。

酒举办的增强现实社交媒体活动》等。[①] 作品中虚拟现实和增强现实等理念与技术的采用，显示出数字媒体专业教学面向智媒技术和思维的及时调整。

（二）交叉融合的跨学科数字媒体课程设置

1. 伦敦大学国王学院：数字媒体和文化专业

伦敦大学国王学院数字媒体与文化专业作为英国首个跨学科本科专业，其数字文化研究在全球享有声誉。专业课程汇集了人类学、文化和媒体研究、社会学、计算和信息科学的理论和实践方法，学生主要学习包括数字政治、大数据、社交媒体、人工智能和互联网在内的主题知识，批判性地解读新媒介技术带给社会、政治和经济的挑战和机遇。学生毕业后，可从事广告、新闻和出版等领域的数字策划、管理工作。数字媒体与文化专业第一学年只开设《数字政治》《数字方法》《新媒体理论》等 7 门必修的核心课程；第二和第三学年除核心课程外，分别开设了 6—7 门选修课，其中《编程导论》《人工智能、文化与社会》反映出数字媒体与文化专业对智能技术的重视。

2. 谢菲尔德大学：数字媒体和社会专业

谢菲尔德大学的数字媒体和社会专业倾向于通过社会学的视角理解数字媒体与人类社会的互动，探讨数字社会中出现的特定问题。相比于英国其他大学的数字媒体本科课程，谢菲尔德大学的专业课程兼具数字媒体和社会学的知识与运用，内容显得更为博杂。第一学年的核心课程涵盖了《社会研究导论》《数据可视化》《数字方法研究简介》《数字媒体与社会》等五门重要的基础课程，其中《数据可视化》主要是学习计算机语言 R 语言，学生期末考核需要通过大量准备，完成主题性编程绘图和批判性的论文写作。第二、第三学年开设的 4—5 门核心课程，大多和数字媒体的理论与技术相关。每一学年开设 30 多门与数字媒体、社会学研究相关的选修课程，数字媒体方面包括了分析新闻、媒介法、数字营销、数字文化等课程，社会学方面则涵盖了性别、儿童、犯罪、伦理、当代社会和文化等课程。第三学年开设的选修课程《算法、人工

---

① Students projects：https：//www.londonmet.ac.uk/schools/computing-and-digital-media/student-work/digital-media/，2022 年 7 月 5 日访问。

智能与社会》旨在帮助学生辩证地理解算法、人工智能对社会带来的促进与伤害。

（三）基于学生兴趣细分方向的数字媒体课程设置：威斯敏斯特大学

威斯敏斯特大学作为媒体教育的先驱，在英国开设了首个媒介研究学位。学校借助伦敦作为全球主要的创意、思想和技术枢纽城市的优势，为学生提供优质的学习和实践环境。2014 年，威斯敏斯特大学新增数字媒体专业，致力于培养学生通过数字平台创建、分享和沟通用户信息的能力。学生需习得内容创作、数字媒体制作、讲故事和研究方面的技能，以及对媒体社会角色的批判性认知。威斯敏斯特大学数字媒体专业的培养周期为四年，在第二学年和第三学年之间，学校设置了一个额外的学年，学生们有机会从超过 3000 家实习和学术机构选择实习，或是出国学习扩展教育经历。学生毕业后可从事数字内容生产、网页设计、新闻采访、广播、公关、广告或研究等数字媒体岗位工作。

1. 基于学生兴趣的专业细分

威斯敏斯特大学数字媒体专业全日制本科生每年需要修满 120 学分。专业课程分为四个细分方向，每个方向包括核心模块和选修模块。核心模块是所有方向学生的必修课；选修课是来自整个大学或学院的模块，通常与学生选择的方向相关，旨在帮助学生拓宽学科视野。数字媒体专业的所有学生都将在第一学年学习数字媒体的基本原理，生产数字内容，发展研究技能，并对核心学术概念形成批判性理解。在第一学年结束时，学生需要基于兴趣爱好从四个方向中选择其一进入第二、第三学年的分支专业学习。细分方向包括：（1）数字媒体制作：适合需要媒体制作、网页设计、商业广播和音频讲故事等实践课程的学生；（2）数字媒体与传播：适合对网络文化、数据与社会以及媒体与传播研究感兴趣的学生；（3）数字媒体公关和广告：适合想要探索营销传播和消费文化的学生；（4）数字媒体与新闻：面向打算从事新闻工作的学生，关注故事、多平台新闻、媒体法律以及出版物发布。① 学生的最终学位将反映出所学的专业方向，如

① Digital Media BA Honours：https：//www.westminster.ac.uk/media-and-communication-courses/2023-24/september/full-time/digital-media-ba-honours，2022 年 7 月 2 日访问。

数字媒体和新闻（荣誉）学士学位。

2. 课程中智媒知识与技能的渗透

数字媒体专业开设在第二学年的共享核心课程《数字媒体工作 1》主要是帮助学生了解不同数字平台中的媒介内容生产的基础知识。第二学年中的选修课《人机交互和用户体验》涉及学习不同数字媒体平台的相关知识，包括多媒体格式，创建和推广故事和内容，考虑不同受众的需求，课程重点关注音频和视频内容的生产。第三学年中的细分方向模块中，选择“数字媒体与传播”和“数字媒体公关与广告”这两个模块的学生，需要学习必修课《数据与社会》。第三学年中各方向的选修课中，《用户体验与应用设计》作为《人机交互和用户体验》的升级版课程出现；《数字媒体工作 2》主要讲授跨平台展示和应用的先进数字生产技能，涉及 3D 打印和虚拟现实技术的学习。

三 英国大学本科数字媒体课程设置典型经验

（一）重新定位数字媒体人才培养目标

“万物皆媒、人机合一、自我进化”三大智媒特征将不仅改变现有的传媒形态和格局，同时，还会对人类社会和文化的方方面面产生深刻影响。“智能媒体的内容生产与传播，主要表现为去中心的个体化、智能化协同生产制作和传播。”① 但国内现有的网络与新媒体人才培养，并未因应智能媒体内容生产和传播方式的变化，依然因循传统新闻学的课程设置，倾向拘泥于媒体形态去强调内容生产技能，而轻视人机协同、智能化社会关系等知识的输出。在“大传播”的环境下，网新专业的培养目标不必然是对新闻价值的塑造，而是培养人才在媒介化社会中运用数字媒体参与内容生产、服务、经济生活等的相关能力。课程设置更应根据传媒新业态，社会智能化、媒介化的特点，有步骤地调整人才培养目标和教学内容。伦敦城市大学数字媒体专业的培养目标是为学生提供在不断增长和变化的数字领域充分发展所需的实践技能和知识，获得设计、生产、营销和管理方面的专长，因而课程设置聚焦于对应业

① 廖祥忠：《未来传媒：我们的思考与教育的责任》，《现代传播》2019 年第 3 期。

界需求的数字形象、网站和手机 App 设计，视频后期生产以及 3D 动画软件设计。伦敦大学国王学院数字媒体与文化专业的目标是培养学生掌握网络技术和数据如何影响人类生活的相关知识，便于学生毕业后从事社交媒体分析，UX 设计，数字项目管理和数字营销，或进一步致力于法律、通信和商业分析等领域的研究生学业；专业培养目标更为开阔。相比于传统意义上将网新人才培养与传媒行业相接轨的专业培养目标，英国大学更为明确地提出面向社会培养数字媒体应用人才的教育目标，开设的课程紧跟社会需求，更为务实。

（二）强调技术理性与人文主义平衡的批判思维

数字技术的发展对传媒教育产生了直接而深刻的影响，同时也引发了关于技术与人文关系的冲突。当下，国内新媒体教育相比较新闻传播学科其他专业的教学，更为偏重对技术的强调。此外，国内网络与新媒体专业设置的导论型课程较多，如《网络与新媒体概论》课程，作为网络与新媒体专业的核心基础课程，偏重从新闻传播角度考察网络与新媒体技术的发展、内容生产、分发和影响等；在智媒环境下，与算法、人工智能相关的专门课程少有开设，相关主题一般只作为《网络与新媒体概论》课程内容中的章节少量出现，以至于元宇宙等加速发展的虚拟现实媒介、算法文化、人工智能与媒介、社会的相关知识，在网络与新媒体的课程教学中未能系统地呈现，进而引发学生的思考和关注。在本文考察的英国四校中，无论是数字媒体专业的培养目标还是算法及人工智能专业课程，均强调训练和培养学生面对数字技术发展的批判思维。也就是说，所设置的《编程导论》《数据可视化》《交互媒体设计》《人机交互与用户体验》《数字游戏》《算法、人工智能和社会》等课程，在强化训练数字媒体专业学生的数据思维、智能思维和应用能力的同时，尤为强调批判思维能力对学生学习和实践的重要性。网络与新媒体专业兼具媒介技术与人文学科的双重属性，必须在因应业界需求，培养学生技术能力的同时，遵循人文价值理性的逻辑，帮助学生辩证地理解媒介与社会、新媒体与技术之间的关系，以批判思维超越并引领、约束技术主义对数字媒体教育的影响。

（三）重视以学生为中心的学科交叉融合

“学科互渗是新媒体专业人才培养的核心定位与实践起点。”① 近年来，一些大学尝试了交叉融合的专业设置，如西安交通大学网络与新媒体专业借助学校计算机与社会学学科的办学优势，细分方向为智能传播与交互、数字媒介与网络社会，呈现学科间交叉融合的鲜明专业特色。但是，总体而言，目前大多数国内网络与新媒体专业开设在新闻传播学院，学科互渗的培养模式还未形成，新媒体专业课程设置缺乏特色。本文研究的四所英国大学，较早探索学科间的交叉融合，除威斯敏斯特大学数字媒体专业开设在传媒学院外，伦敦城市大学数字媒体专业下设在计算与数字媒体学院、伦敦大学国王学院数字媒体与文化专业下设在艺术与人类学院数字人文系、谢菲尔德大学数字媒体与社会专业下设在社会学院社会系；以上专业在充分评估学科间交叉可能性的前提下，努力重建培养对象的知识结构和能力结构。除过探索学科交叉融合，以上专业通过个性化的课程模块，引领并满足学生专业学习的兴趣，强化了以学生为中心的教学理念。

（四）注重创新创业教育

英国数字媒体课程融入创新创业思维，继承并创新了传统新闻传播学科“做中学”的实践教学方式。概言之，首先就是在教学方式上课程仍采用“做中学”的方式，但是侧重点不再是新闻采编实务，而是重视与“大传播”实践活动相关的业务技能与创新创业能力的培养。其次，实验室成为创新实践基地。伦敦大学国王学院数字人文系与 Serpentine（蛇形画廊）合作建立了创意 AI 实验室，师生与机构合作，通过 AI 技术对画廊、博物馆等机构的艺术策展活动进行创意设计。此外，重视借助科研项目创新社区服务，强化社会参与。如伦敦城市大学数字媒体专业学生在教师指导下，共同参与工人作家和社区出版商联合会（FWWCP）100 多万份出版物的数字馆藏分类和编目工作。

---

① 安珊珊：《建制激增、学科互渗与课程互构：网络与新媒体专业教育的结构性特征与关键问题》，《现代传播》2020 年第 8 期。

四 结语

英国大学本科阶段的数字媒体课程设置具有明显特色，其中人才培养目标的重新定位、学科交叉融合、培养批判思维和注重创新创业，对我国网络与新媒体专业改革具有一定启发和借鉴意义。但是英国大学的探索也暴露出一些问题。比如，谢菲尔德大学数字媒体与社会专业虽然将社会学与技术带动下的媒介传播进行交叉结合，课程设置了丰富的选修课，给予学生个性化培养的空间，但课程设置整体上较为松散、缺乏递进培养的严谨性，且更偏重于思辨性知识的输出，忽略了新媒体课程在技术实践方面的特别要求。

伴随社会高度媒介化发展，智媒环境下的网络与新媒体人才培养尤其是课程设置必须超越狭隘的媒体行业属性，呼应更为广阔的社会运用领域和用户需求，以更为开阔的“大传播”的培养思路，融合其他学科专业的发展思路，走融合交叉的发展道路；平衡技术与人文之间的冲突，在强化学生实践能力、创新创业能力的同时，注重培养学生批判思维能力。智媒技术发展日新月异，在“加速”时代，高校新媒体教育者需要保持对媒介化社会的敏锐洞察，及时捕捉社会发展和技术进步的变化，与时俱进定位新媒体人才培养目标，不断调整课程结构、内容和教学方式，探索富有特色的专业发展模式，培养创新型复合型的新媒体人才。

The UK Experience of New Media Curriculum in Intelligent Media Environment

Li Xiaomei

Abstract: With the rapid iteration of intelligent media which as the basic operating system of the current society, promotes the further formation of the media society, but also brings new challenges for the new media education in universities. In the UK, which boasts leading artificial intelligence technology and the emergence of innovative media models such as the BBC and the Guardian, new media education in universities is increasingly mature. In this study, four representative British universities were selected to analyze the curriculum settings and experiences of digital media at undergraduate stage, so as to provide reference for the reform of new media education in China.

Keywords: intelligent media environment; new media; curriculum setting; UK

混合教学模式下提高有效人际互动路径研究*

——以《社会保障学》为例

李 蔚**

摘 要：线上线下混合教学成为当前主流的教学模式。此种模式虽然克服了空间限制，但却存在人际互动不足的缺点。人际互动是影响课堂教学质量的重要因素之一。本文以 Laurillard 对话教学理论体系中协作型教学框架为指导，基于教学实践，得出结论：团队合作、教学环境、反馈机制是形成协作型教学、打破对话僵局的关键。设计有利于建立对话的、多样化的课堂活动形式，能够激发学生的团队合作。合理模块化线上线下的教学内容、开放式教学导入方式、传统教师角色的转变、加强情感联结能够营造和谐的教学环境；反馈主体的多样性、反馈方式的鲜活性、反馈的即时性与相关性是建立有效反馈机制的关键。

关键词：混合教学；人际互动；团队合作；教学环境；反馈机制

新冠肺炎疫情暴发以来，高校教学模式发生了巨大的转变，以线下线上的混合教学模式以及线上课程成为授课的重要模式。但同时，线上授课如何做到与线下授课质量实质等效是一个重要问题。线上教学的不足主要在于，师生、生生之间互动交流减少，缺少面对面的互动、交流和合作会

---

* 基金项目：陕西省高等教育学会 2021 年高等教育科学研究项目（XGH21158）；陕西本科和高等继续教育教学改革研究项目（21JZ005）。

** 李蔚，西北政法大学政治与公共管理学院讲师，研究方向：社会保障与劳动关系。

导致学生的学习效率降低[①②③]，尤其在需要开放性讨论、广泛交流的文科类课程中，这一点表现尤为显著。Pekrun 等[④]提出，线上教学常常缺少情感联结，导致讨论交流不充分。学生之间也缺乏交流动机，尤其是处在被动学习状态的学生由于平台的隐蔽性导致学习质量的下降。本文将探寻相关理论，结合《社会保障学》课程教学改革，探索混合教学促进教学互动的有效路径。

一　混合教学中教学互动的文献研究

人际交互是影响学生学习、线上学习动机的重要因素[⑤⑥]。教学互动是有意义的交流，能够鼓励学习者思考，形塑有意义的知识获取方式，达到学习目标。有效互动不只是必要的交流，还能够鼓励学习者采用更加深刻、创新的方式思考[⑦]。

学生学习过程与学习效果研究一直是在线教育研究的热门方向。前者包括学习体验、合作学习、在线社区与学习互动，后者集中讨论满意度、持续使用与学习效果[⑧]。教学研究表明，人际互动包括师生互动和生生互

---

① BULLEN M. , Participation and critical thinking in online university distance education. *Journal of Distance Education*, 1998, 13 (2): 1-32.

② TERRELL S. R. , DRINGUS L. P. , An investigation of the effect of learning style on student success in an online learning environment, *Journal of Educational Technology Systems*, 2000, 28 (3): 231-238.

③ WARD M. , NEWLANDS D. , Use of the Web in undergraduate teaching, *Computers & Education*, 1998, 31 (2): 171-184.

④ PEKRUN R. , LINNENBRINK - GARCIA L. , *Academic emotions and student engagement*, New York, USA: Springer, 2012: 259-282.

⑤ Anderson T. , Interaction in learning and teaching on the educational semantic web, *Interactions in online education: Implications for theory and practice*, 2006: 141-155.

⑥ Garrison D. R. , Cleveland-Innes M. , Facilitating cognitive presence in online learning: Interaction is not enough, *The American journal of distance education*, 2005, 19 (3): 133-148.

⑦ York C. S. , Richardson J. C. , Interpersonal Interaction in Online Learning: Experienced Online Instructors' Perceptions of Influencing Factors, *Journal of Asynchronous Learning Networks*, 2012, 16 (4): 83-98.

⑧ 刘震、陈东：《近二十年国外在线继续教育研究综述——基于 Citespace 的可视化分析》，《清华大学教育研究》2019 年第 4 期。

动两种类型，是影响在线教学成效的关键因素①②③。李琳琳在调查了上海市 8850 位教师后发现，总体上教师群体认为在线人际互动相对传统课堂更差，特别是生生互动的频率和效果均下降更多。④ 以西部某大学的教育学课程为个案，对 179 名成人在职学生为研究对象，得出研究结论：成人学习者缺乏双向沟通，教师主动引导与干预不足；无意义回复占比大，有意义回复层次低等⑤⑥。在线课程中提高人际交互频率和效果成为难题。

要解决这一问题，需要打破对话僵局，搭建有效人际互动模式，采取对话教学理念的协作型学习模式是解决问题的选择之一。通过真实情境，师生、生生之间多向互动，展开平等的对话和探讨，构建学生分析问题和解决问题的能力⑦。

Laurillard（2012）构建的会话框架作为描绘对话教学过程的一种实践性分析与设计工具，认为有效的会话过程涉及概念理论（知）和实践（行）的生成与调整，课堂教学应该形成师生、生生之间、学生与教学环境之间不同的对话层次。Laurillard 还阐述了获取型、讨论型、实践型和协作型学习模式的作用机理，提出了可供选择的信息技术推动学生形成合作型交互式的学习循环，其中协作型学习模式能够覆盖主要的四个对话循环（见图 1）。从图 1 中可以看出四个对话循环分别是：2、4、5、7 形成的教师实践模式循环，表示教师设计教学环境、教学实践，学生学习并付诸实践的过程。8 代表学习者之间的同伴实践循环；9 代表的同伴交流循

① 郑勤华：《学习理论与远程教育成本—效益实现路径研究》，《开放教育研究》2014 年第 5 期。

② Githens，R. P.，Understanding Interpersonal Interaction in an Online Professional Development Course，*Human Resource Development Quarterly*，2010，18（2）：253-274.

③ 陈丽：《远程学习的教学交互模型和教学交互层次塔》，《中国远程教育》2004 年第 3 期。

④ 李琳琳：《在线教学人际互动的混合研究——上海高校教师的视角》，《华东师范大学学报》（教育科学版）2021 年第 7 期。

⑤ 李毅、石晓利、何莎薇：《网络异步交互环境中社会性交互质量的分析——以学历继续教育网络课程为例》，《 现代远距离教育》2020 年第 5 期。

⑥ 李良、乔海英、王淑平：《 基于 Moodle 平台的学习者社会性交互特征研究》，《 电化教育研究》2012 年第 7 期。

⑦ 邹丽玲：《基于教师反思的大学英语课堂对话教学的改进实践》，《外语教育研究前沿》2021 年第 5 期。

环；10、12 形成教师沟通循环。四个循环中，传统型的讲授方式以及其他的教学模式均可以实现教师沟通循环，但要实现其他三个循环必须基于学生的积极性和课堂主体性意识的提高。

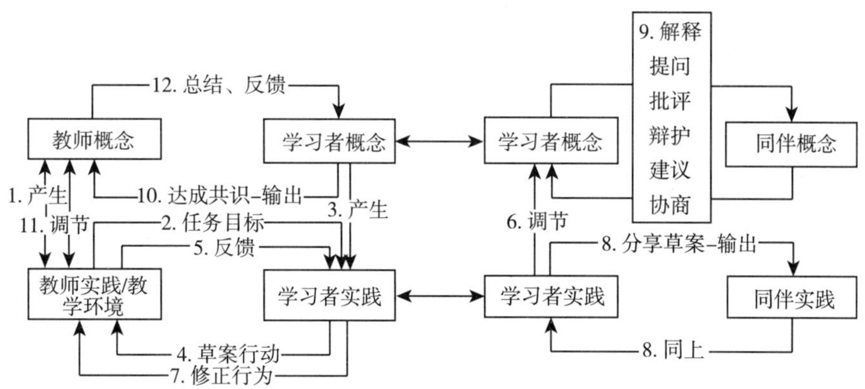

图 1　协作型学习话语沟通机制①

四个循环中的两个循环 8 和 9 均是学习者与学习者之间的交流与反馈，生生之间形成有效交流是协作型教学模式中重要的一环，它不仅是形式上的分组讨论，更是同伴之间思想的碰撞启迪，辩论后形成的一种开拓性思路。要实现同伴有效交流，需要研究有效的团队合作形式和课堂活动组织形式。图中左下角的循环是教师实践、教学环境与学生实践之间的互动。因此，教师角色的转变、教师对于学生的反馈和有效教学环境的建立成为促成该循环的关键因素。因此，要实现混合模式下的协作型学习模式，拆分以上三个循环的相关因素发现：有效同伴团队合作、有利于对话开展的教学环境和教师对于学生的有效反馈机制的建立，对形成协作型学习模式起到关键作用。因此，该文将从以上三个方面进行讨论。

二　基于对话教学理论的有效对话课堂实践：以社会保障学为例

Laurillard 的对话教学理论涉及知与行，强调对话交流。因此，该理

① Laurillard D.，*Teaching as a design science*：*Building pedagogical patterns for learning and technology*，Routledge，2013，p. 191

论较适用于较多抽象理论与实践案例丰富相结合的课程。社会保障学是为大学本科公共管理大类学生开设的一门拓展专业知识的课程，作为管理学原理和公共管理理论课程的后续课程，课程兼具工具性和人文性双重性质。课程在内容上具有交叉性和综合性，注重理论与实践相结合。

社会保障学传统的教学方式以单一的教师讲授、学生听课为主，这一模式下，课堂教学过程就是大量知识的输入过程。为了提高学生兴趣，之前的教学中加大了案例的分析，但案例停留在介绍层面，案例知识点的补充内容并未发挥出应有的作用。非“双一流”高校的学生学习主动性相对不强，对于抽象理论理解力较弱，但其较关注实用性，对于能够应用的技能具有浓厚的兴趣。此外，社会保障学涉及较多的概念与理论，如现收现付制、替代率等，学生学习过程中会产生畏难情绪，在应用知识点方面难度较大。基于对学生问卷调查以及教学实践观测，学生普遍对理论内容接受度不高，课堂上讲解抽象理论时学生较容易出现注意力不集中现象。但组织课堂实践活动时，多数学生积极性较高，参与度较好。此类课程比较适合利用 Laurillard 构建的协作型学习框架进行教学改革。笔者曾经在过去的三个学期中，把上述对话理论应用到社会保障学这门课的教学改革中，采取线上线下结合的方式，学生学习兴趣和学习成绩明显提高。

（一）促进有效同伴协作的交流机制

1. 设计有利于建立对话的课堂活动形式

团队合作目前最广泛的应用形式就是学生分组讨论。由于技术更新，目前线上教学也可以实现分组合作。但现实中团队合作经常会出现一些问题，比如：有些学生不热衷于合作，团队的任务变成了组长一个人的任务，团队成果展示变成了组长“个人秀”，组员没有有效参与，组长认为个人干得过多不公平。还会存在学生讨论的主题与教师要求相差甚远。因此，成功建立有效的话语实践，形成协调的团队合作，一是要形成有效的激励机制，比如：在线上或者线下观看视频的时候，让每个小组记下视频中重要的信息和问题，顺次传递问题让下一组回答，形成组与组之间的激励和竞争。二是贴合主题下达能够调动起学生积极性的任务，例如，在课堂活动的设计中可以加入下达“盲盒”似的任务。如在《社会保障学》课程中，讲到不同国家的社会保障制度的章节，让每组学生依次抽取不同的年龄、职业等身份要素，学生根据抽取的信息虚拟人物并设计该人物生活在何种社会保障制度中能够生活得更加体面。学生对于未知的“盲盒”要素不确定性充满期待，在拿到不同的身份卡片和任务后会积极主动地参与到讨论和制度设计中，有效话语被激活。组与组之间还可以进行身份的调换，实现了讨论等有效对话。受到好奇心激发，为了顺利完成任务，学生会主动表达个人观点，寻求别人的反馈，不同想法的碰撞、取舍、完善过程中，同伴之间实现了有效对话。

2. 保证课堂活动的多样性

课堂活动要能够激发学生学习动力和参与积极性。只有多样化的课堂活动才能够实现学生有效话语输出，不同类型话语形式体现了学生不同的思维活动，锻炼学生不同层面的能力。比如，学生对个人想法的解释反映了其对知识的掌握和理解。有针对性地提问促进了学生对于知识和问题的思考。总结展示表明了学生在理解的基础上能够进行抽象归纳。学生针对一切其他情况的假设反映了对于知识点的举一反三，培养了其发散和创造性的思维。

因此，课堂活动不能拘泥于单一固定形式。要根据不同课程主题匹配不同课程活动内容，开放性话题可以采用头脑风暴激发学生发散思维，或者可以通过线上讨论、回帖方式，如在讲授失业保险制度前，先提出“失业保险为何会有较多结余?”这样的问题有助于学生根据自身理解进行头脑风暴，带着问题进入知识点的学习。

具有正确答案的问题可以通过课堂技术实现，比如，雨课堂的在线单选，能够即时看到学生选择的答案，及时分析和评价。涉及类型分类的知识，可以设计角色扮演、虚拟情境等课堂活动实现。还有其他的课堂活动种类，例如：知识竞赛、趣味辩论、游戏互动、模拟情境创设、案例表演与判断、小组游戏、管理模式设计等；社会保障学中一章重要的内容是关于工伤保险制度，判断工伤的三要素是工作时间、工作地点、工作原因。原理较简单，但工伤的实际案例情况复杂。因此，课堂设计采用了“角色扮演＋组间竞争”。这节课在讲完原理后，教师从众多工伤案例中选出典型案例，并把经过写在纸条上，学生分组，让学生抽签选定案例，先组内自行判定，再进行角色扮演重新演绎工伤案例过程。一组表演完成以后，其他各组对该组的答案进行判定是否正确。判定对的组得分，形成组与组之间的竞争。这一形式首先完成了组内成员之间的协作与讨论。其次，其他组进行判断形成了组与组之间的辩论、建议，形成了良好的同伴交流循环。

线上活动现有平台可实现设计小组讨论和展示、案例分析、知识众筹等创新模式。线上知识输出环节可以通过案例分析、小组讨论、作业、留言板和匿名讨论。经过前期的实验发现，学生会互相之间评论留言。另外，学生对于留言板和讨论区的交流频率相对较高，讨论区匿名学生的积极性更高。

（二）营造促进有效对话的教学环境

1. 合理模块化线上线下教学内容

线上线下课程内容合理模块化，形成有机衔接。教学内容逻辑连接既能联结学生兴趣又能触发新知识的问题。因此需要教师一方面进行更精细的教学设计，梳理出教学内外的内容，合理安排线上线下课程内容。另一方面也需要采取有效措施确保学生能在课外发生有效非正式学习，取得可衡量的学习成效。在社会保障学课程体系中，线上课程主要是理论讲解，比如：医疗保险的特点、医疗保险的制度。线上课程形式均是教师本人个人录制的视频，并未使用线上的精品课程，精品课程作为教师备课的参考必不可少，但面对的目标学生群体特点不同，完全地借鉴并不可取，需要因地制宜地因材施教。线下课程部分，主要是根据线上讲解的知识点对应的课堂实践，完成课堂教学活动，检验同学是否能够正确理解线上课程的知识理论并加以应用。比如，医疗保险制度的课堂实践，学生形成小组，每个组抽取不同的角色扮演“沈阳医保骗保案”中不同的利益相关者群体：医院、骗保患者、医疗保障部门等，思考每个角色的行为动机，思考如何完善制度。要想弄明白这些问题必须基于前期线上课程对于医疗保险制度特点、制度设计的理论知识的掌握。在分析不同角色行为目的，互动过程中形成应对医保制度道德风险的解决办法。学生一方面对于现实中的案例很有兴趣；另一方面认清现实问题后激发了其解决问题的动力。课堂实践活动一方面要紧贴线上课程的知识点，另一方面又要具有现实性和趣味性。

线下课堂实践只有和线上课堂紧密结合，才能够促进学生积极完成线上课程的学习，才能够利用知识点更好地在课堂上展示。线上课程理解深入的学生往往成为线下课堂活动的积极参与者，积极输出知识，带动同伴，同时也激励其他并未完成线上课程的同学积极完成线上课程。

2. 开放式教学导入方式

讲授式教学模式通常按照“概念定义—分类—理论—案例”进行教学，此种模式的前提是教师的权威性，知识从教师向学生单一流动，提问和反馈常属于学生对于正确答案的机械陈述和回答。开放式问题导入基于解决某个现实问题，采取讨论的形式学习。以“问题—案例—理论—解决方案（应用）”为逻辑重新构建每节课的教学内容从开始就强调了学生的主体性地位。问题可以是现实问题，可以是学界争论的问题，被讨论的话题可以是建设性的，如构建某种制度。以切实的问题为导向吸引学生，学生分享个人想法，经过教师的合理引导，可以成功联结和激活新知识点，并用于解决问题。比如，讲到工伤保险制度，课前的导入案例是“张海超的开胸验肺事件”，真实案例对学生的吸引力强，学生在了解到背景知识后不由产生疑问：为什么要开胸验肺？由此引入工伤保险制度的制度理念、操作程序等一系列的问题。

就养老保险制度的课程内容，课前引入活动设计成“虚拟身份＋场景设置＋头脑风暴”，让学生根据自身虚拟身份，比如：穷人、富人，根据自身身份构建资金可持续的养老保险制度。这一活动不仅让学生思考养老保险基金的运转方式，还涉及效率与公平、身份与认同等一系列深层次问题的讨论，根据学生构建的制度进一步引入“现收现付制”“完全积累制”和“部分积累制”概念。有些小组构建的制度符合以上概念，加强了自身对概念的理解和应用；不符合设计理念的小组在试错的基础上总结纠正，也加深了对养老基金模式的理解。此种教学引入能够降低学生对于抽象概念的畏难情绪，加强知识点的记忆与应用。

因此，从案例、问题等开放性的导入方式相较于概念的直接讲授更能够调动学生的积极主动性。开放式的讨论也有利于对话的展开，由于学生之间地位较为平等，也容易形成学生之间的交流与评价。学生群体的前在知识既可以激发个人学习动力，同时也可以作为知识输出流向其他个体，促进高阶教学目标的达成。

3. 教师角色转变营造有效对话环境

根据 Laurillard 提出的在协作型学习模式，要营造和谐的教学环境，师生需要保持对话的主体平等性，教师“走下神坛”也作为学习者参与到课堂活动中，课堂上赋予学生更多机会展示自我。尤其是线上课程，50分钟的一节课难以保证学生始终集中精力盯着屏幕，需要把讲授内容尽量分解成 2—3 个环节来授课，每节 15—20 分钟。在每个相对较短的时间里，简明扼要地厘清逻辑和重点，其他时间用于学生的课堂实践。教师的任务不再是按照既定的内容讲授，而是随着学生的思路不断改变授课思路，以学生为主辅助学生完成知识点的学习。此种不确定性要求教师在课前需要大量阅读教材和文献，做出有力度的思考。

教学需要教师和学生倾注情感，在有温度的课堂中教师在课堂教学对话中才会整体在场，教师的真诚投入有利于形成师生的相互信任①，进一步引导学生的整体在场，实现高质量的教学效果。增强人际互动的频率和幅度是过程手段，目的是营造归属感，增强学生和教师之间的感情联结。线上教学可以采取很多措施来增进这种情感联结，如课前非正式聊天，记住学生的姓名，了解学生的特长等，更重要的是通过课程内容引发学生的人文关怀方面的情感联结。例如在讲授社会救济城市居民最低生活保障制度时，设置开放性问题：在实行低保制度过程中，如何注重体面？此种问题的讨论引发学生情感上对现实世界的关怀与深入思考。

（三）有效反馈机制的建立

1. 反馈的方式

教学反馈方式不能单一化，过于单一方式的评价可持续性不强。反馈方式可以是口头的评价，这种反馈具有同步性和即时性，但口头评价是无痕的。因此，对于学生的作业和表现进行书面的反馈也必不可少。现实经验是在课堂的作业一定要批阅，附加具体到内容的评语，并在紧接着的一节课统一进行反馈，可以把手写的作业进行拍照在 PPT 上展示。教师评价的同时，全部的学生也可以进行评价。作业的形式也可以根据学生特点设置，教学实践中，发现学生喜欢制作短视频，如线上课程，教师可以在教学平台上进行反馈，平台的好处是留痕，便于后续评价的展开。反馈采用视频的方式更生动，尤其适用于线上教学部分，视频的反馈和手写的反馈能够凸显教师的个性特征，显示教师对学生的关心程度，加深了教师对学生的印象，能够拉进学生和教师之间的距离。同时，评价的结果要具体、有针对性，要兼具启发性，引导学生进行更有层次的思考。

---

① 岳欣云：《教学对话的三种境界及对教师的要求》，《教育科学》2008 年第 3 期。

2. 反馈的主体

有效对话的开展使知识输出的主体不再唯一。因此，反馈的主体也不再单一：教师对学生的反馈，学生对学生的反馈，第三方对学生的反馈等。教师的反馈起到评价学生表现的作用，进一步启发、引导学生学习和探索。肯定的反馈可以激励学生，否定的反馈纠正学生错误的思路。学生与学生之间的反馈能够促进多维思考。在协作的讨论和沟通中，学生之间的反馈过程就是解释、提问、批评、辩护、建议和协商的过程，经过这个过程，学习者能够听到其他不同的意见，反思自身的逻辑和想法，获得多维思考的能力。除了教师和学生之间的反馈，学生与学生之间的反馈，还有其他课堂参与者的反馈。比如，在《社会保障学》授课过程中，邀请公司人事部门的管理者或者人力资源与社会保障部门的公务员进入课堂，由其对学生的表现进行反馈和点评。由学生平时不熟悉的课堂参与者对学生的表现进行反馈可以增加学生的新鲜感，同时，作为第一线实践部门工作人员的反馈更加有实际操作意义，提高学生的实际应用能力。

3. 反馈的即时性与相关性

教师对于学生的反馈，以及学生对于学生的反馈需要具有即时性和相关性，能够促进学生和教师、学生与学生之间的对话交流频率和幅度。比如，线上问题讨论的设置，教师即时回复学生的作业使学生感到教师对课程的重视以及对学生的重视，增加了学生继续反馈的动力，有利于良性反馈机制的可持续性。同时也激励其他同学积极完成作业和讨论。实际情况中，教师如果及时在 1 个小时内进行回复，学生会继续根据老师的评价回复。如果教师在学生回复了几天甚至更久才回复，学生继续回复的意愿大大降低，对于教师的反馈也记忆不深刻。同时，教师即时回复几个学生后会激发其他学生更快地完成讨论。

除了反馈需要具有即时性，教师回复的内容还需要具有相关性，有针对性地指出学生出现的问题，或者详细地进行评价，不仅让学生知道个人思考结果的对错，学生会感到受到关注和尊重。而不是得到抽象的评价“好”“不错”等无针对性和无差别性的回复，会挫败学生的积极性。

三　小结

Laurillard的对话教学理论中协作型教学模式的理念能够最大化覆盖四个有效对话循环，突破混合式教学中存在的人际互动问题。笔者经过三个学期的《社会保障学》课程教学改革，从同伴协作、教学环境和反馈机制三个方面进行尝试，认为设计有利于建立课堂对话的课堂活动形式、保证课堂活动的多样性能够激发生生之间的同伴团队合作；合理模块化线上线下的教学内容、开放式教学导入方式、教师角色的转变、教师与学生之间的情感联结的增强、学生对于课程内容的情感关怀能够营造出有利于对话的和谐教学环境；反馈主体的多样性、反馈方式的鲜活性、反馈的即时性与相关性帮助建立有效的反馈机制，最终形成有效互动，提高教学质量。

Research on Promoting Interpersonal Interaction on Blended Teaching Mode: Taking "Sovial Security Study" as an Example

Li　Wei

Abstract: Affected by the epidemic, online and offline mixed teaching (blended teaching) has become the current mainstream teaching mode. Although this model overcomes the limitations of space and territory, it has the disadvantage of insufficient human interaction. Interpersonal interaction is one of the important factors affecting the quality of classroom teaching. Guided by the collaborative teaching framework in Laurillard's dialogue teaching theory, based on the reality of teaching practice, it is believed that designing a classroom activity form that is conducive to establishing classroom dialogue and ensuring the diversity of classroom activities can stimulate peer teamwork. Online and offline teaching content rationally arranged, brainstorming teaching lead, changes in teachers' roles, emotional connection between teachers and students, and students' emotional care for course content create a harmonious teaching environment. Diversity, freshness of feedback methods, immediacy and relevance of feedback help to establish an effective feedback mechanism.

Keywords: blended teaching; interpersonal interaction; teamwork; teaching environment; feedback mechanism

协同育人在法学教育改革中的运用机制

迪力夏提·阿木提*

摘　要：协同育人机制与现代法学教育的需求不谋而合，协同育人通过协调多元主体的价值取向，取舍教学主体的优势资源，使法学教育立足于严谨的理论基础上，并为学生提供应用实践的场地，形成集理论、实践于一体的教育环境，对于法学的教育改革、法学教育专业的发展，以及学生的综合能力提升，均有积极的促进作用。应用协同育人，要形成政府、社会、院校三方面的协同合力，并建立相应的制度和规范机制，协调多元主体之间的互动关系，立足于教学两侧来发挥协同育人的同频共振效应，使多元主体的育人资源形成合力，为培养社会需要的法学人才提供优质的教育生态环境。

关键词：法学教育；协同育人；运用机制

协同育人已经成为高等教育人才培养的重要路径。2014 年，《中共中央关于全面推进依法治国若干重大问题的决定》提出，要培养创新法治人才，要求各大高校探索培养法学人才实务能力，建立产教结合、协同育人的人才培养模式。目前各大高校法学教育均在实践教学中广泛运用了协同育人模式，与各大企业单位协作配合进行人才培养。但在人才培养的过程中，各个主体的权责利并不明确，社会和政府部门的参与程度较低，实践教学的时间较短，且效果难以得到有效评价，因此需要从制度方面确定协同育人各方权责利，从行动方面规范协同育人模式，使协同育人能够长效落实在法学教育改革中。

* 迪力夏提·阿木提，喀什大学法政学院讲师，研究方向：民法学和法学教育。

一 协同育人在法学教育改革中的价值结构

（一）法学学科专业价值的优化建构

在法学教育领域，协同育人是不同学科之间、不同教学主体之间形成的育人合力，校内协同、社会协同、家庭协同共同组成生态教育环境，使法学学科价值向着素质教育、产业需求教育转向①，使法学学科知识能够更好地服务于社会实践，回归于社会生活，使学生能够学有所用。

系统性、社会性是法学学科的典型特点，强调情境的实践性。而协同育人注重跨学科、多学科、多主体的交叉与融合，可以为学生提供多元化的知识情境。既追求学科教育的深度，又追求各科之间的融会与贯通，改变单一学科支撑的法学育人模式。基于协同育人的法学教育，法学专业知识与社会知识、其他学科知识融合地更加紧密，使法学的学科价值更加适应社会的需求，为不断完善优化法治建设奠定坚实的人才基础。

（二）法学教育模式的创新建构

法学教育需要深入到社会生活情境中，介入民生社会，呈现教学态度开放、教学元素多元的状态，与社会的其他育人系统相连接，扩展延伸课堂之外的教学场域。协同教育不仅是一种教学理论，更是一种教育实践。协同育人可以为学生提供跨学科探索的平台，将课程模块之间的核心知识与法学知识相结合，将人文社科知识与本专业知识紧密结合，全方位培养学生专业能力与实践能力，使专业学科与产业的联系更加紧密。多元主体的协同参与，也可以有效地培养学生的学科研究兴趣与科研能力，引导学生进行自主实践与创新，打通人才培养与专业需求的“最后一公里”，为学生搭建全方位互融、深层次共通的法学教育平台，有利于法学教育模式的改革与创新。当育人内容、育人队伍、环境支撑在系统论框架下达到协调平衡状态时，就是教育资源最大化、教育内耗

① 张改：《协同育人理念下法治人才培养的路径选择》，《人才资源开发》2021 年第 16 期。

最小化、教育效率最大化、教育排斥最小化之时，也是学生能够学有所得、业有所成之时。①

（三）法学教育改革的细化建构

宏观角度看，法学教育改革需要适应高速发展的社会经济，主动契合社会的人才需求结构，这是法学教育改革的必然选择。社会对于法学人才的需求是多层次且快速变化的，各大高校应遵循社会对法学人才的需求规律，找准自身的特色，主动适应国家、区域经济的发展。协同育人可以为法学教育宏观改革提供思路，通过对接社会来了解法学人才的缺口，从而找准法学专业的发展定位，开展改革实践。

中观角度看，协同育人有利于高校法学专业的自我建设，协同育人覆盖了师资队伍、课程体系、主体建构、学习模式等多重内容的改革。高校可以从内部开展学科间协同育人入手，如将应用型法学协同扩展至研究型法学协同等，从学科内部协同逐步扩展至社会企业、事业单位等，不断扩展协同的内容与主体，呈现梯度式的推进层次。通过局部实施、整体实施相组合的方式，发挥协同育人适应性强的特点，使高校法学人才培养体现出差异化的特点。

微观角度看，协同育人有利于高校内部法学人才的分层分类培养，帮助不同学习能力的学生找到自身学习定位。如门槛层的学生，可以通过规范的课程体系、校内实践提升专业水平；水平层的学生，可以通过法学专业实践、社会实践等实现专业认证；卓越层的学生，可以通过参与校内课题研究等方式，在专业上更加精进。协同育人可以为不同层的学生提供多元学习路径，在各个主体的协同过程中也有多元化的评价标准，多路径的实践教学，使学生能够有进入下一层次的平台与机制，从而实现人才的分类培养。

① 王永波：《基于系统论视野下的高校协同育人模式研究》，《青岛科技大学学报》（社会科学版）2014 年第 1 期。

二 协同育人在法学教育中的运行依据

(一) 政府提供政策基础

“十四五”教育规划中提出要落实和扩大学校办学自主权，有序引导社会参与学校治理，同时要畅通不同类型学习成果的互认和转换渠道，从宏观制度构建方面为法学教育改革提供了政策基础。①

政府在法学教育改革中的主体地位体现在政策层面，为法学教育内容、主体、资源等提供政策协同保障，这是其他协同主体无法提供的公共产品。从现代治理角度而言，政府也必须为协同育人教育提供基本的规则体系，引导法学协同育人实现善治。政府在法学教育协同育人工作中的主要职能定位为，制定法学教育的基本方向与目标，制定法学教育协同育人的宏观政策，以及提供法学教育协同育人的资源保障，以法学教育改革掌舵者的身份来履行政府职能，将政府的治理优势转化为治理职能。具体而言，包括法学教育协同育人师资队伍建设、学科专业布局、教育模式选择、协同育人体系构建、引导协调等方面，赋予高校充分的协同育人自主权与协同育人资源配置权，立足于宏观指导角度创建法学教育多元主体协同的育人局面。

(二) 高校优化教学结构

协同育人在法学教育改革中的应用，需要多元主体的协同，构建其相应的知识框架与逻辑结构，全要素、全链条参与到协同育人工作中。从要素层面而言，包括教师、学生、专业课程、实践条件等教学要素，通过要素组合来呈现协同育人的改革效果。

高校是法学教育改革的主体，要围绕教师、学生、教学工作等做好协同教育建设。从教师的角度而言，要全面提升教师教学水平与教学质量，赋予教师充分学术自治权，以评价激励措施等鼓励教师参与到法学协同育人教育改革中，结合各自院校学科布局特点，将其他课程与法学专业课程

① 叶菁：《产学合作机制下协同育人模式的新探索——以法学专业课程教学体系改革为视角》，《教育教学论坛》2020 年第 21 期。

教学内容进行有效联结，使教师能够在法学协同育人层面上得到专业发展。从学生角度而言，要重视学生在协同育人工作中的参与度，围绕学生需求设计和实施教学活动，通过学生评价获得协同育人工作的真实效果，并根据学生需求进一步改进育人策略。充分发挥学生组织的作用，建立起教学两侧的沟通桥梁，将学生自治作为多元协同的主体之一，落实法学教育协同教学的质量改革。从教学载体的角度而言，要构建多元的知识体系，协同好专业学科、人文学科、实践课程的融合，专精第一课堂，开辟第二课堂，与校外司法部门形成联动，使各个学科之间、学科与社会实践之间形成协同的育人效应，为学生构建贴近生活的法学课堂。如可以通过开办咨询活动、案例教学、学科竞赛等方式，形成稳定的教学载体，将校内课堂内容、校内学习生活、校外实践等内容相结合，实现专业课程与工作实践的深度融合。

（三）社会扩展教育视角

政府、高校、社会力量的参与都是协同育人不可或缺的治理主体，社会是高校治理的第三方力量，具有资金、技术等独特的教育资源，可以弥补高校治理的缺陷。在当前的社会经济环境下，社会力量参与教学管理，需要以政府政策为基础，以高校自身的开放性为前提，以协同育人的合作机制为依据，共同打造社会参与法学教育协同育人改革的实践环境。目前发达国家十分重视社会组织的教育价值，如韩国的有偿补充性教育，美国硅谷协同治理模式，法国菁英工程师教育等，都有社会力量的参与，以支持社会组织与高校教育的深度协同，体现产学研深度合作的机制。①

法学教育协同育人包括从学校走向司法机关，也包括从司法机关走入校园。具体而言，学校可以聘请司法部门的人员作为实践导师，打破集中短期的实习模式，实现全过程专业实习模式的创新，在校内可以建立司法实务相关的课题与实践基地，既有益于提升法学教学的质量，同时也有益于司法人员更新知识，提升专业能力，促进司法人员的终生学习。

---

① 屠金丽：《协同育人创新机制下探究法学专业实践》，《教育现代化》2019 年第 35 期。

三 协同育人在法学教育改革中的运行机制

（一）协同育人模式的制度架构

法学协同育人模式的方案以及具体落实，需要政府进行统筹协调，建立相应的组织机构与制度作为保障。首先，教育部门成立领导小组，负责对高校法学教育协同育人工作思路进行整体把握，制定法学教育改革的相关政策，统筹分配各项教育支持资金。其次，领导高校成立校级法学教育协同育人计划专家委员会，主要对法学协同育人方案进行研究与评定，监督并审核协同育人计划的落实。最后，建立科学合理的管理职责，将高校、社会组织、政府等相关主体的协同育人职责进行明确，划定好各个主体的权利与义务，确保协同育人方案能够有组织、有保障地落地并实施。

院校也应建立协同育人的教学管理制度以及相应的激励制度，发挥教育主阵地的功效，统筹协同育人工作的展开。首先，将校内、校外协同育人工作以管理制度的形式进行明确，要求各科教师严格落实协同育人方针，与法学专业课教育形成合力，确保不同课程之间的有效链接，为协同育人提供校内实施的制度基础。其次，多途径鼓励教师和学生参与协同育人，合理分配教师科研资源、教学资源，鼓励教师在协同育人工作中大胆创新，同时也应运用多元形式鼓励学生参加社会实践等育人活动，如采用学分制、奖金制、补助制等，为学生提供参与协同育人的动力。再次，要充分利用制度来引入校外教学资源，如对加入协同育人体系的部门，可以建立双向联动制度，鼓励支持并引进有丰富理论知识、实践经验以及相关资质的司法人员任职法学课任教师，有针对性地培养学生的法学实践能力，还可以与参与协同育人的部门建立合作科研制度，鼓励高校教师走入司法部门开展实务培训或协同科研工作，使校内、校外形成双赢的联动机制。最后，还要针对法学协同育人展开积极评价，在现有的评价体系中加入协同育人工作的评价，将教师的教学环节、高校与相关部门的协同效果、学生的实践能力等，均纳入到考核评价标准中，建立多元化的评价主体以及立体化的评价框架，使法学协同育人工作能够得到显性的评价结果，进而明确下一步的改进方向。

（二）协同育人模式中的多重关系调试机制

1. 高校与社会的互动与共赢。高校的价值功能包括培养人才、科学研究、社会公共服务、传承文化与创新、国际交流合作等方面，这些价值功能都与社会有密切联系。高校法学专业以社会需求为导向，为社会发展提供智力支持，而社会则为高校法学专业培养人才提供需求反馈与资源支持，两者存在相互支撑的互动关系，属于利益共同体。高校与社会的关系中也要保证教育的独立性，尊重教育的规律。

在高校法学教育协同育人工作中，高校与社会企业应积极构建共赢局面，互通优势人才资源、互通行业需求以及科研成果等，使各个主体均能获得自身发展所需要的资源支持，并且将社会力量更深入地引进到协同培养人才的工作中，为法学教育创新支持，引领社会发展。

2. 政府与社会的共治共建。法学教育协同育人依赖政府角色与社会角色的互动，以及两者之间的平衡。政府对高校法学教育的改革与发展负主体责任，同时社会对高校法学教育的发展成果敏感性较强，特别是法学教育中，政府和社会的交汇点较多，如司法部门既是法学教育用户，对法学人才提出要求，同时也是法学教育参与者，通过社会实践、实习等合作方式，参与到法学育人工作中。围绕教育治理工作，社会和政府也需要建立合作协同关系，政府发挥统筹协调的作用，社会支持和促进高校法学协同教育的建设和发展，为协同参与法学高校教育营造良好的环境。

3. 政府与高校的互信共通。政府和高校的协同教育，强调多元主体参与决策，以及多元主体之间的资源分配，在当前情境下，政府与高校之间的关系调试，应侧重双方的信息互通，建立互信。从政府的角度出发，要深化放管服改革，发挥好服务型政府的角色，从主张者转变为服务者与引导者。以自身的职能为依据，充分信任高校的办学自主权，将管理内容从大而全转变为小而精，理顺政府管理与高校自我管理之间的关系，将管理重心从事务转变为战略方向。善于用法律、规划、追责以及经费等政策工具，监督引导高校建立现代化的管理制度，以此形成高校自治、自律，政府有效管理、服务的新型校企关系，充分激发高校深化协同育人法学教育的活力与创新力。

（三）协同育人的治理规范

法学教育协同育人模式的实施，需要多元主体的良性互动，在完整的制度安排、高效的运行机制基础上，还要有相应的治理规范，使多元主体能够充分发挥自我的教育效能，取得更好的协同效果。[①] 政府、高校以及社会均需要立足教学两侧，为学生提供专业知识构建的培养基地，以培养学生的道德伦理、学习能力以及创新思维为目标，构建相应的治理规范体系。

从政府的角度而言，要优化公共管理方式，侧重从宏观的角度来进行教育改革引导，而非从学术管理的角度对高校法学教育进行约束，通过宏观的战略管理使高校形成正向的教育管理环境，并完善多维督导评价工作，使协同育人的教育管理能够形成闭合链条，在评价与引导中不断提升教育的质量。从高校的角度而言，要加强自我的规范与管理，高校是多元主体协同育人的交汇点，也是协同教育要素的凝聚者，需要完善内部的治理结构，协同好教师、其他院校、学生、课程等教育资源之间的关系，构建良好的内部教育生态环境，以节约各个参与主体的成本，为多元主体协同育人提供良好的互动环境与治理基础。从社会的角度而言，要主动积极地提供需求反馈、资源支持以及社会评价，如企业应将最新的人才需求反馈给高校，并深入参与制订培养人才方案、建设课程体系、提供实践基地等育人环节，使产业链和教育链有良好的联动机制。政府司法部门也应发挥其专业性优势，对法学协同育人的结果进行评价，将政府的服务职能延伸到人才培养环节中，为高校优化法学教育方向提供可靠的评价依据。

（四）协同育人模式的路径选择

法学教育协同育人在推进过程中，多元主体组织应围绕教学两侧建立行动框架，在具体的实践过程中，可以从提升师资力量、培养人才核心能力等方面来进行确立。

从内部行动框架而言，高校要提供行之有效的激励措施来提升教师的协同能力，加强对教师协同能力的培养，建立协同师资队伍机制。法学教

---

① 秦玉文：《基于协同育人理念下法学专业实践教学的现状及实践教学》，《法制博览》2018 年第 2 期。

育中，理论型学术背景的教师占多数，实践型的教师数量相对较少，高校内部应建立完善的双师机制，引入实务界的人才担任实践教学导师，有针对性地培养学生的法学实践能力，使学生能够在课程环境中感受到社会部门、政府部门的参与。另一方面，也鼓励校内的教师积极到校外参加实务培训，增加教师处理实际问题的经验，在培养过程中能够引入更加广阔的知识视角，为协同教育提供优质的师资储备，鼓励教师在协同育人方面进行创新，调动各科之间的教师形成协同育人共同体，负责校内的沟通与校外组织机构的协调。① 同时也要调动学生的积极性，通过学分制、奖金制等调动学生的参与热情，使教学双主体都能尽快适应协同育人的模式。

从外部行动框架而言，高校要与政府和企业建立密切的联系，使参与的主体更加多元化。首先是高校应协同构建教育行动框架，如联合课程、协同教材等，共同开发特色的法学优质教材与教学结构，成立高校法学课程协同教育机构，由各个高校的专家学者、政府人员以及实践部门相关成员共同组成，负责优化课程体系的设计，明确分配课程比重，合理安排法学特色课程等，将各个高校的优质教学资源整合起来，形成协同教育合力。其次，也应建立协同的教学平台机制，如高校与政府之间的研讨交流，高校与企业之间的联合实践基地等，为多元主体的参与提供平台，使学生能够在交流研讨、校外实践的过程中，提高法律的学习能力与实践能力。

结　语

法学教育协同育人需要多元主体的共同参与，调适不同主体的价值取向，使其形成统一的人才培养方向。同时也应注重制度与行动逻辑的构建，围绕“教”与“学”来制定相应的协同制度以及协同方式，明确各方的责任与义务，使教育主体与客体，教育内容与形式，教育过程与结果形成有机的整体，贯穿法学人才培养的全过程。

---

① 蒙柳、许承光：《协同育人视角下的法学专业实践教学研究》，《学校党建与思想教育》2017 年第 11 期。

Collaborative Education Mechanism in Law Education Reform

Dilixiati · A mu ti

Collaborative education mechanism and the demand of the modern law education, collaborative education through the coordination of plural value orientation, choose teaching main body advantage resources, make the education of law is based on rigorous theoretical basis, and provide students with the field of practical application, the formation of set theory to practice for the integration of education environment, the law of the development of education reform, education of law major, and students' comprehensive ability to improve, have a positive role in promoting. Application of cooperative education, to form three aspects: government, society and colleges synergy together, and set up a corresponding system and standardize the mechanism, coordination of the interactive relationship between multiple subject, based on the teaching on both sides to take advantage of cooperative education homofrequency resonance effect, to form multiple main body education resources together, in order to improve the law of society needs talents with high quality education of the ecological environment.

Keywords: law education; collaborative education; use mechanism

思政教育

疫情背景下“概论”课在线教学“双五步”教学法思考*

胡　捷　李　波　方　华　魏　萌**

摘　要：新冠肺炎疫情肆虐全球，我国高等教育被迫转入在线教学新模态，教育理念、技术手段、教学方法等均面临严峻挑战。目下，关于在线教学教学方法的探讨多是单向度从教师或学生一侧出发，易出现顾此失彼、以偏概全的错误。从教师与学生二元互助角度思考，将教师教法与学生学法二法相协调，或能对在线教学起到实质性的推动作用。本文以疫情背景下《毛泽东思想和中国特色社会主义理论体系概论》课（以下简称为“概论”课）在线教学为实例，以知识为轴、学生为中心设计调查问卷，探讨在线教学成败得失，提出了在线教学“双五步”教学法，具有一定的实用价值与创新意义。

关键词：《毛泽东思想和中国特色社会主义理论体系概论》；在线教学；“双五步”

肇始于2020年的新冠肺炎疫情至今阴霾不散，倒逼出新中国教育史乃至世界教育史上最大规模的在线教育活动。从初始阶段的手忙脚乱，到今时今日的沉着冷静，对于如何运筹在线教育活动各级各类教育主体已经积累了丰富的实战经验。古人云：“明者因时而变，知者随事而制。”伴随着大数据、5G、全媒体等现代科技的日臻完善，新型教育应用技术的加速落地，在线教学（Online 模式）已成大势所趋，不可逆转。据统计，2018 年我国在线教育用户已达 1.72 亿人，其中移动在线教育用户 1.42

---

* 基金项目：西北政法大学 2021 年教改思政专项“基于学习通软件的《毛泽东思想和中国特色社会主义理论体系概括》课线上教学‘双五步’教学法研究”（XJYBSZ202107）。

** 胡捷，西北政法大学马克思主义学院副教授，博士，研究方向：思想政治教育；李波，西北政法大学马克思主义学院讲师，博士，研究方向：思想政治教育；方华，国防科技大学信息通信学院讲师，博士，研究方向：军队政治工作学；魏萌，陕西科技大学文理学院讲师，硕士，研究方向：设计艺术学。

亿人，占比高达80%。[①] 高等教育如何顺利与网接轨，广大教育工作者如何实现网络空间华丽转型，在线教学质量如何获得实质性提升等就成为高等教育教学改革必须破解的一道新课题。本文以疫情防控背景下“概论”课线上教学为例，坚持量化与质性相结合的原则组织问卷调查，在综合分析现有在线教学方法层面优长与不足的基础上，创造性地提出“双五步”教学法，为推动在线教学高质量发展贡献绵薄之力。

一　疫情防控期间“概论”课在线教学情况问卷调查

本研究采用自编开放式调查问卷，共设计20道选择题。问卷编制经过文献参考、框架设定、组织编写、调整修改四个阶段。调查问卷坚持以学生为中心的研究思路，从“概论”课在线教学学生总体感受与评价、开始前情况、进行中情况、结束情况后四个维度组织调研。调查问卷涉及的核心要素如下表所示。

调查内容	观测要点
总体感受与评价	就学生对教师在线教学整体评价、学生在线学习精力投入程度等内容进行考察（第1、2题）
在线学习开始前情况	就学生在线学习开始前对课程、教师、教学等内容了解程度进行考察（第3—5题）
在线学习进行中情况	就教师在线教学的理念、方法、手段以及学生反应等内容进行考察（第6—17题）
在线学习结束后情况	就在线教学考试、教师指导、学生意见反馈等内容进行考察（第18—20题）

问卷调查选择近两年亲身参与“概论”课线上学习的学生为研究对象，共计398人。问卷填写采取不记名方式进行，注意反映在线教学真实情况，获取学生真实感受，确保调查数据真实性、准确性。调查结果显示：

1. 学生对“概论”课线上教学教师授课整体情况感到满意。选择

① 唐亮：《推动在线教育行业健康发展》，http：//news. cssn. cn/zx/bwyc/201904/t20190418_4865799. shtml，2019年4月18日。

“非常满意”的人数占比43%，选择“满意”的人数占比47%，合计占比90%。调查结果或与近年来思政课教学受各方面关注较多，各级普遍重视疫情期间线上教学，授课教师用心用力用情等有关。

2. 线上学习学生精力投入程度、积极性远不如线下。例如，“线上学习您精力投入程度与线下学习相比如何”一题，选择“投入程度不如线下”的人数超过了62%；“您是否能够自主开展预习、复习”一题，选择“有时”和“从来没有”的人数合计占比超过69%；“线上学习时您是否积极参与留言、连麦、投票等学习活动”一题，选择“有时会”与“从来没有”的人数合计占比超过60%。调查结果显示，内在自我激励不足，外在学习压力不够，刚性制度约束缺乏，严重影响“概论”课在线教学质量提升。

3. 在线教学开始前，学生对教师、课程、教学方法、考核方式等情况缺乏足够的了解。例如，“线上教学开始前是否对授课教师姓名、性别、工作经历、专业特长、授课方法等情况有所了解”一题，选择“部分了解”和“完全不了解”的人数合计超过了65%；“线上教学开始前是否对所授课程名称、学分、要求、主要内容、作业形式、考核方式等情况有所了解”一题，选择“部分了解”和“完全不了解”的人数合计也超过了62%；“您是否有选择线上授课教师的权利”一题，选择“没有”的人数占比51%，而选择“不清楚”的人数占比22%。调查结果表明，线上教学活动开始前教师与学生对可能影响教学效果的基本学情、师情、课情等基本情况存在严重的“双向不透明”问题。在线教学平台数据采集、交流、利用等便利强大的技术优势并没有得到充分发挥。

4. 在线教学进行中，教师授课方法简单，师生互动缺少。例如，“您觉得教师是否运用多种方法手段组织线上教学活动”一题，选择“一般”和“不能”的人数合计占比26%；“线上教学时教师与你互动交流的频次如何”一题，选择“一般”和“很少”的人数合计占比超过了55%；“线上教学教师是否能够根据学生实际能力区分层次设置教学内容”一题，选择“不能”的人数占比为24%；“教师是否为学生提供或推荐足够的线上学习参考资料”一题，选择“一般”的人数占比为24%。调查结果表明，目下线上教学教师所采取的方法多是传统线下课堂教学方法的复制、延续或移植，充分利用所使用的软件平台，专门为线上教学所创造的有设计感、有针对性的教学方法还较稀缺。

5. 在线教学结束后，教学效果考查方式陈旧，对学生缺乏个性化指导，学生意见建议难以得到及时准确的反馈。例如，“您觉得目前线上考核方式能否准确反映学生学习情况”一题，选择“一般”和“不能”的人数合计超过64%；“线上教学结束后教师能否对您学习情况给予个性化、有针对性的描述与评价并给出下一步的学习建议”一题，选择“只能给出泛泛的、一般性的评价与指导”的人数占比40%；“您是否有权利对‘概论’课教师线上教学情况进行评价、提出意见建议”一题，选择“有时有，有时没有”的人数占比35%。调查结果表明，如何充分发挥在线教学优势，为学生线上学习量身定做考查方式、指导意见、意见反馈方法，借以促动教学反思、教育改革，仍然有很多问题需要探索突破。

二 疫情背景下在线教学方法探讨

疫情背景下在线教育是与传统线下教育从形到质截然不同的崭新教育生态。教育理念、教学方法、技术支持等均须实现从线下到线上的器质性转化。2019年，教育部等十一部门联合印发《关于促进在线教育健康发展的指导意见》（以下简称《指导意见》）。《指导意见》指出，在线教育是教育服务的重要组成部分，发展在线教育要以习近平新时代中国特色社会主义思想为指导，全面贯彻党的教育方针，落实立德树人根本任务，创新教育组织形态，丰富现代学习方式，为加快建设“人人皆学、处处能学、时时可学”的学习型社会服务。[①] 2021年，教育部等五部委联合印发《关于大力加强中小学线上教育教学资源建设与应用的意见》（以下简称《意见》）。《意见》指出要着力解决三个问题，即丰富优质的资源建设问题、网络平台运行保障问题、线上资源与教育教学融合应用问题。2022年，教育部等五部门发布《关于加强普通高等学校在线开放课程教学管理的若干意见》（以下简称为《若干意见》）。《若干意见》就高校用以认定学分的在线开放课程教学管理提出六个方面的意见：高校要切实履行在线开放课程教学管理责任、高校要加强对在线开放课程教师的管理、高校要严格学生在线学习规范与考试纪律、完善在线开放课程平台自

① 中华人民共和国教育部、教育部等十一部门联合印发：《关于促进在线教育健康发展的指导意见》，http：//www. moe. gov. cn/jyb_xwfb/gzdt_gzdt/s5987/201909/t20190930_401761. html。

我监督机制、健全课程平台监管制度、建立多部门协同联动机制。①

越来越多的学者也开始把精力投入到在线教学理念、教学方法等相关问题的研讨之中，提出了许多真知灼见。例如，贾文军等利用爬虫软件，搜集微博平台上关于大学生网课的评论，使用 SPSS 软件和 Python 编程对收集到的文本数据进行分词、词频统计和聚类分析。根据评论类型，分析在线教学中学生体验的现状：课前存在硬件设施、网络环境和学校支持不到位的情况；课中的问题主要集中于教学平台不统一，授课现场组织不到位，学生学习状态不在线；课后的作业任务重，学生虽然能够接受在线教学这种模式，但更期待能返校上课。② 唐源等的研究重点探讨了在线教学课程建设、网课平台选择、课件与视频制作、教学活动设计、教学方式实践等内容。③ 他们将在线教学过程分为四个阶段并就每个阶段的重点进行了研讨，分别是教学准备阶段（目标设定、教学资源设计、录制视频、制作课件、教学活动设计等），录播/直播阶段（发布教学资料、录播/直播授课、讲解重难点、互动答疑等），分析评价阶段（分析统计数据、督促学生学习），教学督导阶段（改进提高教学）。方国东等人的研究以《复合材料结构设计》课网络教学为例，设计出“认知自主学习—学生学习脉搏把握—适时调整线上教学内容—辅之线下教学—提升学生自主学习能力”的教学策略。④

综观疫情防控期间在线教学得失以及现有研究成果，可发现：首先，在线教学对于绝大多数教师和学生来说都还是一个新鲜事物，关于在线教学方法的研讨与实践也还处于正在进行式的探索阶段。既缺乏统一的标准尺度和最优的解答，又饱含着无限的变化与进步的可能，恐怕是对当前在线教学最客观与真实的描述。其次，自疫情暴发以来，广大教师普遍能够利用多种软件平台（学习通、雨课堂、钉钉、腾讯会议、抖音等）组织

① 中华人民共和国教育部、教育部等五部门：《关于加强普通高等学校在线开放课程教学管理的若干意见》，http：//www. moe. gov. cn/srcsite/A08/s7056/202204/t20220401_612700. html。

② 贾文军、郭玉婷、赵泽宁：《大学生在线学习体验的聚类分析》，《中国高教研究》2020 年第 4 期。

③ 唐源、刘明哲、李毅英、吴旭、欧鸥：《抗疫期间高校课程在线教学方法探讨与实践》，《计算机教育》2020 年第 8 期。

④ 方国东、解维华、易法军、许承海、孟松鹤：《大疫背景下〈复合材料结构设计〉网课教学策略与教学质量考核评价体系构建》，《高教学刊》2020 年第 25 期。

教学，普遍能够采取多种方法保证教学进程（观看慕课、录制教学视频、线上课堂直播等），普遍具有努力适应变化，不断创新发展的动力与热情，但在教学方法层面大多沿用线下课堂“备—教—练—考”的基本模式，对如何适应线上教学大规模、开放性、互动性等特点，如何发挥网络平台教学软件的技术优势，缺少深入研究与反复操练。最后，线上教学是在师生远隔异地，学生身旁缺少看得见、摸得着监督的情况下进行的。整个教学活动是不是以学生为中心，能不能真正调动学生主观能动性，可不可以满足学生真实的内心需求与渴盼，会不会为学生量身打造网络学习模式等就显得尤为重要。仅就目下而言，在线教学方法的设计上多是单向度从教师或学生一侧出发思考问题，存在顾此失彼、以偏概全的问题，实际效果也不好。加强教师网络课堂教管水平，提升学生在线学习能力，从教师与学生二元主体单一任何一面出发都难以得到满意的结果。只有基于在线学习背景，充分考虑教师与学生两方面的需求，从二元主体互助共进的角度思考，或能收取较好的效果。

三　在线教学“双五步”教学法思考

结合上述调查与探讨，尝试提出在线教学“双五步”教学法，坚持以学生为中心，以知识学习为主线，从师生互动角度出发，思考“教师如何教，学生如何学，师生如何互动，在线教学如何搞”的问题，以期获得与网络环境适配度较高的学习方法。所谓“双五步”教学法，具体是指在开展在线教学活动时，包含教师与学生两个层面且互动关联的教法与学法的总称。学生层面的“五步法”，分别是选、学、思、练、升。教师层面的“五步法”，分别是引、教、答、导、评。学生学法与教师教法一一对应，又整体配合。

（一）学生层面“五步法”的主要内容

第一步，选。即青年学生根据个人兴趣爱好、专业方向、学习能力以及学习习惯，参考教学要求、学分标准、教师指引等，选择与自身契合度较高的网络学习平台、在线学习课程、线上授课教师、在线学习方式等事项的过程。选择过程中，学生可征询家长、师长、高年级学长以及其他任课教师的意见，也可以通过书籍、报纸、网络等媒体搜集、分析相关信

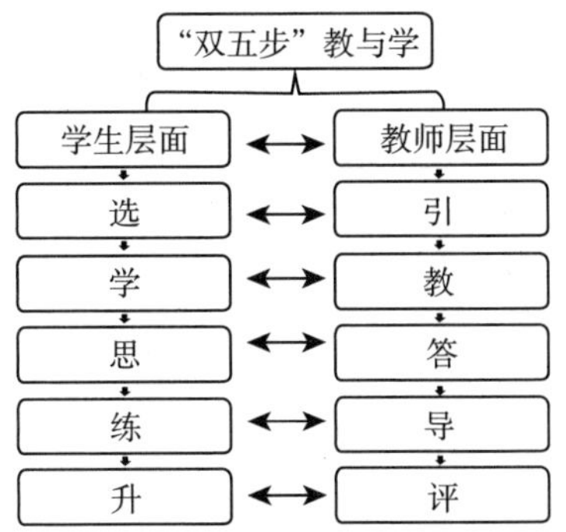

图1 “双五步教学法”图示

息，辅助决策。学生在做出决定之后，平台可根据实际情况，给予其退出在线课程、更换学习平台、另择授课教师、变更学习方式等内容进行重新选择的机会。学生行使此项权利时应有所限制，于次数上可限定为一或两次，于时间上可限定为所选课程讲授四分之一课时以内。

第二步，学。即学生按照所选网络课程教学大纲、教学计划以及线上授课教师的明确要求等展开在线学习活动，获取知识技术，磨砺身心意志，塑造健全人格的过程。学生在线学习应坚持线上与线下相结合，听课与自学相结合，定时与随时相结合，理论与实践相结合，自律与他律相结合的方式进行。常见的在线学习方法主要有：阅读相关资料，预习授课内容，收听收看授课音频视频，参与在线教学活动，线下实践实验，进行课后练习，完成课程作业，参与考核测验等。

第三步，思。即学生对所学内容，教师所讲要点，书本所载难点等，展开反思的过程。其一，个人对在线所学内容通过设想、联想、遐想、猜想、冥想等方式加以回顾品味，深思熟虑，以求加深印象，梳理逻辑，打通堵点，举一反三。其二，将所学知识、所想结果放到实践中去考察验证，发现不足，思考原因，变化改进。其三，对课上没听懂，课下不明白，反复思索仍感到困惑不解的内容加以归纳整理，在学习群组中发布，与同学展开讨论交流，集思广益，共同找寻答案。其四，通过在线课堂，论坛，贴吧，发言区等向授课教师提出疑问，在授课教师的指导下获取正确答案。需要指出的是，这里所言之“思”，不应只包括学生对具体学习内容的思考，还应包括其对学习方式、学习技巧的探究，对教师在线教学流程、教学方法的反思，对改进教学环境、教学方式的意见建议等。

第四步，练。即学生对在线所学内容，反复操练，熟悉谙习，入心入脑，形成肌肉记忆，提升技术熟练程度与理解精度深度的过程。学生对于在线所学，应尽量选择合适的切入点，展开练习，于反复练习中发现问题，查漏补缺，获得提升。练习中需坚持科学原则，安全底线，注意方式方法，防止因方法错误而导致事倍功半，防止因形式单一而引起动机下降，防止因负荷过重而造成身心伤害。常见的练习方法有榜样效仿，样板临摹，动作重复，环境模拟、习题演练等。社会实践亦是促进知行合一良好的练习方法。实践练习也有助于克服在线学习过于“虚拟”，脱离实际，不接地气的弊端。

第五步，升。即学生在完成网络课程学习所要求的全部环节与内容，达到课程所规定的基本标准后，自愿提出申请，请求结课，或升级学习难度，开始新的课程，进行更高水平学习的过程。根据课程具体要求，部分课程结课时需要学生参加最终测试，通过后方可获得相关学习证明、学分，升级难度。需要指出的是，人有高低，教非万能，应允许有部分学生无法完成在线学习课程、获得提升的情况存在。出现此种情况，学生可以申请重试、重修或转学其他课程。

（二）教师层面“五步法”的主要内容

第一步，引。即教师根据教学需要精心选择网络平台建课、建班，录制音频视频，制作教案课件，完善课程学习资源包，上传网络平台并加以保存，开课前对学生加以指引的过程。教师应在在线教学正式开始之前发布课程引导资料、逻辑思维导图、课程学习标准等，明确谁来教，教什么，怎么教，怎么学，完成后将得到什么样的结果等基本问题，方便学生课前就对课程内容、教学方法、学习难度以及授课教师基本情况等有所了解，做出选择。教师可以发布相关倾向以及定向能力测试，设置“准入门槛”，达到要求的学生才能选择该门课程开始学习。教师还可以对学生选课时存在的疑问在线进行解答，使学生更加清晰地了解即将开始的课程，做到一目了然，心中有数，提高选课成功率、满意率，减少退课率。

第二步，教。即教师依据教学大纲、在线教学课程设计等，组织开展在线教学活动的过程。在线教学常见的方式主要有以下三种：其一，教师录制慕课、微课、速课，制作教案、课件等，上传网络学习平台，提供给选课学生在线收听收看。所录制的教学音频、视频等可设置课后细节问答、防快进、防木马等功能，防止学生快进加速，漏课挂课。其二，教师于网络直播空间在线授课，讲解示范教学内容，学生进入线上教室在线听课，参与互动。教师可通过点名、视频连线、提问等方式对学生到位、听课情况进行检查。其三，教师可以根据实际教学需要，合理设置在线学习任务与线下实践活动配比，调动线上与线下、教师与学生双重积极性。教师在线教学过程应注意授之以鱼，即传授真知灼见，减少冗余，避免浪费时间精力；授之以渔，即注重方法传授，帮助学生掌握科学高效的思维模式，学习习惯，研究范式；授之以娱，即注意语言幽默，方法灵活，形式多样，增强吸引力、感染力，提高注意力、抬头率。

第三步，答。即教师利用在线直播空间、问答区、学习群组、聊天功能等对学生学习过程中产生的疑难困惑认真进行搜集整理，分析总结，解释回答的过程。对待存在的普遍性问题，教师可集中时间，统一做出解答，并对出现问题的原因深入加以剖析。对待具有个性化的问题，教师可选择“一对一”的方式解答。教师在进行“一对一”辅导时，应注意公平公正，语言语气，保护学生隐私。教师解答问题应使用“助产术”，即不直接给出答案，而是通过引导、提示、诘难、追问、归纳、总结等方式迫使学生独立思考，自主求证，以提高其分析、解决问题的实际能力。师生双方还可以围绕热点焦点话题，展开讨论辩论，形成头脑风暴，激发灵感，加大学习深度。

第四步，导。即教师在完成阶段性授课任务后，布置章节、阶段练习，组织小型测验，安排实习实操实验项目等，对学生在线学习情况进行回顾检查，分析学生学习倾向，了解掌握知识情况，校正错误，导正方向，推动学生将所学的理论知识与实际生活相结合，真正融会贯通的过程。学生线上练习时，教师不应只盯着正确率、完成率、成功率，不应以成绩、分数、一时对错论英雄，而应更关注学生的解答思路、动作程序、体智发育、经验积累等方面的进步程度，以学生确实掌握所学知识技术，德智体美劳“五育”协调发展为标准。

第五步，评。即授课教师在学生完成在线学习任务后，写出学习评语，明确成绩等级，提出下一步学习建议，给予学习情况最终判定的过程。教师可组织线上、线下、“线上＋线下”混合模式考核考试，对于学生能否获得该课程结课证明、证书、学分，进入下一阶段学习，升级学习难度等给出明确的意见建议。开展评定工作，教师可根据课程特点、学生需要等选择定性评价、定量评价，或定性与定量按照一定权重比例混合式评价方式进行。教师应严格把控在线学习评定标准，不可放任放松，降低难度尺度。需要指出的是，此处所言之“评”，不应只考虑教师对学生学习情况的评定，还应包括学生对自己在线学习情况的自我评定，学生对教师在线教学整体情况的意见建议，教师对自己在线教学情况的回忆反思，教学主管部门或第三方对师生在线学习情况的检查评定等。

（三）学生层面“五步法”与教师层面“五步法”间的相互关系

学生层面“五步法”与教师层面“五步法”间是一个既各自独立成章，内有逻辑，又彼此协调，相互关照的统一整体。首先，独立成章，内有逻辑，是指学生与教师层面两个“五步法”所适用的对象不同，所采取的方法不同，所需关注的重点不同，是教师与学生、教授与学习两个独立、完整的活动过程。选学思练升，五步之间是依次推进，逐步深入，环环相扣的逻辑关系。选是前提，学是基础，思是关键，练是根本，升是结果。引教答导评，五步之间是循序展开，分工协作，层层推进的逻辑关系。引是开启，教是主题，答是辅助，导是指引，评是测定。其次，彼此协调，相互关照，主要是指学生层面的“五步法”与教师层面的“五步法”，即选与引，学与教，思与答，练与导，升与评，两两对应，彼此照顾。最后，从本质上讲，教师层面的“五步法”是为了更好地实现学生层面的“五步法”而服务的。引是为了更好地选，教是为了更好地学，答是针对学生所思问题的回应，导是对学生学习练习情况的引导，评是对学生学习水平状态的判断。

Reflection on the “Double Five Step” Teaching Method of Online Teaching of “Introduction” Course under the Background of Epidemic Situation

Hu Jie　Li Bo　Fang Hua　Wei Meng

Abstract: the COVID-19 is raging all over the world, and China's higher education is forced to switch to a new mode of online teaching. Educational ideas, technical means, teaching methods and so on are facing severe challenges. At present, the discussion on online teaching methods is mostly one-way, starting from the side of teachers or students, which is prone to the error of taking one thing into account and losing the other, and generalizing. From the perspective of dual mutual assistance between teachers and students, the coordination of teachers' teaching methods and students' learning methods may play a substantive role in promoting online teaching. This paper takes the online teaching of “*Introduction to Mao Zedong Thought and the theoretical system of socialism with Chinese characteristics*”. This thesis takes multiple online teaching practices as examples, designs a questionnaire with knowledge based on corresponding knowledge and students centered criteria. While discussing the effect of online teaching, “double five steps” teaching method of online teaching in the following article has exhibited certain practical value and innovative significance.

Keywords: *Introduction to Mao Zedong Thought and the Theoretical System of Socialism with Chinese Characteristics*; online teaching; “double five steps”

历史政治学视域下党史教育与专业教学融合的价值意蕴、优化思路与实践路径*

刘文沛　王　昂　张昕昱**

摘　要：政治学理论研究的历史转向是建构本土政治学话语体系的有效路径，党史作为当代中国政治史研究的重要组成部分，其资政育人的功能在新时代历史条件下具有价值引领的重要作用，对教师的教学效果与学生的接受程度提出了新的要求。从党史教育融入课程思政教学实践、本土政治学理论建构的研究背景出发，分析当前党史与政治学理论教学研究的契合度，以问题为导向，创新党史教育与专业课程有机融合的路径，为高校课程思政教学改革提供有效借鉴。

关键词：党史教育；课程思政；教学实践；历史政治学

中国政治学研究发展演变的历程表明，现阶段本学科正处于逐渐“本土化”并与历史学不断融合发展的趋势。建立中国特色政治学理论体系和话语表达，离不开“四史”的知识基础，其中，党史作为我国政治知识体系中的重要内容，将其融入政治学专业课程教学具有极其重要的研究前景与示范意义。

---

* 基金项目：陕西高等教育教学改革研究项目《党史教育与政治学专业课程思政教学的融合性研究》（立项编号 21BY099）；陕西大学生创新创业训练项目 2022 年省级立项《“红星陕耀”陕西大学生党史学习平台——基于陕西高校红色资源课程思政教育的调研》；西北政法大学校级教改项目“网络时代高校‘课程思政’立体化育人模式研究——以政治学专业为例”（立项编号 XJYB202020）。

** 刘文沛，西北政法大学政治与公共管理学院副教授，政治学博士，研究方向：当代中国政治制度；王昂、张昕昱，均为西北政法大学政治学与行政学专业 2020 级本科生。

一　历史政治学背景下专业课与党史教育融合的必要性

首先，历史政治学背景下政治学专业课程承载着思政教育的历史使命。历史政治学是一种基于中国历史文明的方法论，由此塑造的史观能够更客观、更科学地观察中国政治。从政治合法性的维度，历史政治学拓宽了政治学研究领域，推动了政治学研究方向的纵深发展。① 长期以来，在政治学专业教学中以西方政治理论的阐释、渗透为主，淡化了中国共产党的领导在重大历史事件、伟大实践、光辉成果等所蕴含的政治之道。因此，高校专业教学需要重塑政治理论教学观，重视政治学的历史研究与历史知识性，使政治学专业课与党史教育实现更好融合。

其次，百年党史的历史经验客观要求政治学理论专业教学吸纳党史知识。党史学习教育动员大会于2021年2月20日在北京召开。2022年3月中共中央办公厅印发的《关于推动党史学习教育常态化长效化的意见》提出要着眼坚定历史自信，坚持不懈把党史作为必修课、常修课。② 该意见为我国党史学习融入高校课程提供了根本遵循。2021年4月，教育部办公厅印发的《关于在思政课中加强以党史教育为重点的“四史”教育的通知》指出，要教育引导学生弄清楚当今中国所处的历史方位和自己所应担负的历史责任，增强听党话、跟党走的思想和行动自觉。③ 党史教育不光是高校思政课的任务，政治学也应当在专业课程中重视以党史为主的“四史”教育。

最后，中国政治学理论学科发展趋向要求教学研究与时俱进。当前，中国政治学理论正处于从“外部引入与消化”转变为“内在生产与传播”，建构中国特色的政治概念体系，推动政治理论“本土化”的关键阶段。政治学专业的教育方向也越来越要立足中国国情，重视中国文化价

---

① 杨光斌、梁韶卿：《历史政治学与中国政治学话语体系建设》，《中国社会科学报》2021年11月17日第10版。

② 中共中央办公厅：《关于推动党史学习教育常态化长效化的意见》，2022年3月21日。

③ 教育部印发通知《在思政课中加强以党史教育为重点的“四史”教育》，《中国教育报》2021年5月13日第1版。

值，为世界政治学知识体系贡献具有中国特色的理论产品。因此，将党史教育融入政治学专业课程，不断丰富中国政治学研究的概念体系，与现阶段我国政治学的发展方向正相契合。

二 党史教育融入政治学专业课程的价值意蕴

在开拓创新、与时俱进的时代背景与政治学“本土化”“政治学与历史学相融合”发展方向的双重驱动下，党史教育融入政治学专业课有利于筑牢大学生理想信念，优化学科知识体系。

1. 助推政治学的历史转向，构建本土政治学话语体系

自20世纪政治学学科重建以来，政治学的研究主流，要么关注碎片化公共事业管理领域，要么受西方政治学理论体系影响过深，用西方政治学方法解决中国的问题，一直没有走出一条有中国特点的政治学道路，没有拾起中国政治学科传统研究、历史研究的本领。

中国与西方在近代政治和国家构建中是两条不同的历史。商人集团在英美的世界扩张、“社会中心主义”的国家构建以及保护个人财产为中心的契约论构建中起到了关键作用，中国近代军阀混战，政党很大程度上帮助中国重建了国家与社会治理。因此在回答如何进行国家构建的问题时，中西方的回答完全不同。社会科学多是基于社会调查与经验总结的成果，知识大多是“地方知识”，试图用产生于一种历史中的概念去分析另一种历史的国情，甚至去指导另一个国家的发展道路和制度建设是行不通的。① 中国的政治学要想获得新发展，形成自己的学科理论、话语体系就要以自己的历史为主要理论来源和研究重点。研究历史的价值就在于为政治学寻找发展脉络，构建属于自己的话语体系和理论架构。

实现政治学的历史转向是建构和发展有中国特色本土政治学理论体系和认识论、方法论的必行之路。这对于摆脱政治学长久以来以欧美为师的困境、构建自己的政治学话语体系大有益处，使政治学者们有勇气拒绝西方“科学化”霸权，继续沿着方法论多元主义的道路前行，根据所研究

① 杨光斌：《历史政治学的知识主体性及其社会科学意涵》，《政治学研究》2021年第1期。

的问题选择合适的方法。[①] 党史本身就是中国历史的重要组成部分，研究党史、实现党史和政治学有机融合与政治学的历史研究导向不谋而合。中国近代史也是党带领人民战胜内外敌人、建立和发展国家的历史，研究历史当然离不开党史，可以说对党史的研究就是对中国政治学沿革、发展脉络的研究，二者具有同质性。

2. 实现党史教育与政治学专业课程的双向促进

党史教育与政治学课程融合具有内在独特优势。一方面，党史教育对课程本身具有推动作用。以党史为主题为学生设置实践任务，与专业课程结合学习。党史实践任务的设置有利于学生在实践中深化对课堂理论知识的理解，加快学生形成对本学科的认识，提升研究与实践能力，助推学生尽快进入政治学研究领域。如结合西安事变等国共合作的历史，为学生设置有关我国多党合作历史的实践调研。以《政治学原理》中“政治团体”章节为例，教师可以利用陕西丰富的红色资源，为学生推荐陕西当地民主党派革命遗址参观实习，引导学生研究中国共产党与民主党派的建立和发展历史，深入理解中国共产党领导的多党合作和政治协商制度，加强学生对政党理论的认知，在理论基础上将党史和实践结合学习，在实践比较中深刻理解中外政党的本质差异。

另一方面，基础性课程对党史实践融入有较高的接受度。政治学是一门能够为法学、哲学、社会学等提供学理支撑的学科，具有跨学科、融合性特点，因此政治学与党史教育融合具有天然优势。尽管目前各大高校均开设了思政课且都涉及党史教育，但缺乏学理性阐释，学生对思政课主动接受度不足。而政治学专业课具有深厚的理论底蕴、完善的教材体系，能够通过系统化的理论阐释与党史教育深度融合，使党史教育科学化、体系化。同时，政治学的专业定位是为中国特色社会主义建设培养更多治国理政人才，注重对大学生的价值引领和社会主义价值观塑造。在本科教育阶段将基础原理课与党史高度融合，在教学章节中设置相关的党史实践任务，以润物细无声的方式内化党史于政治学理论讲授，旗帜鲜明地讲政治，在学生心理中形成政治学与中国共产党不可分割的学科认识，有利于塑造学生正确的价值观和国家观，提高学生的政治站位与政治素养。

---

① 谈火生：《政治学的学科传统之争与中国政治学的未来》，《教学与实践》2017 年第 5 期。

3. 增强大学生党史学习热情和效果

习近平总书记在庆祝中国共产党成立100周年大会上指出："以史为鉴，可以知兴替。我们要用历史映照现实，远观未来，从中国共产党的百年奋斗中看清楚过去我们为什么能够成功，弄明白我们怎样才能继续成功，从而在新的征程上更加坚定、更加自觉地牢记初心使命、开创美好未来。"① 当代大学生是国家与民族的未来，是中国共产党的后备力量，是未来建设社会主义现代化强国的中坚力量，其政治观念、道德观念、价值追求、民族意识都与党的建设与发展息息相关。历史是最好的老师，因此应当从专业课角度加强对大学生的历史观念教育，通过党史教育融入专业课的形式，弘扬中国共产党在长期奋斗形成的高尚品质与精神，使当代青年深入了解中国共产党的奋斗历史，坚定大学生理想信念，增强大学生民族认同感与责任心，提升爱国主义情怀，跟随党的领导，为中国梦的实现奉献力量。

三　新时代政治学专业教学加强党史教育的优化思路

1. 深刻把握新时代党的历史方位和中心任务

深刻把握共产党执政规律、社会主义建设规律和人类社会发展规律，这是新时代政治学学科发展的目标要求之一。② 在新时代，政治学要实现与党史教育的深度结合，首要问题是正确把握新时代党的历史方位和中心任务。

党的十九届六中全会通过的《中共中央关于党的百年奋斗重大成就和历史经验的决议》指出："新时代党面临的主要任务是，实现第一个百年奋斗目标，开启实现第二个百年奋斗目标新征程，朝着中华民族伟大复兴的宏伟目标继续前进。"③ 政治学历来重视社会主义运动的重大历史

① 习近平：《庆祝中国共产党成立100周年大会上讲话》，2021年7月1日。

② 王浦劬、燕继荣、梁宇：《新时代我国政治学学科发展的现状与展望》，《大学与学科》2021年第3期。

③ 中共中央委员会：《中共中央关于党的百年奋斗重大成就和历史经验的决议》，《求是》2021年第12期。

事件研究，在这样承前启后的历史背景下，政治学学科要在把握准确、运用到位的要求下与党史教育相结合，广大政治学人要提升理论能力，用马克思主义的立场、观点、方法深刻认识党的历史方位和中心任务，以学科特色与学科能力服务新时代中国特色社会主义建设，坚持、丰富和发展党的百年奋斗历史经验。

2. 深入理解大学生党史学习的时代必要性

在针对高校党史学习教育问题的调研中发现，学生对于党史学习积极性不高、认识不足的问题普遍存在。政治学作为政治特点鲜明的学科，在内容上与中国共产党、中国特色社会主义制度有着原生交叉，但调研显示，本专业学生群体仍然存在上述问题。因此提高高校党史学习教育效果，就要从党史学习的必要性入手。学习党史是在深刻认识“四史”的基础上，学会用党的奋斗经验看问题办事情，用党的奋斗精神激励自己，在风云变幻的世界形势下用党的奋斗历史坚定理想信念，坚持国家立场。要让教师、学生深刻认识到作为政治学人，要成为革命、建设和改革事业的专业人才，就要在深入了解党史、认真学习党史、熟练运用党史上敢为人先，做出表率。

3. 充分认识历史政治学研究的主体方向

掌握时代与事物发展命运才能让具体事务实现长足发展。在实现政治学与党史教育有机融合过程中，要明确认识政治学的历史学转向这一阶段特性，以此引领教学改革工作。一方面，运用党史教育有力推进政治学的历史转向和以理论知识为主体的研究。党史本身就是政治学的历史，党史知识能够为政治学自主知识体系提供历史经验和逻辑基础。杨光斌教授提出的“政党中心主义”正是从中国近代史的历史事实出发，对于近代国家构建进行解释。中国政治学的概念构建和发展方向一定不能脱离党的历史。加大党史教育和研究实际上就是在对历史政治学的发展进行发力。另一方面，乘历史政治学蓬勃发展之势将党史教育与其并轨推进，通过党史教育有效拓展中国政治学自主知识体系创新方向和拓展空间。党史和历史政治学的研究是一体两面，在历史政治学中融入党史教育必然会凝聚出磅礴力量。

四 加强党史教育融入政治学专业教学的实践路径

要以正确的价值观为引领，从理念层面重视实践能力的培养，从制度层面提升实践培养的占比，把好教师关，用活好资源，善用新技术，从理念、制度到工具三位一体推进党史教育和政治学课程的融合发展。

1. 坚持正确党史观，把握党史主流本质

坚持唯物史观，把握党史主流本质，坚决反对历史虚无主义。实事求是是我党的优良传统，也是我党的重要理论指导和党性要求，用正确的党史观和实事求是的态度研究、学习和运用党史，是新时代推进党史学习工作的必然要求。

中国共产党的历史实质上就是为中国中华民族的复兴而奋斗的历史，任何人忽视了这一点，就是忽视了中国共产党的立党之本，否定了中国共产党的主流本质。马克思主义唯物史观是指导党史研究的科学理论与方法，正确党史观是唯物史观在中共党史领域的运用和发展，如果失去这个科学基础，就会产生一些错误的认识倾向①，就会出现夸大或贬低党的成就，将党的历史娱乐化，甚至歪曲否定党的历史和领导的现象。

在推进党史教育和专业课程结合的过程中，必须坚持正确史观，坚持实事求是，坚持科学方法，用党的伟大历程和光荣历史来教育引导广大学生，保证主流意识形态话语权，运用党的历史经验和优良作风引领舆论的导向做好大学生思想引领工作，旗帜鲜明地反对历史虚无主义。

2. 优化培养计划，提高课程设置中实践任务的比重

王浦劬等学者以2014—2020年为区间，选取了全国具有政治学一级学科博士学位授权点的高校作为样本，搜集政治学专业人才培养计划的信息数据。样本院校中大多注重“学位论文”“阅读书目”等理论指标，对于实践能力和实践任务设置均有不同程度缺失，而超过80%的政治学学生毕业去向是直接就业。政治学学科建设目标与人才发展需求存在结构性矛盾。

---

① 刘雨亭：《党史学习教育融入高校思想政治理论课的沿革、经验与优化路径》，《思想理论教育导刊》2021年第11期。

在大多数院校的课程设置中，对学生实践能力的培养都局限于“三下乡”和假期社会实践等实习要求中，这对于政治学的培养目标来说是远远不够的。在长期教学实践中，学生对于政治学实践性的认知主要有两种声音，一是学好政治学的硬要求是大量阅读经典专著，二是政治学专业实践能力薄弱导致就业困难。这两种观点之间有着必然联系，强调专著、文献阅读量等理论能力，忽视了实践能力要求，导致学生在选择就业时的窘境。实践能力不仅影响学生就业，更关系到政治学的未来。学者能否从书斋走向现实，从文本崇拜走向理论创新，是中国政治学能否走向世界的关键。①

尽管政治学本就是一门注重理论的社会科学，需要完善政治学的学科体系，把政治学真正发展成为适应中国特色社会主义政治发展、推进国家治理现代化时代任务的学科，但同时也必须培养兼具理论和实践能力的现代政治学人，帮助学生拓宽就业渠道。政治学的培养计划中要增设课程实践教学课时，加强实践能力的培养，充分利用好当地的红色资源与政治资源，将课程与具体实践紧密结合。在期末考核和综合能力测评中将实践水平作为重要考量指标之一，在评奖评优时给予实践经验丰富者适当政策倾向，从拉动和推动两方面入手共同促进政治学的实践应用。

3. 坚持创新发展，培养教师过硬的理论素养

学生学习质量高低关键在教师。教师要想在专业课程中运用好、讲授好党史故事，对于教师自身的党史知识储备有非常高的要求，同时还要求教师有正确的价值观和坚定的意识形态立场。创新发展的先决条件是扎实的基本功。教师要以身作则，正确看待党史，认真学习党史，深入研究党史，拥有扎实的党史知识储备，才能在课堂中灵活运用党史。教师还要善于用提问、讨论等方式，逐步引导学生深入党史研究学习，教中有学，学能促教。

理论素养是高校优秀教师的学术禀赋，充分发挥优秀党员教学名师在理论素养方面的价值引领性，率先垂范，用正确的价值引导学生，深刻认识到学生的可塑性和易塑性。注重发挥教学名师和优秀教师的示范带头引领作用，努力成为党执政的坚定支持者、先进思想文化的传播者，更好地

① 张飞岸、杨光斌：《走出理论实验场，建构本土政治学》，《中国社会科学报》2009 年 7 月 30 日。

担起大学生人生领路人的责任，以德施教、以德立学、以德立身。[①] 加强自身理论素养和政治素养，为新时代中国特色社会主义建设输送更多治国理政人才，是党员教师义不容辞的责任。

4. 深入挖掘本土场域空间蕴含的红色党史资源，做好配套教材建设

政治学课程计划中的实践教学设置，需要有丰富的红色资源支撑。以长征精神为例，红军长征是典型的中国共产党领导的革命斗争事迹，途经十一个省，如广东、江西、陕西等革命老区，这些省份都蕴含着丰富的红色资源，但丰富的另一面是资源的零散性。以配套指导性教材的形式，有效利用好散落在全国各地的文化资源，让红色资源活起来，为学生建构一个集中度高、质量优良的实践指导平台，整合国家红色资源、先进人物故事，以全新的模块化形式呈现给学生。红色革命资源教材对现有党史资源进行有效整合，既有助于解决学生缺乏党史学习专业教材的问题，又能为课程中党史实践任务的设置和开展提供必要的资源支撑，解决当前红色实践方向少、质量不高的问题。

5. 利用好数字时代背景下新媒体平台，提升党史学习多样化

新媒体作为继四大传统传媒手段之后的第五媒体，在进行党史教育传播方面具有独特优势。随着互联网与人工智能的发展，现代人类对知识信息的获取也出现了碎片化的显著特征。在新的时代背景下，要深刻认识新时代的新特点，全面了解、充分利用新媒体的优势。

现阶段的很多大学生存在如此困惑，即在简单、直接和碎片化的信息社会中，静下心读完一部专著变得越来越难。要改变时代大环境困难重重，但从问题导向出发可行性却很高。在推进党史和专业课程融合的过程中，要充分认识到学生在接收信息时碎片化的特点，要充分利用好这一契机，将问题转化为改革优势。以微信公众号为例，微信成为人们主要社交手段之一已是不争的事实，而微信公众号更是微信功能中的重要组件。打造一个适应青年特点，符合青年品质，有效提升青年党史知识储备的微信公众号，不失为当前党史与政治学学科融合的可行之路。公众号以政治学为主题，突出政治学的鲜明特点，同时将党史内容同步推送，用两手同时抓的方式打造党史和政治学你中有我、我中有你特色鲜明的公众号内容。

---

① 刘玲、韩美群：《知史爱党　知史爱国——党史教育融入高校思政课的思考》，《学习与实践》2021 年第 4 期。

五 结语

百年大计，育人为先。党史与政治学专业课程的结合，在响应全党全社会深入学习党史号召的同时，提升政治学教学成效，助推政治学学科建设朝着运用历史、深化实践的方向发展，实现政治学的历史转向，构建本土政治学话语体系。以党史的融入丰富政治学内涵，引领政治学研究的政治方向，为新时代条件下进一步夺取中国特色社会主义事业新胜利输送更多理想坚定、理论坚实、能力过硬的治国理政人才。

The Value Implication, Optimization Ideas and Practical Path of the Integration of Party History Education and Professional Teaching from the Perspective of Historical Politics

Liu Wenpei　Wang Ang　Zhang Xinyu

Abstract: The historical turn of political theory research is an effective way to construct the local political discourse system. As an important part of contemporary Chinese political history research, the party history plays an important role in guiding the value of its function of funding and educating people under the historical conditions of the new era, and puts forward new requirements for teachers' teaching effect and students' acceptance. Starting from the research background of the integration of party history education into curriculum ideological and political teaching practice and the construction of local political science theory, this paper analyzes the consistency between the current party history and political science theory teaching research, takes the problem as the guide, innovates the path of the organic integration of party history education and professional courses, and provides an effective reference for the reform of Ideological and political teaching in colleges and universities.

Keywords: party history education; curriculum ideology and politics; teaching practice; historical politics

课程思政视域下理论自信融入法学教育的现实路径*

王鹏飞**

摘　要：随着我国在国际社会的地位和影响力不断提升，构建中国学术话语体系，培育社会主义法治理论自信，引导学生从中国实际、基于中国立场出发去分析问题、解决问题十分必要。新时期中央就高素质法治人才培养提出了新要求，在进一步明确了高素质法治人才培育的具体任务以及高校法学专业课程建设的发展方向的同时，明确了理论自信在法治人才培养中的关键地位，赋予了法学教育人才培养新目标。课程思政建设在理念层面、内容层面以及方法层面，与理论自信培育具有内在的一致性，为理论自信的培育提供了范本，指明了方向。对此，我们可以通过中华传统优秀法律文化思想的挖掘、中国特色社会主义法治理论与我国法治实践的适应性以及在解决实践问题上的有效性的呈现，引导学生形成对社会主义法治理论的正确认识，增强理论自信。

关键词：课程思政；理论自信；法学教育；法治人才培养

一　问题的提出：理论自信何以重要

坚定中国特色社会主义理论自信，是习近平总书记在庆祝中国共产党成立95周年大会上提出的“四个自信”的重要内容。理论自信“是道路自信、制度自信和文化自信的思想引领和行动指南”①，在“四个自信”

* 基金项目：西北政法大学2021年教学改革项目“OBE理念下的选修课课程建设——以刑事执行学为视角”（项目编号：XJYB202103）；陕西省教育厅2021年教改一般项目“刑法学‘鉴定式案例研习’教学方法研究”（项目编号：21BY095）。

** 王鹏飞，西北政法大学刑事法学院副教授，法学博士，研究方向：刑法。

① 韩振峰：《理论自信在“四个自信”中的地位与作用》，《人民论坛》2017年第12期。

中处于指导性地位，也是提升新时代我国国际话语权的重要支撑。长期以来，国内哲学社会科学的各个分支领域缺乏足够的理论自信，导致在面对西方理论冲击之下难以从中国实际、基于中国立场出发全面思考问题。晚近以来，中华民族经历多次侵略战争，给人民带来肉体上的沉重灾难的同时，更是极大打击了中华民族自信心。另一方面，随着西方文化思想的不断侵入，导致我国传统文化制度和思想体系受到很大冲击，中国逐渐开始了“西化”的道路。于法律体系而言，蕴含着数千年中华法律思想与实践经验的中华法系，也随着清朝的灭亡而解体。中华法系曾在世界法制史上独树一帜，蕴含了独特的法律精神和制度品格，承载了中华法制文明的深厚底蕴，凝聚了中华民族的精神和智慧，尤其以《唐律疏议》为其典型代表。① 中华法系瓦解后，我们从学习日本转向学习苏联，在此基础上架构新中国的法律制度和理论体系，却逐渐忽略对中国传统优秀法律文化的传承和发扬。就学界而言，“近几十年，我国学界主要以引进嫁接吸收西方学术为主流及主要任务，其间虽不断有社科研究应加强本土化之倡议，但难成气候并形成规模化批量成熟成果”②。随着我国国际影响力的不断提升，牢固树立中国法治理论自信，引领中华民族法律思想文化“走出去”，主动把握国际话语权，是进一步提升我国国际地位，维护我国国家和人民利益的重要方面。

二　新时期高素质法治人才培养的新要求

坚持建设德才兼备的高素质法治工作队伍，是习近平法治思想的重要内容，更是全面推进依法治国的根本组织保障。高校作为人才培养的第一阵地，决定着法治人才培养的质量和效果，对此，中央多次从人才培养的目标任务、课程建设等层面作出重要指示。

（一）进一步明确了高素质法治人才培养的各项基本任务

党的十八大以来，中央先后多次下发文件，就高校学生思想政治教育

① 参见夏锦文《中华法制文明具有深厚底蕴和独特魅力》，《人民日报》2021 年 7 月 12 日，第 9 版。

② 吕景胜：《法学研究如何实现“四个自信”》，https：//www. sohu. com/a/302639100_425345。访问时间：2021 年 7 月 26 日。

工作提出了系列新要求。2015 年的《关于进一步加强和改进新形势下高校宣传思想工作的意见》，明确了深入推进中国特色社会主义理论体系进教材进课堂进头脑的主线任务，积极培育和践行社会主义核心价值观的核心任务，以及不断坚定道路自信、理论自信、制度自信，培养德智体美全面发展的社会主义建设者和接班人的目标任务。2018 年的《关于加快建设高水平本科教育全面提高人才培养能力的意见》，将大力推进习近平中国特色社会主义思想“三进”、不断增强学生的“四个自信”作为重点抓手，着力推动高校课程思政建设。2019 年的《关于深化新时代学校思想政治理论课改革创新的若干意见》，进一步提出了本科教育“为人民服务、为中国共产党治国理政服务、为巩固和发展中国特色社会主义制度服务、为改革开放和社会主义现代化建设服务”的要求。

（二）进一步明确了理论自信在法治人才培养中的关键地位

习近平总书记多次强调高校在法治人才培养过程中，坚定学生理论自信的重要意义。他在 2017 年 5 月考察中国政法大学时，就法学学科体系建设方面指出“我们的国家治理有其他国家不可比拟的特殊性和复杂性，也有我们自己长期积累的经验和优势，在法学学科体系建设上要有底气、有自信”。因此，对于我国优秀的传统法治文明成果，应当加以承袭发扬，对于外国的文明成果，也不能采取“拿来主义”，而须加以甄别，选择性地吸收借鉴。2021 年 5 月教育部的《关于推进习近平法治思想纳入高校法治理论教学体系的通知》中，明确要求高校在课堂教育过程中，要积极引导学生进一步坚定中国特色社会主义法治的道路自信、理论自信、制度自信、文化自信，以此明确了课堂建设中的中国特色社会主义法治理论自信的培养目标，进一步推进了法学课程建设与法治理论发展的同向同行。有论者就此指出，“法学课程体系要与中国特色社会主义法治理论体系、法学理论体系、学科体系相衔接，反映中国特色社会主义法学理论和法治实践的最新成果，推动中国特色社会主义法治理论进教材、进课堂、进头脑”①。

① 黄进：《全面依法治国新理念新思想新战略背景下我国法学教育的发展路径》，https：//www. chinalaw. org. cn/portal/article/index/id/19643. html，访问时间：2021 年 8 月 1 日。

（三）进一步明确了高校法学专业课程建设的发展方向

课程建设是本科教育教学建设的基础。2020年的《关于加快构建高校思想政治工作体系的意见》，对法学专业课程建设提出了“培育学生经世济民、诚信服务、德法兼修的职业素养”的人才培养目标。随后召开的中央全面依法治国工作会议，正式确立了习近平法治思想在全面依法治国中的指导地位以及在高校法治人才培养过程中的引领地位，为高素质法治人才队伍培养指明了新的发展方向。2021年的《关于推进习近平法治思想纳入高校法治理论教学体系的通知》，要求各高校要充分发挥课堂主渠道作用，将习近平法治思想贯穿法学类各专业各课程，增强学生“四个认同”。随后教育部发布《法学类教学质量国家标准（2021年版）》，将习近平法治思想纳入高校法治理论教学体系，明确了“1+10+X”的法学专业核心课程分类设置模式，凸显了习近平法治思想概论课在法学专业核心课程中的统领性地位。

三　课程思政的三维面向

“课程思政”这一概念，最早可以回溯到2004年10月中共中央、国务院发布的《关于进一步加强和改进大学生思想政治教育的意见》，其中就课堂教学在大学生思想政治教育中主导作用的发挥方面，提出“高等学校各门课程都具有育人功能，所有教师都负有育人职责”，并就课程建设中融入思政教育提出了具体要求。2005年至2010年，上海地区率先启动了德育课程改革、探索大中小学德育课程的一体化建设，并在前期探索的基础上，于2014年率先启动“课程思政”试点工作。同年12月，习近平总书记在“全国高校思想政治工作会议”中，提出了“使各类课程与思想政治理论课同向同行，形成协同效应”的任务要求。随后，教育部等部门先后下发《高校思想政治工作质量提升工程实施纲要》等文件，向全国高校统筹推广课程思政工作。2020年，教育部下发《高等学校课程思政建设指导纲要》，为高校课程思政工作开展指明了方向。2021年，教育部办公厅发布《关于开展课程思政示范项目建设工作的通知》，致力于通过课程思政示范课程、教学名师和团队、教学研究示范中心的选树，推进课程思政建设的理论研究和教学实践，形成科学完善的课程思政育人体系。通过上述近二十年的探索，课程思政的顶层设计已基本成熟，课程思政的三个维度也已基本定型。

（一）课程思政的理念维度

课程思政是一种基本的教学理念，这一点已达成共识。详言之，“它要求各类课程以‘立德树人’为价值旨归，通过挖掘、提炼课程内蕴的家国情怀、社会责任、伦理规范、科学和人文精神等思想政治教育资源，实现知识传授与价值引领的有机统一”①。课程思政就实质上来说，就是以课程为抓手，实现精神育人效果，“课程”是手段，“思政”是效果，通过课程建设而实现思政育人的效果，提升学生精神素养与爱国情怀，落实立德树人根本任务。就法治人才培养来说，更是要牢牢抓住这一核心，兼顾法律知识教育和思想道德教育，培养德法兼修高素质人才，为中国特色社会主义法治道路培育后备力量。

理念层面的课程思政，首先要求教师树立课程思政意识。育人者应当先受教育，教师对于课程思政形成内心认同，是课程思政工作开展的根本前提。只有教师从内心接受课程思政理念，并予以高度认可，才能够积极主动去挖掘所负责课程中的思政育人元素，探究科学有效的课堂教学方法，提升课程的思政育人效果。其次，还要求学生对课程思政形成正确认识。有论者对广州市四所高校课程思政的实证调研发现，高校课程思政普遍存在着学生对课程思政的认同度不高，积极性较低的问题，② 这与任课教师的课程思政能力不足、教学方法不合理有直接关系。学生对思政元素的吸收与内化效果，是检验课程思政建设成效的核心标准，而如何提升学生的主观能动性，通过课程真正实现将习近平法治思想入耳、入脑、入心，是当下需要认真研究的重要问题。

（二）课程思政的价值维度

课程思政，体现了人才培养的价值追求。诚如论者所言，“就高等教育而言，‘课程思政’彰显出大学课程的核心也应在于对价值层面的意义

---

① 张正光、张晓花、王淑梅：《“课程思政”的理念辨误、原则要求与实践探究》，《大学教育科学》2020 年第 6 期。

② 陈敏生：《高等院校推进课程思政改革的若干思考》，《高教探索》2020 年第 8 期。

找寻，形塑正确的价值观才是大学课程的本质意义”①。晚近以来，以美国为代表的西方国家，通过各种渠道着力向外输出自己的思想文化价值观，尤其体现在对政治价值观的大力兜售，而此类价值观正是以西方的政治利益为出发点的。不仅如此，随着互联网技术的不断普及，一些腐朽的价值观得以以更为隐蔽、更加迅速的方式向青年群体传播扩散，对青年身心健康发展带来不利影响。高校是人才培养的基地，推进高校课程思政建设，是塑造学生的正确世界观、人生观和价值观的重要路径。

就内容层面看，课程思政包含了对学生的中国特色社会主义和中国梦教育、社会主义核心价值观教育、法治教育、劳动教育、心理健康教育、中华优秀传统文化教育几个方面，这正是从各个维度塑造学生的价值观的体现。中国特色社会主义和中国梦教育，致力于学生爱国主义精神的培育；社会主义核心价值观教育，致力于学生的传统美德培育，“是高等教育坚持中国特色社会主义共同理想和共产主义崇高理想，体现国家教育意志、教育理念和教育方针的根本要求”②。法治教育，致力于法治思维、法治意识、法治理念以及法治素养的培育，是建设社会主义法治国家的基础性工程。劳动教育，致力于劳动精神面貌、劳动价值取向和劳动技能水平的提升，致力于树立正确的劳动观念，养成良好的劳动习惯和品质。心理健康教育则是素质教育的重要组成部分，围绕着大学生心理素质提升、身心健康发展而展开。中华优秀传统文化教育，则是厚植爱国主义情怀，引领学生牢固树立“四个自信”的重要依托。

（三）课程思政的方法维度

课程思政，还是一种教育教学方法。方法层面的课程思政，围绕课程建设过程中的思政元素挖掘、教学环节设计、与思政课的统筹协调等方面展开探索和创新。找准思政角度，深入挖掘思政元素，是课程思政的前提和基础。从宏观层面来说，课程思政的大目标在于落实立德树人的根本任务，而就微观层面来看，不同课程也有其不同的目标设定、理论体系、知识结构以及思维方法，因此，课程思政的切入点应当兼顾课程之间的共性

---

① 伍醒、顾建民：《“课程思政”理念的历史逻辑、制度诉求与行动路向》，《大学教育科学》2019 年第 3 期。

② 王飞霞：《深化高校社会主义核心价值观教育》，《红旗文稿》2016 年第 1 期。

与个性特征，在把握课程思政大方向的基础上，挖掘不同课程的思政育人特色元素。正如《高等学校课程思政建设指导纲要》所要求的，“要深入梳理专业课教学内容，结合不同课程特点、思维方法和价值理念，深入挖掘课程思政元素，有机融入课程教学”。实践发现，影响课程思政效果发挥的原因主要出在教学方法层面，如灌输式教学模式、上课照本宣科等。[①] 教学方法的科学性直接决定了课程思政的育人效果，这也是课程思政政策文件中，特别强调要“大力推进思政课教学方法改革”“深入推进课堂教学模式创新”的原因所在。不仅如此，在教育部面向全国开展的课程思政示范项目建设上，更是将“课程注重课程思政建设模式创新”“教学方法体现先进性、互动性与针对性”作为示范课程、教学名师和教学团队选树的核心评价指标。课程思政与思政课的统筹协调、同向同行，则是思政方法上的系统性的体现。思政育人并非仅仅是高校思想政治理论课的任务，专业课与思政理论课之间也并非割裂状态，而是共同服务于学生的价值观养成。正如论者所言，“‘课程思政’正是从战略的高度来构建高校的课程思政体系，把‘思政’分散到各门‘课程’当中，让每一门课都承担起育人功能”[②]。各门课程围绕思政育人目标形成合力，同时又有所分工和侧重，从而形成主体多元、层次鲜明、内容丰富的“大思政”育人体系。

四 课程思政建设与理论自信培养的内在统一性

就理念与价值层面而言，课程思政是一种思政育人理念，致力于培育学生正确价值观，这与培育学生理论自信，具有方向上的契合性。就手段方法而言，课程思政对于思政元素的挖掘以及课堂教学的创新，对理论自信培育具有一定的参考意义。

（一）课程思政与理论自信的内在契合性

首先是课程思政建设与理论自信培育的理念契合性。课程思政建设成

① 参见陈敏生《高等院校推进课程思政改革的若干思考》，《高教探索》2020 年第 8 期。

② 唐芳云：《立德树人：高校“课程思政”价值定位的哲学审视》，《理论导刊》2020 年第 2 期。

效的重要标志之一，就是学生理论自信培育的效果如何。学术话语权和学术理论范式的建构，往往受到一国文化传统、价值体系的深刻影响，而价值观的塑造，反过来促进理论自信的形成。其次是课程思政建设与理论自信培育的方向契合性。理论源于实践，引领实践方向并指导实践问题的解决，而实践则反过来检视和发展理论。中国特色社会主义法治理论，是建立在本土实践、本土经验的基础上的，是为解决本土问题而服务的。课程思政的重心在于价值观的塑造，对于新时期高素质法治人才而言，最根本的就在于对中国特色社会主义法治道路、中国特色社会主义法治理论以及中国特色社会主义法律体系的信仰，二者具有方向上的一致性。最后是课程思政建设与理论自信培育的方法契合性。方法层面的课程思政建设，主张通过思政元素的充分挖掘和教学渗透，将专业知识与思政元素有机结合，从而“使学生在专业能力养成过程中潜移默化接受思想政治教育，体悟和树立正确的世界观、人生观和价值观”①。而理论自信的培育，同样需要在教学过程中将中华传统优秀法律思想文化潜移默化地渗透进来，逐渐形成对中国特色社会主义法治理论的充分理解和内心认同。

（二）课程思政与理论自信的内容一致性

与社会主义核心价值观、中华优秀传统文化等一样，理论自信也是思政元素的重要组成部分。道路自信体现着方向的正确性，理论自信则体现着指导的科学性。理论推动实践工作的开展，而实践的效果反过来检视理论的科学性，并不断丰富和发展理论的内涵。“理论是行动的指南，理论正确才不会迷失方向。忽视理论指导，实践就会失去方向到处乱撞，最终碰得是‘鼻青脸肿’、得不偿失；不适合国情的错误的理论指导，实践就会违背历史发展的规律，最终不仅不能解决问题反而会制造更多的问题。”② 理论必须要从一国的实际出发，符合一国国情，能够解决一国实际问题。在世界社会主义发展史上，错误的理论带来的灾难性后果应当引起反思，典型事例要数苏联的解体。戈尔巴乔夫时期的意识形态全盘西

① 石建勋、付德波、李海英：《新时代高校课程思政建设重点是“三观”教育》，《中国高等教育》2020 年第 24 期。

② 黄洁：《道路自信、理论自信、制度自信三重审视：依据、内涵和意义》，《实事求是》2013 年第 2 期。

化、新闻媒体鼓吹西方政治经济学理论并进行西方价值观灌输，以及在错误的思想理论指导下所实施的一系列政治实践，直接导致了苏联社会陷入混乱并最终走向分裂。因此，从历史角度而言，理论自信尤为重要。课程思政正是通过思政元素的充分挖掘与教学渗透，使学生对我国的社会主义道路、制度体系，以及社会主义法治建设形成正确的认识，坚定学生理想信念，增强学生自信心。课程思政的思政元素与“四个自信”具有内在一致性，并将其作为推进课程思政建设要坚持的首要原则，“‘课程思政’就是在专业课教育教学中植入‘四个自信’这一‘思政元素’，将政治价值观教育润物细无声地融入专业教育之中”①。

五　法学教育中理论自信的培育路径

法学人才培养过程中理论自信的培育，应当结合我国长期积累的优秀法治文明成果，在准确选取思政角度的基础上，通过科学合理的思政环节设计，激发学生的主观能动性，促进思政元素入耳、入脑、入心。

（一）通过思政角度的准确选取培育理论自信

在思政角度的选取问题上，部分论者尝试通过划定思政元素的范围，以引导课程思政内容体系的构建。如将社会主义核心价值观的 12 个方面作为一级指标，对每个一级指标按照一定的标准进行进一步分解细化为若干二级指标，并以这些二级指标构成思政元素“设计表”，高校教师在授课过程中，根据课程实际情况，选取元素表中的内容进行讲解。② 但是，这样的思政元素挖掘会严重束缚课程思政工作的手脚。不同专业、不同课程的体系定位、内容安排、培养目标等方面均有较大的差异，不同的教师研究背景各异，不同学校的特色、自身定位也存在一定区别，这就决定了课程思政元素挖掘必然是多样化的状态。与其纠结于给思政元素的内容设置条框，不如转向思政视角的选择把握、方法的深入探索而更有实际价

① 鄢显俊：《论高校“课程思政”的“思政元素”、实践误区及教育评估》，《思想教育研究》2020 年第 2 期。

② 张宏：《高校课程思政协同育人效应的困境、要素与路径》，《国家教育行政学院学报》2020 年第 10 期。

值。因此，《高等学校课程思政建设指导纲要》中，对思政元素的挖掘选择问题，只是进行了大方向上的把控，表现为对课程思政建设的内容重点予以方向引导，兼顾了课程思政的共性与个性，给予了教师充分的发挥空间，以更贴近课程实际。

具体到法学教育的理论自信培育问题上，可以通过不同的课程类型予以针对性地设计。就理论法学的课程思政建设上，可以从历史的角度出发，挖掘中华民族传统法律文化精华，让学生了解我国法治理论生成的本土原因，树立问题研究的本土思维，及时凝练法治实践的本土经验，摆脱法学理论研究的“西方枷锁”，从而“不断生成能够准确表达中国法治思想、法治文化、法治思维的标识性概念体系，用中国话语表达中国理论，用中国理论解决中国问题”①。我国法治文明发展史上，曾涌现许多先进法律思想，如先秦时期法家所主张的“法布于众”的法典化思想，“一断于法”的法治思想，以及“刑无等级”的平等思想，在当时有极大进步意义，并于今日之法治建设而言仍具有启发意义。又如我国西周时期就已出现的“德主刑辅”的治国思想，“明德慎罚”的立法思想，蕴含着丰富的谦抑主义思想。可见，近代西方古典法学派的罪刑法定主义、平等主义、谦抑主义等思想理论，在我国法律思想史上已有体现，以此为基础形成的中华法系，蕴含了丰富的法律思想与治理智慧，是先辈留下的宝贵精神遗产。因此，在理论法学的课程思政建设过程中，通过中华优秀传统法律思想的挖掘渗透，树立学生理论自信，是切实合理的思政育人视角。而在部门法学的课程思政建设上，可以从比较研究的视角出发，分析我国法学理论的先进性、法律体系的逻辑性、法律规范与法律实践的契合性。我国社会主义法律体系，是新中国成立以来，我们在社会主义法治道路的不断摸索实践的过程中逐渐形成的、适应我国法治实践的规范体系。在部门法学的教学过程中，可以充分展现本土法学理论与法律规范的适应性，本土法学理论在解决中国实践问题上的契合性、有效性，以培育学生的法学理论自信。而对于西方法学理论，在避免全盘西化的同时，对于其中有助于解决中国问题的思想理论，也应当加以吸收和借鉴。

---

① 张晶：《完善话语体系　坚定法治理论自信》，《学习时报》2017 年 9 月 25 日。

（二）通过思政环节的合理设计培育理论自信

在思政环节的设计上，应当以学生为中心，符合学生的心理特点，以科学合理的方式促进思政元素入脑、入心。高校学生处于青年发展阶段，思维活跃，富有批判精神和创造能力，同时年轻气盛勇于探索但自我意识强烈，因此，需要顺应学生身心特点，“润物无声”地推进课程思政教学，发挥学生的主观能动性。首先，科学处理思政元素与专业知识的关系，贯彻“隐性”融入原则。切忌将课堂教学异化为思政理论课教学，背离课程思政建设初衷。“思政元素的有机融入就是掌握好‘盐何时撒’‘如何撒’‘撒多少’，在‘润物无声’中达成育人之功。”① 就法学教育而言，教师可通过对课堂知识进行思想和理论的提升，展现专业知识背后蕴含的精神、价值、文化。在教学方法上，结合学生思维活跃、探索欲强烈的心理特点，从“介绍型”转向“探索型”教学模式，发挥学生主观能动性，引导学生主动发现法学专业知识背后的思政元素，鼓励学生分享心得体会，从而实现思政元素入脑、入心。其次，应当科学选择评价对象，创新评价方式，真实反映学生思政效果。为突出课程思政的重要地位，有论者提出将思政元素作为“教材讲义必要章节、课堂讲授重要内容和学生考核关键知识”②，笔者不赞同该种观点。课程思政通过思政元素的挖掘与融入，目的在于培育学生正确的价值观，树立学生“四个自信”，这并非“关键知识考核”可以衡量的，价值观的培育不同于专业知识的考核，思政效果的呈现并非学生对于思政元素的“背诵”，两者并非同一层面的问题。因此，不宜以传统专业知识考查的方式对学生进行课程思政考评。同时，课程思政的考核评价对象并非针对学生，而是授课教师，即以学生对思政元素的认可度，来反映教师课程思政育人成效。于法学教育而言，可以通过学生对我国法治理论、优秀传统法律思想文化的了解程度以及认可程度，来检视教师课程思政的水平以及效果。此外，教师在课程思政育人的过程中，还应当注意言传身教，以自身的典型示范，将

---

① 蒲清平、何丽玲：《高校课程思政改革的趋势、堵点、痛点、难点与应对策略》，《新疆师范大学学报》（哲学社会科学版）2021 年第 5 期。

② 张宏：《高校课程思政协同育人效应的困境、要素与路径》，《国家教育行政学院学报》2020 年第 10 期。

理想信念内化于心、外化于行，提升思政育人效果。如以学术交流、学术活动为契机，传扬我国先进法治理念与法学理论。在做学术研究的过程中，“应立足中国国情与中国实践，挖掘本土学术智慧，展示中国学术成果，彰显中国道路创新”①，为构建中国学术话语体系、完善本土法学理论体系贡献力量。

六　结语

深入开展课程思政建设，培养学生理论自信，理念是前提，课堂是基础，方法是关键。随着我国在国际社会的影响力不断提升，我们需要用中国话语为依托表达中国法治道路，以中国法治理论为引领凝练中国法治经验，为世界法治文明进步贡献中国法治智慧。高校法学教育事业，旨在为国家培养一大批德法兼修、德才兼备的高素质法治人才，而高素质法治人才培养的根本前提就在于坚持正确的政治方向，课程思政的理念、方法正是为法治人才培养过程中的政治方向的把握，提供了重要指引。法治人才理论自信的培育，应当通过科学的思政育人角度的选取、符合学生心理特点的丰富的思政环节设计，将思政元素自然“转化”入课堂教学的过程中，激发学生的主观能动性，促进思政元素入耳、入脑、入心。当然，目前高校课程思政建设尚处于初步探索阶段，如何进一步提升教师的课程思政意识和能力，如何使课程思政更加契合学生的需求和期待，还需要进一步的讨论。

① 吕景胜：法学研究如何实现“四个自信”，https：//www.sohu.com/a/302639100_425345。访问时间：2021年8月6日。

The Realistic Path of Integrating the Confidence in Theory into Law Education from the Perspective of Curriculum Ideology and Politics

Wang Pengfei

Abstract: With the continuous improvement of China's status and influence in the international community, it is necessary to build a Chinese academic discourse system, cultivate the confidence in theory of socialist rule of law, and guide students to analyze and solve problems from China's reality and based on China's position. In the new era, the Central Government has put forward new requirements for the cultivation of high-quality talents in rule of law. While further clarifying the specific tasks of the cultivation of high-quality talents in rule of law and the development direction of the curriculum construction of law majors in colleges and universities, it has made clear the key role of confidence in theory in the cultivation of talents in rule of law, and set a new goal for the cultivation of law education talents. The construction of curriculum ideology and politics is inherently consistent with the cultivation of confidence in theory at the levels of concept, content, and methodology, which provides a model and points out the direction for the cultivation of confidence in theory. In this regard, we may guide students to form a correct understanding of the socialist rule of law theory and enhance their confidence in theory through the exploration of Chinese traditional excellent legal cultural thoughts, the adaptability of the socialist rule of law theory with Chinese characteristics to China's rule of law practice and the presentation of its effectiveness in solving practical problems.

Keywords: curriculum ideology and politics, confidence in theory, law education, cultivation of talents in rule of law

高校“第二课堂”艺术思政美育实践路径探析*

——以“西北政法大学戏剧文化节”为例

曾静蓉**

摘　要：如何通过创新、完善高校思政美育“第二课堂”教学体系，进而打造良性的美育文化生态系统，真正实现立德树人的教育根本任务，是当前各高校亟待解决的教学改革关键问题之一。本文结合西北政法大学艺术思政第二课堂“西北政法大学戏剧文化节”的教学实践，探索思政教育、美育和戏剧实践教学多元融合的新模式、新方法。

关键词：思政美育；第二课堂；全覆盖、跨学科、全流程、全媒体

近年来，高校美育改革与发展越来越被重视。习近平总书记在2019年4月全国教育大会上强调，要全面加强和改进学校美育，坚持以美育人、以文化人，提高学生审美和人文素养。党的十八届三中全会《决定》提出了“改进美育教学，提高学生审美和人文素养”的要求。各级各类学校要遵循美育教育特点和学生成长规律，将美育贯穿在学校教育的各方面，把培育和践行社会主义核心价值观融入学校美育工作全过程，以“美”育人，以“文”化人，促进学生德智体美全面发展。自2019年以来，高校“课程思政”教学和“一流”课程建设中把美育作为指标性的要素植入各类课程的建设中。2020年，国务院办公厅印发《关于全面加强和改进新时代学校美育工作的意见》，进一步对加强和改进学校美育

---

* 基金项目：西北政法大学校级教改项目“美育导向下我校艺术实践第二课堂思政教育改革研究——以西北政法大学戏剧文化节为例”（项目编号：XJYB202115）。

** 曾静蓉，西北政法政法大学戏剧影视文学系主任、西北政法大学社会政策与社会舆情评价协同创新研究中心研究员，研究方向：影视学、文化传播、艺术教育。

做出了具体部署。如何抓住关键领域，使公共艺术教育面向人人，切实推动高校思政美育改革，强化高校美育的育人功能，提高高校人才培养质量，已成为当前我国各大高校亟待解决的关键问题。

一 艺术思政与多维课堂有机融合的美育模式

在美育已成为国家教育方针、人才战略及文化战略等组成部分的背景下，为了更好地落实思政美育的协同育人目标，西北政法大学（以下简称“西法大”）着力构建“面向人人、以美育人、以美化人、以美培元”的“大美育”工作格局，站在“培育全面发展的新时代人才”的高度，创办艺术学专业（广播电视编导和戏剧影视文学两大艺术专业分别于2009年、2010年开始招生）努力探索构建多元化、特色化、高水平、具有中国风格的艺术学科体系，着力培养具有深厚的中国传统文化修养、系统的美育专业理论体系和扎实的美育实践能力的高层次、复合型、应用型、创新型艺术人才，旨在为服务国家文化发展战略、西部文化发展与广播电视传播行业需求提供优质的人才保障。

西法大在艺术教育师资力量、经费保障、基础设施上加大投入的同时，更注重从机制上入手，切实为形成现代化的大学美育发展体系提供制度支撑，致力于打造第一课堂、第二课堂、第三课堂相互融合的美育模式。第一课堂围绕普及艺术教育、提升专业艺术教育，整合艺术美育教学资源，建设一批高质量面向全校学生的艺术美育精品课程。第二课堂则立足全方位、全员育人理念，围绕建设高水平大学生艺术团和开展有影响力的校园艺术实践活动，打造美育实践学习平台，把艺术创作训练、美育综合实践和思想政治教育凝练统合，以期实现以情感激荡思想，以思想引领创意，以创意推动艺术的创作实践，使学生通过对美的认知、体验、感受、欣赏、创造，塑造属于每一个学生对美的理念、情操、品味、格调与素养。“第一课堂”“第二课堂”与学科竞赛、社会实践、公益服务等“第三课堂”形成多元实践互动，“真正的好教育，不仅教书，还要育人。教书，只需依靠第一课堂即可，但育人却有赖于第二、第三课堂的实践互动”①，从而在更广范围和更高平台上来落实艺术美育全员、全过程、全

① 高宇民：《校园戏剧多元课堂与艺术课程思政创新》，《当代戏剧》2020年第2期。

方位的“三全育人”。

二 “西法大戏剧节”第二课堂的思政美育实践探索与创新特征

（一）依托红色校史资源，打造“全覆盖”思政美育“第二课堂”实践教学体系

教学团队在西法大美育“第二课堂”实践教学中，深入落实“立德树人”根本任务，全面推进习近平新时代中国特色社会主义思想进教材、进课堂、进学生头脑，打牢学生成长成才的科学思想基础；全面加强课程思政建设，从思想政治、专业伦理、社会责任三个维度推进“红色文化育人工程”，将校院红色基因融入思政美育教学全过程。

戏剧创作因其高度的综合性、社会性、人本性和实践性，与思政教育形成良好的协同配合，充分发挥其美育价值和教育功能。同时，西法大拥有得天独厚的丰厚红色资源、校史资源，陕甘宁边区的法制史研究、党史研究成果颇丰，在人才培养上重视发挥艺术教学实践的红色育人效果，这为戏剧原创实践教学提供优越的先天创作条件。

在艺术教学实践中，教学团队达成了朴素共识，摈弃“扬学抑术、尊学贬术”思维窠臼，充分认识到创作技能训练的重要性，不断优化课程设置，加大实践教学力度，通过深度挖掘陕西地区丰厚的历史、人文资源，结合西法大红色校史故事，深入开凿“陕西红色题材”，将地缘特色和资源转化为实践教学优势，引导学生进行舞台艺术化、创意化改造和转化，以思想引领和审美激发，讲好共产党人从严治党、依法治党的故事，弘扬革命精神和法治精神，打造对社会、对广大受众有较大影响力、有分量的文艺作品，让创作者和观看者都能更深入地了解红色党史、校史，做到知史爱党、知史爱国、知史爱校，在内心激发情感认同，赓续红色基因、传承优良传统，实现红色文化的有效输出。

为落实“从创作中来，到创作中去”的教学理念，艺术原创实践竞赛作为美育“第二课堂”，成为实践教学设计的重要环节。“西法大”戏剧影视文学专业于2015年开始创办“西法大戏剧文化节”作为戏剧理论课、剧本创作课的课外实践延伸教学，鼓励学生把原创剧本真正搬上舞

台，由教师引导学生表、导演实践，使学生深入了解剧场，建立舞台思维，更清晰地认知剧本写作的本体特征。学生通过舞台二次创作实践，不断修订和完善原创剧目，使之最终得以在舞台上立体呈现，从而更好地掌握专业核心能力、提升团队协作、专业实践等综合能力，同时实现“学戏剧的孩子，应该有属于自己的一场戏”的梦想和初心。

“西法大校园戏剧文化节”至今已成功举办五届线下活动、两届线上活动，影响力在“艺术类专业—全校—社会”范围内不断拓展，参与者范围由西法大艺术类专业师生逐步扩展到全校戏剧爱好者再到社会各界戏剧爱好者，逐步实现了“学校美育”到“社会美育”的交叉延伸与覆盖。

在探索话剧实践教学方法的过程中，教学团队注重将地缘特色和红色校史资源转化为实践教学优势，引导学生将“西法大”关于“延安时期研究”的前沿成果转化为文艺创作精品，持续面向全校师生、进而面向社会稳定输出原创红色话剧精品。2019 年起，西法大原创话剧《庄严的审判》开始走出校园，在延安市融媒体中心演播厅、陕西警官职业学校、西安欧亚学院等地多次展演，并被评为“第四届陕西省高校法治文化节‘五个一’文艺优秀作品”。2021 年，教学团队在西法大思政美育“第二课堂”的教学实践中，把红色资源作为坚定理想信念、加强党性修养的生动教材，带领学生汲取蕴藏在党史、校史中的政治营养和法治思想，策划、创排、打磨建党 100 周年献礼红色校史剧，成功编创并展演了《庄严的审判（2021 年修订版）》《马锡五审判方式》等话剧文艺精品，弘扬法治精神，传递信仰力量，切实保障以美育铸魂育人，将美育工作落到实处。

（二）遵循“两性一度”标准，以 OBE 理念建构多元课堂的“跨学科”特色课程群

“西法大戏剧文化节”思政美育“第二课堂”在“第一课堂”先行课程基础上，将戏剧理论、剧本创作和舞台实践在教学中进一步有机融合，把课堂从教室、文本延伸到舞台、现实，把戏剧的教与学作为一个有机统一体，将教学的重点从教师转向学生，充分调动学生戏剧原创实践的能动性。

首先，教学团队遵循“两性一度”标准，以 OBE 理念为导向，致力于打造“基础核心＋特色融合”双轮驱动、“素质＋知识＋能力”多元贯

通的课程体系。在课程设置中，逐步增大话剧创作实践、融媒体技能以及文化创意类课程的比重，从而形成“专业平台课—专业核心课—专业模块课—通识选修课”相结合的科学课程体系。在课程体系设置中，有面向全校学生开设《西方歌剧简史与名作赏析》《古典戏曲作品研读》《艺术导论》等多门戏剧类专业课程，同时又面向戏剧影视文学专业学生建构“戏剧影视文学＋新闻传播学＋法学＋思政＋新媒体”跨学科特色课程群。

其次，教学团队为了保障“西法大戏剧文化节”活动策划计划落地，发现各个关键环节存在的问题予以解决，确保学生原创剧目创作及排演质量，不断地调整、修订戏剧影视文学专业人才培养方案，在艺术类专业“第一课堂”课程设置中新增《戏剧影视表导演原理与实践（实验课）》《中外剧作家及作品研究》等艺术美育实践类课程及实训内容，对接“西法大戏剧文化节”的策划、创作、宣发、展演等教学实践，与“第二课堂”教学形成前后呼应的课堂训练，使师生的原创话剧作品在更为充沛的孵化条件下实现精品化、多样化和专业化的突围，并更好地协调、组织和推进一年一度“西法大戏剧节”的开展。

再次，教学团队借用当下影响广泛的“教育戏剧”方式，将教室空间变为剧场空间，把“第一课堂”教室转化为“教育剧场”，在互动式课程教学中将能力培养融入教学过程，引导学生充分发挥想象、表达思想，在实践中学习，形成“知识＋能力”“过程＋结果”的评价方式，为学生原创剧本孵化提供了必备的条件和发展空间，实现专业理论知识传授与实践教学的双向互动。

同时，教学团队加强“第二课堂”的实务、实训教学。西法大戏剧思政美育教学注重戏剧理论、剧本创作和舞台实践的融合，把课堂从文本延伸到舞台，把戏剧的教与学作为一个有机统一体，教学的重点从教师向学生转向。在“第二课堂”教学实践中，教学团队定期邀请校内外专家多次举办戏剧创作实务讲座，开阔学生视野；教学团队依托“西法大”“满天星剧场”戏剧实践基地，通过有针对性的舞台创作技能训练激发学生想象力，让学生了解了戏剧的独立品格，明确舞台表演与剧本创作的关联，学会建立戏剧思维，掌握舞台行动和人物塑造的基本方法，并提高综合创作能力和团队协作能力，进而打磨出不同题材、样式、风格的原创戏剧精品；设置鲁艺戏剧社等戏剧创作工作坊，同步“第一课堂”教学，推进戏剧教学实践项目化、精品化、案例库建设，通过项目化教学引导学生深挖戏剧实践“富矿”、讲好中国故事、多产出文艺精品的同时，将教学实践中具体项目创作经验及其存在的问题进行理论化、系统化的梳理和总结，集结出版了《汉吏张汤》剧场版 DVD 等视频案例资料和《剧像》等专业实践教学案例集，夯实了专业实践教学成果，并进一步将艺术实践“案例”和“病例”引入课堂，为以后的艺术实践教学提供可供参考的经验借鉴。

最后，拓展“三元课堂”教学体系，策划、开展多项艺术创作技能竞赛，以赛促教促学，更有效地激发学生的学习自主能力、专业判断力、创造性思维力和创作实践能力，使多元课堂的教学和实践真正实现有机融合、相辅相成。

（三）探索产学研融合思政美育创新机制，构筑“全流程”创作实践体系

教学团队在对思政美育“第二课堂”研究的过程中，围绕国家创新人才培养的教育战略，积极探索如何加强校企联合、实现资源优势互补、强化学生的行业实践参与、发挥跨界/跨学科导师团队的优势、打破产学研主体之间的壁垒，尝试建构新形势下产学研融合的思政美育创新机制。

在探索产学研融合的思政美育创新机制的过程中，教学团队抓住四个关键：面向产业需求和问题导向，引导学生开展项目化创作；通过跨界/跨学科的导师团队的指导，夯实学生的实践能力；鼓励学生加入教师的科研团队，激发学生的科研热情和创新潜能；牵引行业优质资源共同参与艺术思政育人，贯通产学研育才链条。

教学团队在戏剧创作人才培养的探索中，逐步建立起“联合培养单位、实习单位、工作单位”联合互动的环形反馈机制，实现人才培养模式的不断升级优化。同时，构筑“政产学研”协同育人机制，建设“本地—全国—国际”三层次，覆盖“研究中心—媒体—技术公司—政府宣传部门—文化产品生产部门—国际机构”六类型的 40 余个实习基地，将各领域优势资源引入思政美育和戏剧创作人才培养全过程。

思政美育不但要走出教室，还要走出学校、走向市场，教学团队通过加强与业界如戏剧公司、专业剧场的合作，把“西法大戏剧文化节”打造的学生原创精品剧目推向市场，让学生参与到业界的创作实践和项目运

营中，做到在“做”中“学”，开阔眼界、提升创作认知，力求为市场培养具备完全实践能力的戏剧创作人才。随着“第二课堂”项目落地转化以及与行业合作的逐步深入，通过“第一课堂”“第二课堂”精心打磨的西法大师生原创话剧开始逐渐走出校园、走向社会，《平淡日子里的刺》《星期五》等作品，在西安果核剧场等专业剧场公开展演，反响良好。

（四）探索“全媒体”教学模式，开辟艺术思政美育的“智能＋教育”新途径

当前，以智能化、网络化、数字化为核心的新兴信息技术颠覆性地改变着高校的教育生态环境、人才培养模式和教学交互方式。媒介升级为艺术创作实践带来全新的思维方法和创作体验，也为人才培养定位从专业性逐渐向全面性、创新性、融合性革新转型提出了新要求。教学团队在西法大“第二课堂”教学实践和研究中，把思想政治工作传统方式和艺术美育教学方法与新媒体新技术进行深度融合，解锁戏剧教学新模式，打造“西法大戏剧文化节”第二课堂新矩阵。

首先，教学团队基于迭代升级的新媒体技术的深度应用，积极探索“第二课堂”教学新技术、新平台、新方法、新模式，极大提升了教学和学习效果。西法大于2016年新增“网络与新媒体”专业，这为思政美育“第二课堂”拓展“智能＋教育”新途径提供了学科和师资支持；数字化环境使线上线下“混合式”教学和翻转课堂模式在艺术思政美育多元课堂广泛运用；而近年来新冠肺炎疫情又催生教学模式的进一步数字化迁徙，教学场域的空间转换使“第一课堂”和“第二课堂”有效融合，教学模式不断朝技术化、网络化、个性化、即时化趋势发展。在这一发展趋势下，教学团队努力从单一的艺术专业教师团队扩展转型为具备思政/艺术/行业/新媒体技术相应知识的富有创新意识、敢于破圈、实现跨学科交叉共生的师资团队。

其次，教学团队强化基于新媒体技术的学生艺术实践创作能力培养，在创作中运用新媒体技术创新戏剧作品的表现形式，为作品赋能。在师生的原创话剧实践中，将新媒体技术运用于舞台布景、舞台造型和舞台效果的设计中，打破了戏剧艺术的“第四堵墙”，使传统的戏剧艺术和现代媒介技术形成虚拟和现实的互文关系，丰富了红色校史剧的表现形态，极大拓展了舞台空间，实现了戏剧情境的真实性营造和先锋实验，大大提升观

众观剧时的沉浸感。

最后，教学团队引导学生借助新媒体技术和平台，不断创新“西法大戏剧文化节”的办节模式。如在展演过程中通过视频直播等方式让学生原创红色校史剧得到最广泛的传播，大幅提升了作品的社会文化影响力。同时，展演直播的实时弹幕等即时评论，一方面，实现了观众的观剧高频互动和多向交流，有效激发了观众的观看热情，进而形成突破时空的全新观剧体验感；另一方面，展演的作品还能得到广大受众的即时反馈，主创们可以根据反馈及时调整创作问题，使作品得以根据每一次展演的即时反馈进一步精细化打磨成真正的文艺精品。2020 年、2021 年受新冠肺炎疫情影响，“西法大戏剧文化节”全面转为线上开办，深度探索“云上戏剧节”全流程的线上模式，为下一步建构线上线下同步举办的“西法大戏剧文化节”全新矩阵奠定了基础。

三 “西法大戏剧节”第二课堂思政美育的问题和改进思路

通过“西法大戏剧文化节”思政美育“第二课堂”长期的实践探索和教改研究，教学团队逐步实现了思政美育第二课堂“教学重点向学生主体回归、人才培养目标向实践能力提升聚拢、教学质量借智能新媒体提升”的改革创新，并累积了丰富的教学实践方法和思政美育经验，但同时也发现了一些在教学过程中亟待解决的潜在问题或新问题。

（一）思政、美育和戏剧教育的深度融合

西法大“第二课堂”的戏剧实践教学效果的问卷调查显示，关于“第二课堂”思政教学内容，84%以上的学生兴趣度一般，9%的学生完全不感兴趣，只有 7%的学生对思政内容感到强烈的兴趣。艺术思维能力较强的学生，往往具有较强的个性，他们对于时政、思政等领域关注度和认知力较低，对体系化、制度化的课程思政内容接受度不高，使思政教育难以深度落实。同时，“第一课堂”的思政课程和课程思政仍在一定程度上存在教学目标不明确、教学效果不理想、课程设置不合理、思政与艺术美育课程关联度不高、教学内容缺乏深度、教学手段单一等问题，这使“第二课堂”的思政教学基础较为薄弱，也导致了学生对“第二课堂”思

政内容丧失求知欲和兴趣度。

那么，如何将思政理念和“第二课堂”教学深度结合，使其切实渗入学生的戏剧创作实践中，引导学生在创作中聚焦人民立场、家国情怀、政治认同、人文精神、社会责任、文化自信，打造出有思想、有筋骨、有能量、有温度的文艺精品。

首先，应坚持“第一课堂”思政课程的显性教育和多元课堂的课程思政隐性教育协同育人，加强美育课程体系的综合性，强调知识传授、能力培养和价值锻造的多元统一，“以德育为先导，促进思政教育的贯彻与落实，实现艺术德育化、德育艺术化的新型教学格局”①。思政教育是一项系统工程，应加强顶层设计，以点带面、全面推进，循序渐进建构多元课堂思政体系。

其次，积极推进思政教学人才和师资团队建设。放眼全校，改变单打独斗、各自为政的局面，将马克思主义学院、各法学院、哲学与社会发展学院、艺术学院和辅导员教师队伍进行人才资源调配和整合，组建全新的跨学科教师团队，共同设计与完成教学准备，高质量地完成“第二课堂”思政美育教学工作。同时，不断强化教师的育德意识，并组织专业教师定期参与思政培训活动，将思政能力进一步融入教师教学教育能力的培养中。

再次，全面完善多元课堂“课程思政”机制建设，包括：建构动态化、常态化的思政教学监管机制，制定并严格落实思政教学监管细则；建立“课程思政”激励机制，通过课程思政教学大赛等活动以赛带教，提升教师的思政教学能力，激发教师在多重领域、多向维度、多元课堂积极主动地开展思政教学研究，提升思政教学质量；优化“课程思政”的评估机制，设置客观评价标准，将其纳入教师教学能力的评估与考核，使思政教学存在的问题能及时得到调整和修正；将思政美育目标融入专业课程考核体系，通过多样化的考核方式、考试内容，驱动学生主动学习，全面提升思想素养。

同时，不断创新思政美育教学方法、模式。通过情境教学、问题教学、启发式教学、行动导向教学、任务驱动教学和合作学习等多元化教学

---

① 霍楷、李孟贾：《“课程思政”背景下艺术与德育融合实践研究》，《设计艺术研究》2022 年第 2 期。

方法的灵活运用，实现思政内容在“第二课堂”的扩展与深化。

最后，进一步挖掘西法大法制史研究前沿成果以及红色校史党史中蕴含的思想政治教育资源，同时注意将当下的校园生活或主旋律主题等课程思政元素融入“第二课堂”实践教学内容中，达到润物细无声的育德效果，保障原创红色文艺精品的持续输出，实现戏剧创作实践的内容创新与思想引领。

（二）媒介升级与资源整合

新冠肺炎疫情期间空中“第二课堂”的教学实践和研究为西法大戏剧思政美育累积了实践教学的在线教学经验，同时也暴露了戏剧创作网络实践教学的潜在问题，如何同步快速更新的媒介现实，将不断迭代升级的新媒体技术充分地运用到个性化的戏剧教学、创作实践中，如何借助新媒体平台提升德育教学质量，如何整合教育教学资源、强化学生“戏剧创作技能＋思政教育＋审美能力”的复合能力的培养，也是思政美育“第二课堂”需要深入探究、解决的关键问题。

1. 同步媒介迭代升级，数字化赋能思政美育

借助网络和新媒体技术作为“西法大校园戏剧节”的组织、剧目创作、展演、宣传、开发等环节的辅助手段，借助剧场展演与引入多媒体技术资源，探索融媒体时代戏剧创作的多种可能性，这些做法在“西法大戏剧文化节”第二课堂已经取得了一定成效。但随着新媒体技术快速的智能升级，现代戏剧的媒介运用也日新月异、不断发展，思政美育“第二课堂”对新媒体技术的运用也应与时俱进。比如，可以依托西法大新闻传播学院的大数据舆情实验基地和3D实验室的技术支持，尝试将最新的VR技术、AI人像捕捉技术运用到原创红色校史剧的创作中，探索融合思政美育内容的沉浸式先锋话剧类型创作；同时，通过VR全景技术打破线上教学、线上创作、线上展演、线上观剧的空间隔阂，虚拟身体在场的教学、展演、观剧体验，真正实现科技、艺术与思政的高度融合。另外，还可以利用大数据技术进一步完善“第二课堂”原创戏剧作品、教学效果、学习效果的评价机制。

2. 整合、扩展现有教学资源，打造立德树人与戏剧美育融合体系

首先，通过定期开办德育或戏剧专题讲座、举行戏剧展演、思政/艺术沙龙等活动作为“西法大戏剧文化节”第二课堂的有益补充，进一步

丰富西法大教育载体，将思政美育渗入学生课余生活，潜移默化地提升学生对思政的了解和重视，同时增进师生之间的学术、创作交流，营造更为良好的思政美育氛围。

其次，依托“第二课堂”教学，对现有教学资源进行扩展和整合，通过跨校合作进一步升级“西法大戏剧文化节”平台，举办与思政美育主题相关的剧本大赛、剧评大赛、征文大赛、短视频大赛、原创戏剧大赛等竞赛活动，并进一步搭建“艺术竞赛—思政教育—美育创新”三位一体教学实践平台，配套设计“思政—艺术—技术”多元化的创意教学内容，实现学生知识水平和道德素养的协调统一发展。

四 结语

西法大艺术美育改革结合思政理念，通过不断创新、完善“西法大校园戏剧节”等艺术美育第二课堂的活动机制，逐步提高活动的规模与规格，为学生创造更优质的专业技能学习平台；通过积极打造思想深度与艺术高度兼备的原创红色文艺精品，并面向全校、面向社会有效输出，充分发挥话剧艺术的学校美育和社会美育功能；同时，不断反思总结美育“第二课堂”话剧实践教学和案例教学经验，巩固艺术实践教学成果，推进专业教学方式方法改革，实现多元课堂的“产学研”融合，并将实践教学成果面向全校推广应用，逐步打造一个完整的美育文化生态系统。通过多年的素养导向、实践探路，西法大艺术思政美育改革朝着实践化、项目化、产业化、全媒化方向发展创新，但仍需不断迭代升级。思政美育只有与时俱进、因势而新、拥抱变化，才能构建起富有时代精神的思政美育体系，保障美育教育落到实处。

Analysis on the Practical Path of Art Ideological and Political Aesthetic Education on the Second Classroom in Universities: A Case Study of the Drama Culture Festival in Northwest University of Political Science and Law

Zeng Jingrong

Abstract: How to innovate and improve the teaching system of Art Ideological and Political Aesthetic Education on the Second Classroom in Universities, so as to create a benign cultural ecosystem of aesthetic education, and truly realize the basic educational task of moral education, is one of the key problems to be solved urgently in the current teaching reform in universities. Based on the practice of art ideological and political teaching on the second classroom of the drama culture festival in Northwest University of Political Science and Law, this paper explores the new mode and method of multiple integration of ideological and political education, aesthetic education and drama practice teaching.

Keywords: ideological and political aesthetic education; the second classroom; full coverage; interdisciplinary; full process; full media

北京高校思政课程和课程思政育人工作调查研究

邓兴军[*]

摘　要：推动“思政课程”和“课程思政”形成育人协同效应，是全面落实全国高校思政会精神的必然要求。“配合做好思政课程和课程思政育人工作”是北京教育系统关心下一代工作委员会工作创新之一，通过召开座谈会、协作组会等形式开展了思政课程和课程思政育人工作调查研究。调研报告总结归纳了北京高校思政课教育教学和队伍建设成绩和新特点，分析了新时代高校思政课程和课程思政教育教学和队伍建设的普遍问题，并针对问题及需求研究下一步深入推进的办法。

关键词：思政课程；课程思政；新特点；老同志

2016 年，中共中央、国务院印发了《关于加强和改进新形势下高校思想政治工作的意见》，指出：“要加强对课堂教学和各类思想文化阵地的建设管理，充分发掘和运用各学科蕴含的思想政治教育资源。”习近平总书记在全国高校思政会上强调，思想政治理论课要坚持在改进中加强，在创新中提高，要让信仰坚定、学识渊博、理论功底深厚的教师来讲，让学生真心喜爱、终身受益；要用好课堂教学这个主渠道，使各类课程与思想政治理论课同向同行，形成协同效应。推动“思政课程”和“课程思政”形成育人协同效应，是学习贯彻习近平新时代中国特色社会主义思想、全面落实全国高校思政会精神的必然要求，对于着眼于培养担当民族复兴大任的时代新人，始终让青少年听党话跟党走、成为社会主义事业的建设者和接班人，具有十分重要的意义。

“配合做好思政课程和课程思政育人工作”是北京教育系统关心下一

* 邓兴军，北京城市学院国际文化与传播学部副教授，曾担任北京教育系统关心下一代工作委员会秘书长，研究方向：传播文化。

代工作委员会（以下简称“关工委”）工作创新之一。在思政课程方面要进一步加强思政课信息员的工作，重点推进党的十九大精神，特别是习近平新时代中国特色社会主义思想进教材、进课堂、进头脑。要通过调研及专题研究，从问题出发，针对问题及需求，研究下一步深入推进的办法，做出实效，做出品牌和特色。课程思政上在全方位全过程育人方面，积极探索发挥“关工委”老同志作用的有效途径。为此，关工委深入学习贯彻党的十九大精神，以习近平新时代中国特色社会主义思想为指导，坚持立德树人根本任务，以培育和践行社会主义核心价值观为主线，充分发挥“五老”的独特优势和作用，推动“关工委”工作创新，开创“关工委”工作新局面，扎实认真地开展了思政课程和课程思政育人工作调查研究。

一 调查研究工作

通过召开北京高校老领导、老专家座谈会，高校主管书记、院长、宣传部部长、马教院院长、思政课信息员座谈会，高校协作组会等方式，“关工委”开展了思政课程和课程思政育人工作课题的调查研究。

（一）召开北京部分高校思政信息员座谈会

举行思政课信息员小型调研会，华北电力大学、北京联合大学 2 所高校党委副书记，中国政法大学 3 所高校思政课信息员参加。思政可分为课程思政、思政课程、日常思政。如何发挥老同志在思政课程和课程思政中的作用？参与者结合工作认为，作为青年教师的导师，言传身教，带动青年教师，在推动、落实、检验这“三个思政”中，老同志作用空间很大。但同时也坦承，无论是思政课程还是课程思政，学校目前落实效果不理想。思政课程在一些学校存在两个症结。一是思政课程大班上课，有的学校最小的班也不少于 120 人。目前，思政课程师资严重短缺，某学校目前缺口达一半。如有的学校 2018 年计划招聘 9 人，只招到了 2 人。二是学生质疑思政课程的作用。在一些工科院校，学生的兴趣点都在专业课程。目前，以思政课程为学分的现象很普遍，上课没有获得感。由于现实社会现象与教学内容存在矛盾，教师上课也不敢联系实际，起不到润物细无声、入脑入心的作用。课程思政更是牛鼻子，教书育人严重脱节。不少专业课教师是一上完课就走人。某学校2017年对1500名大学生做了一次动态调研：大学四年影响最大的人，专业课教师都排在末位，排在首位的是舍友，其次为同伴、辅导员。

（二）召开如何在高校思政课程和课程思政工作中发挥老领导、老专家的作用的座谈会

召开“如何在高校思政课程和课程思政工作中发挥老领导、老专家作用的座谈会”，北京林业大学、北京服装学院两所高校的校级领导，北京科技大学等5所高校马克思主义学院院级领导参会，均作了主题交流发言：“落实思政会精神，发挥老同志作用，积极推进学校思政课程与课程思政建设”“2017年北京高校思政课教学信息反馈工作及分析报告”“搭平台、聚资源、显特色、出成效——老领导、老专家在思政课程和课程思政中作用初探”“如何在思政课建设中发挥老同志、老专家作用”等，并就高校思政课程和课程思政教育教学和队伍建设取得的成绩和存在的问题进行了深入探讨与交流。大家认为，老领导、老专家在思政课程和课程思政育人工作中大有可为。

（三）召开高校协作组交流思政课程和课程思政工作

分别在北京理工大学、北京交通大学、北京体育大学、对外经济贸易大学分组举行高校协作组会，主题为“贯彻全国、北京市教育大会精神，围绕立德树人的根本任务，畅谈新时代‘关工委’工作的新发展、新思路”，全市50多所高校全部参加。在协作组会上，不少高校纷纷发言谈及“关工委”充分发挥老同志在思政教育上的优势开展工作，北京大学“关工委”推出“君子志道”专题采访栏目，持续宣传报道离退休教师中的典型人物，结集出版《君子志道——北大：那些人，那些事》一书，还先后拍摄了《记忆：走过抗战的北京大学老干部老教师纪实》等；北京邮电大学“关工委”以《北邮人讲北邮事》为平台，以弘扬和传承优秀历史文化为主线，组织老教授宣讲团，系列宣讲大师们的光辉业绩和师德风范，收到事半功倍的教育效果，有效地配合了学校思政教育第一课堂，把“关工委”工作融入学校思政工作教育体系，形成三全育人合力；北京科技大学紧紧围绕立德树人根本任务，进一步挖掘老同志优势，引导老同志参与学校“十大育人”体系建设，为科教协同、管服结合、以文

化人、实践立行、关爱学子五类“星火北科育人计划”贡献余热；北京农学院“关工委”搭建了六个平台，构建了“关工委”工作有效融入大学生思想政治教育主渠道：一是搭建以特邀党建组织员和党校“导学”教师为主体的党建工作平台，二是搭建以思想信念坚定的老教师为主体的爱国爱校教育平台，三是搭建以专业领域突出的老教授为主体的学术实践平台，四是搭建以思想政治老教师为主体的心理疏导平台，五是搭建以德艺双馨的老教师为主体的校园文化交流平台，六是搭建以关注社会思想活跃的老教师为主体的社会热点舆情讨论平台。各高校达成一致意见，“关工委”开展大学生思想政治教育工作具有突出优势，思想信念坚定，知识功底扎实，实践经验丰富，时间精力充盈。

二　北京高校思政课程教育教学和队伍建设成绩及新特点

调研发现，北京高校思政课在各级领导的重视与关心下，在教育教学、教师队伍建设等方面取得了一定成绩，也呈现了新的特点。

第一，不断加强思政课教育教学的顶层设计，出台一系列相关文件及规定，继续为北京高校思政课教育教学及队伍建设保驾护航。北京市委教育工委出台一系列文件及相关规定，从顶层设计方面加强对北京市思政课的统筹规划。依托设立在北京大学、清华大学、中国人民大学、北京师范大学的北京高校思想政治理论课教师研修基地开展骨干教师研修工作。继续实施《北京高校青年教师中国特色社会主义理论教育培训方案（2015—2019）》，继续加大对一线专职思政课教师的激励力度，评聘100名思政课特级教授、200名特级教师，予以奖励；同时继续实施“扬帆资助计划”“择优资助计划”，遴选成绩突出、具有潜力的优秀青年教师重点培养。每年设立教学科研专项资助课题100项，加大对一线专职辅导员的科研支持力度，每年投入200万元用于重点难点问题攻关；建设30个辅导员工作室，总结推广优秀成果。一系列振奋人心的政策和激励措施的出台，为思政课教育教学和队伍建设保驾护航。

第二，不断增强思政课的整体协调性，协同效应成效初显。北京市自2016年起在北京大学、清华大学、中国人民大学、北京师范大学、中央财经大学、中央民族大学、中国政法大学、对外经济贸易大学、北京外国语大学、北京工业大学、首都师范大学建立 11 个中国特色社会主义理论研究协同创新中心，每个中心年均支持 400 万至 500 万元，连续支持 5 年。上述首都高校联合天津、河北地区的 13 所大学，共计 50 家高校和科研机构参与协同创新，分别聚焦中国特色社会主义理论大众化与国际传播、马克思主义与中国经济发展道路、中国特色社会主义世界影响力研究、“四个全面”与中国特色社会主义发展道路等十多个专题，形成理论创新的强大合力，为高校思想政治工作提供坚实的理论支撑和人才支撑。协同创新中心以中国人民大学为牵头单位，依托马克思主义理论学科群的综合优势，有效汇聚北京高校、科研机构的资源优势，集中精力打造高校思想政治理论课的五大资源平台，包括系统完整的马克思主义理论研究和文献支撑平台、丰富优质的思想政治理论课教学资源共享平台、高效便捷的思想政治理论课数字化教学平台、科学权威的大学生思想政治教育质量评估平台、及时全面的大学生思想动态调查分析平台，形成思想政治理论课建设的“资源库”。

第三，不断打造北京市高校思政课教学新模式。在北京市委教育工委的组织牵头下，各高校继续开设市级思想政治理论课“名家领读经典”，将此打造成为全国市级思想政治理论课之精品。作为“名家领读经典”课程的重要组成部分，2017 年 10 月，北京市开设全新的《习近平新时代中国特色社会主义思想研究》市级思政课，同时，还设有《沧桑正道：中国共产党与国家治理能力和治理体系现代化》《理论之光：马克思主义与哲学社会科学》《时代号角：社会主义文艺繁荣发展之路》《中国方案：全球治理格局与国家外交战略》等课程专题，发挥名家的理论和教学魅力优势，助力思政课教育教学新模式。除此之外，各高校都在不断探索与完善属于自己特色的思政课教学新模式，如“浸入式”思政课模式。为了深入宣传与学习习近平新时代中国特色社会主义思想和党的十九大精神，在市委教育工委的精心组织下，由北京科技大学承办的“首都高校百位名家共讲十九大”为高校思政课教学模式的探索助力，“浸入式”的宣讲模式得到广大师生一致好评。学生代表认为这些理论功底深厚的专家加上各种形式新颖的活动，让他们对党的十九大精神有一个丰富和立体的掌握。

第四，各高校贯彻落实思政课教师队伍建设工程，配齐建强思政课队伍。北京各高校都在思政课教师队伍建设方面发狠力，不断加强思政课队伍建设。在提升思政工作者能力水平方面，组织各种培训工作，统筹抓好党政干部和共青团干部、思想政治理论课教师、党务工作队伍、辅导员班主任、心理咨询教师等党建和思想政治工作队伍培训工作。各高校强化政策保障，完善思想政治工作和党务工作人员教师管理“双重”身份、职务职级“双线”晋升保障激励机制。首都师范大学思政课教师黄延敏说，以前思政课老师在评职称、立项目等方面都很难；现在大家腰杆“挺”起来了。

三　思政课程和课程思政教育教学及教师队伍存在的问题

（一）思政课程教育教学和队伍建设存在的问题

根据2017年北京高校思政课教学信息反馈工作及分析报告显示，尽管目前北京高校思政课教育教学和队伍建设取得的成绩有目共睹，但存在的问题仍然不可忽视。

1. 课堂教学管理的科学性不高，课堂气氛不活跃。

根据信息员对教师教学不足的反馈，近50%的信息员都提到课堂教学管理的问题。主要表现在：一是课堂纪律、课堂气氛差。二是教学互动不够，影响教学效果。

2. 学生重视度不高，有出勤率无抬头率。

在督导们反映的问题中，一个普遍的现象就是学生对传统思政课教学的兴趣仍然不高，缺乏学习的积极性，虽然有出勤率，却无抬头率。

3. 教师对教学内容的整体性把握性较低。

根据信息员的反馈，思政课教师对教学内容的把握性较低，存在两个方面的问题。一方面，部分教师的教学内容过于单一，缺乏联系实际的例子，教师教学内容照本宣科，稍显枯燥，也有的教师讲课手段陈旧，不考虑学生的呼应状况；有的教师讲课内容联系社会热点较少，甚至很少贴近学生的困惑和特点，存在与学生实际和社会实际脱节现象，再加上生动性、感染力欠缺，造成课堂气氛沉闷、课堂效果欠佳。另一方面，部分教师课外资料与信息讲述过多，教学内容与书本偏离，耽误教学进度，所讲的并不是学生需要的，影响教学效果。

4. 教师教学方式与课堂内容融合度不理想。

随着多媒体技术的发展，教师的教学方式与课堂内容的有机融合是对思政课教师提出的新挑战。每个教师也都结合实际情况通过各种方式调动学生积极性，但就目前督导所反映的情况看，部分教师这种教学方式的创新和改变所带来的效果并不理想，有些只是为了改变而改变，并没有兼顾所选方式与课程内容之间的关系。根据督导反馈，教师的教学方式存在两个方面问题。一方面，部分教师讲课与学生展示内容与时间把控不好，学生展示与演讲比例过大，甚至有半堂课都用来放电影的现象，割裂了教学内容的完整性和逻辑性，影响教学效果和教学进度。另一方面，部分教师授课方式过于单一，多媒体运用率低，有的教师幻灯片文字不够清楚或数量过少，课堂沉闷。

5. 思政课教材编排的合理性需要进一步提升。

思政课的教材内容合理性是督导们较多提到的问题。有督导在调研报告中提到，在与授课教师的交流过程中，几乎一致认为统编教材无论在体系上还是内容上都存在不尽科学与合理的问题。以《马克思基本原理概论》为例，在哲学部分一开始就直接进入马克思主义哲学，取消了原教材绪论内容，显得马克思主义哲学没有历史渊源；经济学部分也存在许多基本范畴及其理论内容过于简单和概念化问题。这些都是教师在授课过程中遇到的教材内容处理和教材结构再编排问题，造成教师对统编教材的删减和补充不一致，各章节安排的课时也不均衡。综观四门必修的思政课教材，学生们普遍反映教材内容过于注重理论，缺少案例和生动图片。

（二）课程思政教育教学和队伍建设存在的问题

1. 将思政元素有机融合于非思政课程之中，不显山不显水，起到春风化雨，润物无声，潜移默化的作用，不容易！就好比作果树嫁接：不是简单地在树枝上绑根木条即可，不能随便“嫁接”，松树枝条嫁接在杨树上是活不了的；要适时“嫁接”，即在课程知识体系中寻找适当的切入点；要有专业“嫁接”技巧。

2. 有关课程思政内容并非教材中所有，需要教师自己挖掘，需要教师既有一定的实践经历、人生阅历和比较深厚的专业基础，又有总结与提炼的能力，这对年轻教师则更难。

3. 缺乏具体考核指标体系，对所有教师的普遍性考核较难。

（三）队伍建设的共性问题

当前，青年教师存在思想迷茫。他们要租房，还有婚姻、职称、科研等问题，他们会把这些生活工作中存在的迷茫带进课堂，青年教师的培养刻不容缓。

四　思考与建议

（一）对思政课程建设的思考和建议

1. 推进小班教学，规范教学规模。

50人左右的小班教学在一定程度上解决了大班教学中存在的部分问题，尤其是师生之间的良好互动，是促进思政课教学质量提升的一个重要方式，教师可以更好地与学生进行互动交流，更好地做到在备课时贴近学生、了解学生，提高教学的针对性。目前各高校思政课的人数大多都控制在100人左右的中班教学。

2. 以"学"为主加强和改进思政课教学方式。

高校思政课必须在以学生为中心的前提下，多与学生交流，在学生中开展调查，深入了解学生的学习需求，研究学生可以接受的学习方式，运用各种形式和手段让学生全面参与教学过程，尊重学生的学习选择权，让学生自始至终处于整个教学活动的中心。同时，在教学中要精心于教学组织形式细节的处理，努力为学生营造轻松愉快的学习氛围，把教学过程变成学生主动学习和探究的过程。激励教师以学生喜闻乐见的方式，符合学生实际情况的演示方式和教学手段不断进行教学方法的创新。如紧跟学生特点的FLASH动画、focusky动画大师在多媒体教学中的运用，构建所有学生参与的思政课教学模式，等等。各个高校均可以在本校实际情况基础上，结合自身优势探索思政课创新型教学模式。

3. 加强教学设计提高教师思想政治素质与调研能力。

高校思政课教师要站好传播主旋律这片前沿阵地，扛好高校意识形态工作这面大旗，唱响高校意识形态工作主旋律，就必须夯实其马克思主义理论功底。思政课教师应加强教学设计，精选教学案例，讲课中旁征博引的同时不能忽略教学内容与进度。进一步定期加强高校思政课教师的马克思主义理论学习，提高教师的思想政治素质。在加强理论学习的同时，也要加强教师的社会实践考察活动，提高思政课教师队伍建设。建议市委教育工委继续加大思政课教师社会调研经费投入，探索建设一批思政课教师社会实践基地。

4. 加强课堂教学管理，灵活运用教学辅助系统。

教师应该加强课堂教学管理，尤其可以运用雨课堂或优学院等教学辅助系统，提高教学管理效率。目前，根据已使用教学辅助系统的学校反馈，教学辅助系统可以实现二维码签到、答题和评论等功能，可以现场对学生进行测试和学习成效调查。并通过 App 整合课前推送、实时答题、多屏互动、答疑弹幕及学生数据分析等功能。课程开始后会自动生成本堂课程的二维码，学生通过扫描进班。课上的每一页 PPT 都会即时发送到学生端，帮助学生保存课件及回顾课程。灵活使用教学辅助系统，将以往枯燥的点名形式以更新颖、互动性更强的方式呈现，使得教师在加大课堂管理力度的同时，提高学生的学习兴趣。

5. 完善与规范督导员的相关制度。

思想政治理论课教学督导工作全面覆盖是不断提高思想政治理论课教学质量的重要环节。目前，在全覆盖方面还存在问题，主要是研究生思政课督导相对不够、选修课督导相对不够、形势与政策教育这种变动较大的课程督导不够、市级督导与各校层面督导的沟通合作不够。这需要建立多级督导机制，形成市级、校级以及院级督导的联合互动，切实做到督导到位，责任到人。同时，加强对督导专员队伍的管理，建立定期交流与培训机制。

6. 增强高校辅导员“阵地意识”，壮大思想政治理论课宣传队伍。

辅导员是开展大学生思想政治教育的骨干力量，是高校学生日常思想政治教育和管理工作的组织者、实施者和指导者。辅导员应当努力成为学生的人生导师和健康成长的知心朋友。但根据部分督导员和教师的反映，部分高校存在着辅导员的阵地意识、政治意识较弱，根本没有自己是党在高校的意识形态工作、思想政治教育的骨干力量的意识，对高校思政课重视不够，在学生中造成很多不良影响，对思政课教学产生到了消融的效果。为此，必须加强高校辅导员队伍建设，严把辅导员进入关，通过培训与理论学习，不断增强其“阵地意识”，壮大思想政治理论课的宣传队伍。

(二) 对课程思政建设的思考和建议

1. 发挥老领导、老教师阅历优势，请他们结合自身的业务发展，经历的国家发展和时代进步，挖掘思政元素，支撑和丰富课程思政的建设，强化青年教师和学生的“四个自信”。

2. 处理好共性与特性的关系，思政课程要求“共性”，包括使用统一的教材，可更多地借鉴 MOOC 技术，让各校优秀的思政课程资源分享，而课程思政则追求特性，追求各校、各院、各专业乃至各课程的特点。

3. 探索与建立课程思政质量的评价指南或指标体系。

五 思政课程和课程思政育人工作中要发挥老同志的作用

在推进北京高校思政课程和课程思政工作中，我们认为“五老”作用不可或缺，他们党性修养高、理想信念坚定、工作经验丰富，邀请“五老”参与思政课程和课程思政工作，对于着眼于培养担当民族复兴大任的时代新人，始终让青少年听党话跟党走、成为社会主义事业的合格建设者和接班人，具有十分重要的意义。在调研基础上，北京教育系统“关工委”联合市委教育工委宣教处，拟定了北京高校“五老”参与思政课程和课程思政建设实施方案。（1）真切认识老同志的重要价值，由衷把他们当作思政课程和课程思政建设的重要补充力量。请他们直接走上讲台，为学生讲授示范课，或开设讲座。（2）建设老领导、老专家咨询团，为思想政治理论课建设和课程思政工作提供咨询，从思想政治方面、教学内容和教学方法等方面指导年轻教师不断提升水平和能力。（3）深入教学与学生工作第一线调研指导，努力实现思政课程和课程思政听课全覆盖，了解学生，反馈教学效果，就如何上好思政课程和课程思政，如何更新授课内容，及时在课堂教学中引入党的十九大精神提出具体意见和建议，指导青年教师工作，协助学校积极有效推进党的十九大精神进校园、进课堂、进头脑。（4）组建老领导、老专家教育教学质量督导组，从事教学质量督查督导工作，并形成常态化机制，从而把握学校人才培养大方向，同时帮助指导教师挖掘专业课程中的思政育人元素，强化专业课的思政育人功能，推动“思政课程”向“课程思政”的转变。

Ideological and Political Education of and in University Courses Survey in Beijing

Deng Xingjun

Abstract: To promote the "Ideological and political course" and "Ideological and political course" to form the synergy effect of educating people is the inevitable requirement for the full implementation of the spirit of the national ideological and Political Association of Colleges and Universities. "To cooperate with the ideological and political course and the ideological and political education work" is one of the work innovations of the Working Committee of Beijing Education System Concerning the Next Generation, through the holding of symposiums, cooperative group meetings and other forms of ideological and political courses and ideological and political education of the work of investigation and research. The report summarizes the achievements and new features of the ideological and political education and team building in Beijing universities, and analyzes the general problems of the ideological and political education and team building in the new era, and in view of the question and the demand research next step thorough advancement method.

Keywords: ideological and political course; curriculum ideological and political; new features; old comrades

促进研究生心理健康教育发展的积极心理学路径*

赵晓风**

摘　要：近年来，研究生心理问题日益显现，但研究生心理健康教育却稍显薄弱。促进研究生心理健康教育是适应社会发展和时代进步的需要，也是研究生成长与发展的需要。为促进研究生心理健康教育发展，所采用积极心理学路径有：加强对研究生心理健康教育的重视程度，确立积极心理健康教育的目标与方向，倡导研究生自主学习与体验式教学，采用多元的积极心理学路径，汲取传统文化中的修身养性之道，构筑研究生心理健康教育的社会支持系统。

关键词：研究生心理健康教育；积极心理学；路径

积极心理学（positive psychology）是由美国兴起而迅速传遍全球的心理学理念和实践浪潮，它是致力于研究和发展人的潜能和美德等积极心理品质的一门科学。① 由此，“积极心理健康”（Positive Mental Health）的理念也应运而生，Marie Jahoda 认为积极心理健康可以被视为促进持续发展的人格特征或被视为人格和社会环境的良性互动状态。②从积极心理学的理念来看，心理健康教育不仅是促进个体身心健康和全面发展，更是能促进人与社会的和谐发展和创建幸福生活。近年来，随着社会竞争加剧和研究生培养规模不断扩大，研究生的压力也逐渐增大，心理问题、精神疾患日趋增多，自杀和违法犯罪事件时有发生。重压之下，如何促进研究生

---

* 基金项目：西安市社科规划基金课题“西安社区矫治对象心理矫治机制探索”（项目号JY117）。

** 赵晓风：西北政法大学公安学院副教授，研究方向：心理学、心理健康教育。

① 郑爱明、李梅：《积极心理学视野下的研究生心理健康教育探索》，《江苏师范大学学报》（哲学社会科学版）2014 年第 11 期。

② Mark D. T，Matthew J，Jeffrey F，el.，Integrating Positive Psychology into Schools：Implications for Practice，*Psychology in the Schools*，2004，41（1）.

心理健康教育的发展是高等教育的重要课题。积极心理学的理念为研究生心理健康教育提供了新的视角和路径。

一 当前研究生心理问题及心理健康教育现状

（一）研究生心理问题

1. 研究生心理问题复杂且隐蔽

研究生阶段多种心理问题交织，比本科生更具复杂性和隐蔽性。相对于本科生而言，研究生有年龄跨度大、生源多元化、专业多样化、生活阅历千差万别等特点，其心理问题表现千差万别。同时，研究生也面临学业、职业、婚恋等多种压力带来的心理问题。从学业学习来讲，研究生阶段的学习具有探究性、实践性和创造性，充满压力和挑战。朱美燕运用问卷调查法对浙江省 20 所研究生培养院校的心理健康教育工作者进行实证调查，结果发现，科研压力是影响研究生心理健康的关键因素。以浙江大学为例，该校心理中心接待的研究生来访者人次呈逐年递增趋势，2015 年研究生来访人次几乎达到了 2012 年的 1.5 倍；2016 年共接待研究生来访者 1093 人次，其中一般心理问题占 65%，疑似心境障碍占 15%，疑似焦虑障碍占 7%，疑似人格障碍 2%，其他问题占 11%。在一般心理问题中，因学业问题或导学关系问题而寻求咨询的达到 11%；疑似心境障碍与焦虑障碍中，因学业问题而导致此类症状频发的占到大多数。① 从求职就业来讲，研究生已到学历教育高端，面临着“结大瓜”的较高较急的就业期待。从婚恋家庭来讲，研究生基本上都到了适婚年龄，不仅要面对谈婚论嫁，更要面临成家立业等重大现实问题和人生选择，心理压力和生活挑战不言而喻。

而且，作为成年人，研究生有更强的心理防御机制，更容易包装隐藏自己，使心理问题隐蔽累积起来。此外，学校社会对研究生心理问题关注度不高，缺乏应有的引导和教育。因此作为高期待、高压力群体的研究生，心理问题比本科生更复杂隐蔽，更容易导致抑郁、焦虑、强迫，人际

---

① 朱美燕：《研究生心理健康教育现状调查分析与对策思考》，《黑龙江高教研究》2017 年第 3 期。

敏感等心理问题，甚至还可能产生心理疾病和导致极端事件。

2. 心理疾病是影响研究生学习生活和休学退学的重要因素

许多调查表明，心理问题和心理疾病不仅是影响研究生正常学习和生活的主要因素，也是导致研究生休学、退学的主要原因。高校每年的新生心理健康普查结果表明，有相当比例的研究生心理问题突出，还有不少人存在不同程度的心理障碍和精神疾病。其中神经症所占的比例最大，而重性精神病危害极大。有调查研究①发现，研究生心理问题检出率为44.16%，其中有轻度心理问题者占总人数的32.18%。学校办理休学的研究生中因神经衰弱、情感障碍等原因而休学的占24%；从研究生退学、休学情况的调查来看，在所有退学者中，约有一半的学生是因为承受不了学业上的压力而放弃学习的；在休学者中，心理疾病约占到了一半；但也有已患心理疾病仍在校学习的，但他们学习效率不高，生活质量下降，社会适应能力已有不同程度的受损；重性精神病者虽然比例不高，但其有自我伤害或反社会行为，存在很大的隐患和危机。

3. 心理问题与压力是导致研究生自杀和暴力事件的主要原因

近年来，研究生自杀和暴力极端事件时有发生。因为情感恋爱失败跳楼的，因学习压力而自缢的，因抑郁折磨而轻生的。比如，2015年中南大学研究生因不能顺利毕业在图书馆跳楼自杀，2014年中山大学历史系研究生因毕业延期而自杀，2019年浙江大学博士研究生因科研压力大而跳海身亡的。此外，研究生刑事案件也屡见不鲜。2013年复旦大学硕士研究生林森浩投毒舍友黄洋事件、2018年西安交通大学毕业生周凯旋杀死中科院研究生惨案等，都是由于各种不健康的心理因素所导致。这些恶性事件主要都由心理问题和压力过大所引发的。

（二）当前研究生心理健康教育的问题

1. 研究生心理健康教育不受重视、发展缓慢

研究生心理问题不受重视，心理健康教育发展缓慢。一直以来，学校家庭对研究生心理问题缺乏应有的关注。当前大专本科生的心理问题已经引起了学校和社会的高度重视，基本都已形成较为健全的运作体系，但是

---

① 石共文等：《高校研究生心理健康教育的长效机制构建》，《创新与创业教育》2015年第5期。

研究生心理健康教育却发展缓慢，改观甚微。现有的研究生心理健康教育要么流于形式走过场，要么生搬硬套本科生心理健康教育模式。文献分析也表明当前研究生心理健康教育与本科生心理健康教育的差异，截至2022年4月底，以“心理健康”为关键词查阅中国知网全文数据库，共检索到论文281167篇，其中涉及大学生的有74978篇，涉及研究生的有3345篇。

2. 过分关注消极心理，忽视积极心理品质与潜能开发

长期以来，心理学侧重于消极心理视角，惯用疾病医治模式，忽视了积极心理的开发和利用。目前研究生心理健康教育工作还是沿袭消极心理学模式，重点集中在消极偏差心理的诊断治疗，而忽视了积极健康心理的挖掘和培养，使心理健康教育陷于被动局面和狭隘空间。只是以心理问题为衡量标准的心理健康教育，不仅忽视了学生积极心理品质的培养和潜能的开发，还有可能对学生形成一种消极心理暗示，导致学生过分关注自身的消极层面，忽略自身的积极心理品质的培养和塑造。①

3. 研究生心理健康教育内容单一、形式单调

只重视消极偏差心理预防与矫治，忽视积极心理的培养与塑造，这导致了研究生心理健康教育无论是内容还是形式都偏离了培养全面发展和高素质人才的总目标。研究生已经到了高级学习探索阶段，知识学习和信息检索能力较强，完全可以自主学习，最重要的是培养其探索精神和创新能力，尽可能地实现自我，努力寻求个人成长与社会发展的最佳结合点。但目前研究生心理健康教育主要以上课为主，而以操作体验、训练拓展等多样化的形式开展是很少的，因此显得单调，缺乏活力和生机。

4. 研究生心理健康教育缺乏系统性和协调性

目前研究生心理健康教育没有将理论知识学习、心理训练、实践活动有机结合，系统化进行。心理健康教育不仅是知识理念的学习和掌握，更需要在实践中去体悟去操作，才能由内而外落地生根。而且，目前研究生心理健康是孤军奋战，缺乏沟通和协调性。研究生心理健康的维护和心理素质的提高，不是学校单方面能完成的，需要学校家庭社会齐抓共管、共同配合。如果家庭、学校和社会缺乏协作，则有可能使学校心理健康教育孤立无援，缺乏有效的组织支持系统，难以达到理想的效果。

---

① 刘媛：《论积极心理学视域下的研究生心理健康教育》，《学理论》2012年第3期。

二　积极心理学视角下研究生心理健康教育的意义

（一）有助于提高研究生的社会适应性

快速发展的现代社会要求研究生具备较强的社会适应性。随着信息化人工智能时代的到来，人的意识观念，情感态度都在飞速地发生着变化。社会变革给正在成长的研究生带来的心理冲击比以往任何一个时代都更强烈、更复杂。研究生即将结束学习生涯，步入竞争的职场，将面临诸多的问题和较大的压力，诸如理想与现实的冲突，专业与职业的差距，恋爱婚姻问题等。加强研究生心理健康教育，不仅能有效地缓解研究生的心理压力，帮助其解决心理问题和渡过心理危机，还能更好地促进研究生社会适应性的提高，促进研究生更好的社会化，保持乐观积极的心理状态，以积极良好的心态适应社会和应对竞争。

（二）激发研究生心理动力，提高科研创新能力

积极的心理健康教育不仅能促进研究生更好地认识自我，提高自信，而且能激发其科研动力，提高科研创新能力。学习有动力，研究有劲头，才能不断促进其科研创新。积极心理能不断促进其创新意识、创新思维和科研能力的开发和养成。有创新意识和思维，就不会盲从或轻信权威，带着质疑和批判的眼光去学习研究，以兼容并蓄的态度，灵活变通的方式去探索和发现。

（三）有助于提高研究生的情商和人际交往能力

积极的心理健康教育，不仅可以促进研究生的积极情绪的培养，还可以增强其人际交往能力。良好的心理是智商与情商的协调平衡发展。一个人即使智商高聪慧过人，情商不高也难以适应社会，难以成才。引发恶性事端的研究生，往往是由于情商不高、人际交往能力不足导致的。通过情商培养，可以促进研究生情绪觉察和识别能力的发展，提高情绪管理和调控能力。积极的心理健康教育通过引导研究生积极地进行人际沟通，建立和谐人际关系，体验人际交往的满足与快乐。情商培养和人际交往能力的

提高是研究生更好地适应社会的重要方面。

（四）有助于培养研究生健全人格和积极心理品质

研究生阶段是学生完善人格的重要阶段。通过心理健康教育，引导研究生全面地认识自我，准确地评价自我，积极地悦纳自我，积极地面对压力和挫折，将理想自我和现实自我结合，将个人发展和适应社会相结合，不断地完善自我和健全人格。乐观积极的品质是个体对未来事件的积极期望、积极解读和积极推测，表现为一种积极的解释风格，是调节身心健康的重要内部资源。通过心理健康教育培养研究生积极的心理品质，从而促进其耐挫力的提升和良好的意志品质的培养。

（五）有助于提高研究生培养质量

心理素质的培养和提高是研究生教育的重要目标之一。研究生综合素质的形成，要以心理素质为中介，促进其思想道德素质、科学文化素质、人文社会素质的全面发展。在此意义上，研究生综合素质的高低，与其心理素质高度相关，而心理素质的培养又与心理健康教育息息相关。开展研究生积极心理健康教育，有助于培养研究生的创新能力，有效地促进专业学习和科学研究的有机结合；促进人际交往，参与学术交流和课题合作；促进研究生人格的完善，培养研究生报效祖国、服务社会的历史责任感。

三　促进研究生心理健康教育发展的积极心理学路径

（一）加强对研究生心理健康教育的重视程度

加强对研究生心理健康教育的重视程度是关键。高校要进一步加强对研究生心理健康教育的重视程度，动员多方力量，促进研究生心理健康教育的良性发展。不仅要开设研究生心理健康课程，更是要建立系统化的研究生心理健康工作机制。不仅要从物质层面给予大力支持，还要加强研究生心理健康教育队伍建设，加强相关人士的学习与培训，不断推进研究生心理健康教育的理论研究和实践创新。

（二）确立研究生积极心理健康教育的目标

孟万金教授认为，积极心理健康教育旨在以积极发展为取向，有目的、有计划地增进学生和国民心理健康的理论和实践体系。①因此研究生心理健康教育的目标也是以研究生的积极发展为目标，提高其心理素质和促进其健康成长与发展。研究生心理健康教育应该把关注点投向学生积极心理品质的塑造上，而不仅仅是消极的心理预防和病态心理治疗；应着眼于高层次的发展与建设层面，追求高层次需要的满足和潜能的发挥，发展建设性人际关系，促进研究生社会创造和自我价值实现。

（三）采用多元的积极心理学路径

积极心理学可以采取多元路径：（1）积极心理训练。即采用一定的方法和手段，有目的、有意识地对人施加影响，使人达到最适宜最佳的心理状态。诸如感恩训练主要由建立积极情感，寻找最好的自己，发现生命的意义，发挥优势等环节构成。具体操作包括寻找生活中美好的事情、感恩拜访、写感谢信和感恩日记等，讲自己的故事，描绘其未来等。（2）积极心理治疗。如希望疗法更多地通过目标吸引和对未来的积极预期来提高人的心理健康水平，引导他们以积极的心态应对压力，激发其生命的意义和开发其价值与潜能对，带着好奇心和积极的心理暗示面对未知。（3）团体心理辅导法。通过团体成员的人际互动，使个体在交往互动中观察学习，认识与探索自我，学习新的态度与行为方式，调整与他人的关系，以促进成员的良好发展和不断完善。（4）角色扮演法。通过扮演不同角色，去体会和感受，加深对不同身份人的理解和感知，激发研究生的共情能力和人际交往能力的提高。可以通过文字表达的形式，或者通过心理剧的形式。

（四）其他有利于积极心理健康教育的路径

汲取传统文化中的修身养性之道。中国传统文化蕴含着丰富的文化养料，非常有利于“研究者”和“学者”的心理成长与发展。西方传统心理理论与技术侧重于心理创伤与疾病、心理障碍等消极心理；中国传统文

① 欧阳胜权：《研究生积极心理健康教育论析》，《学校党建与思想教育》2014年第4期。

化强调更多的是健康积极心理的构建，与现代积极心理学的理念是一致的。中国传统文化倡导以人为本，注重人的自我修养和自我调节，启发人积极向善，追求和谐稳定。诸如个体通过儒家思想的感悟、静坐禅修、冥想内观等本土化的心理修炼方法来形成较高的道德准则，有助于减少抑郁焦虑等负性情绪的出现，建设积极心态。

构筑研究生心理健康教育的社会网络支持系统。积极的社会支持系统对研究生心理健康教育至关重要，它包括学校老师、家人朋友、社会组织等形成的社会网络系统，家校沟通、导师引领、辅导员引导等。这些积极的社会支持系统是研究生积极情绪体验的来源，有助于研究生产生发展与创造的动力，提升其心理品质和积极人格。完善的社会支持系统也有助于构筑研究生心理危机的积极预防体系，促进研究生心理健康教育的全面性和高效性。

Positive Psychology Paths to Promote the Development of Postgraduate Mental Health Education

Zhao Xiaofeng

Abstract: In recent years, the psychological problems of postgraduates have become increasingly apparent, but the mental health education of postgraduates is slightly weak. Promoting postgraduate mental health education is to meet the needs of social development and the progress of the times, and it is also the need for the healthy growth and good development of postgraduates. In order to promote the development of postgraduate mental health education, the positive psychology paths adopted are: strengthening the emphasis on postgraduate mental health education, establishing the goal and direction of positive mental health education, advocating postgraduate independent learning and experiential teaching, and adopting a variety of positive psychological path, absorb the way of self-cultivation in traditional culture, and build a social support system for postgraduate mental health education.

Keywords: postgraduate mental health education; positive psychology; path

新时代志愿服务对法科大学生职业能力提升的实证研究*

李　芳**

摘　要：习近平总书记提出法学教育要培养德法兼修高素质法治人才，要求法学教育同生产劳动和社会实践相结合。教育部新《法学本科专业教学质量国家标准》对法学人才培养目标也提出新的要求，要加强实践教学环节。本文论述了新时代志愿服务型劳动对法科学生的重要性，通过理论剖析和调查问卷与深度访谈的实证研究，重点从志愿服务对法科学生的职业能力和职业素质提升的路径进行解构，探索法科学生实践教学的新途径。

关键词：志愿服务；法科大学生；职业能力；实证研究

志愿服务起源于19世纪初西方国家宗教性的慈善服务。19世纪末及20世纪初，受到欧美政府的重视和鼓励，“二战”后成为由政府或私人社团所举办的广泛性的社会服务工作。我国志愿服务随着改革开放而开始于1978年年底。1993年年底，随着共青团中央组织实施中国青年志愿者行动而进入了有组织、有秩序的阶段。此后全国青年大学生积极参加志愿服务活动，逐渐发展成为一股强大的志愿服务力量，成为推动我国公益事业、积极参与社会管理与治理的不可忽视的重要构成部分和强大力量。笔者长期带领法科学生进行各种志愿服务活动，发现志愿服务在提升大学生职业能力方面有显著作用。

---

* 基金项目：陕西省教育厅项目“完善大学生公益社会实践，探索人才培养新途径”（编号：17JK0798）；西北政法大学教改项目“加强劳动教育推动法 科研究生高质量全面”（编号：XJYY202203）。

** 李芳，西北政法大学行政法学院副研究员，硕士生导师，研究方向：思政教育。

一 职业能力概述

职业是指在业人员所从事的有偿工作的种类，也是人们在社会中从事的有稳定、合法收入的活动、劳动。职业存在于社会分工之中，在不同工作性质的岗位上，因为角色不同所从事的工作在目标、内容、方式与场所上也存在很大差别。能力就是指顺利完成某一活动所必需的心理条件和特征。能力总是与一定的实践活动相联系并通过完成具体的实践活动而展现和发展。职业能力就是在职业活动中需要的多种能力的综合，是人们创造和发展的基础条件。

关于职业能力的一般性构成，有一种分法是专业技能和可迁移技能两种。专业能力是指具体的、专业化的、针对某一特定工作的基本技能。专业技能是需要经过有意识的、专门的学习培训而获得某一方面专业知识、技术与技能，它是一个人成为职业化人士的基本条件。专业技能具有专门性、独特性、技术性、相对限定性等特征。而可迁移技能是指“在某一种环境中获得，并可以有效地移用到其他不同的环境中去的技能，是个人能够持续运用和最能够依靠的技能”①。可迁移技能具有可迁移性、普遍性、实用性、发展性、创造性等特征。

但综合借鉴相关研究成果，笔者认为职业能力在实践中包含三类具体的能力：一般职业能力、专业能力和综合能力。用这三种能力来概括、描述、说明职业能力的内涵，在实践中具有更强的操作性。具体来说，一般职业能力主要是指一般的学习能力、文字和语言运用能力，以及人际交往能力、团队协作能力、对环境的适应能力、心理承受能力；专业能力主要是指从事某一职业的专业技术能力；综合能力主要包括跨职业的专业能力、方法能力、社会能力、个人能力。

二 新时代志愿服务对于法科大学生的重要性

习近平总书记对法学实践教学提出高要求。2017 年 5 月 3 日习近平总书记视察中国政法大学时强调，全面推进依法治国是一项长期而重大的

① 曲振国：《大学生就业指导与职业生涯规划》，清华大学出版社 2010 年版，第 62 页。

历史任务，高等法学教育要坚持中国特色社会主义法治道路，坚持以马克思主义法学思想和中国特色社会主义法治理论为指导，立德树人，德法兼修，培养大批高素质法治人才。2019 年 3 月 8 日，在全国思想政治理论课教师座谈会上，习近平强调，新时代贯彻党的教育方针，扎根中国大地办教育，同生产劳动和社会实践相结合，努力培养担当民族复兴大任的时代新人，培养德智体美劳全面发展的社会主义建设者和接班人。

为了贯彻落实习近平同志重要讲话精神，积极推进法学教育改革，提高法治人才培养质量，2018 年教育部发布《法学本科专业教学质量国家标准》（简称新《国标》），对法学实践教学提出新要求。新《国标》规定“法学类专业教育具有很强的应用型和实践性，在国家民主法治建设中发挥着重要的基础性作用。法学类专业教育是素质教育和专业教育基础上的职业教育”。明确定位法学本科教育是职业教育。人才培养目标“要坚持立德树人、德法兼修，适应建设中国特色社会主义法治体系，建设社会主义法治国家的实际需要。培养德才兼备，具有扎实的专业理论基础和熟练的职业技能、合理的知识结构，具备依法执政、科学立法、依法行政、公正司法、高效高质量法律服务能力与创新创业能力，熟悉和坚持中国特色社会主义法治体系的复合型、应用型、创新型法治人才及后备力量”。其中培养方案具体规定，总学分控制在 160 学分左右，其中实践教学累计学分不少于总学分的 15%（即 24 学分以上）。要求强化实践教学课程，其中社会实践时长不得少于 4 周，要让学生了解社会生活，培养社会责任感，增强学生的职业能力。

当前法学教育实践教学的不足要求采取新的路径予以完善。法学学科是一门实践性很强的学科，但现实中则存在“法学人才多但职业能力弱、教学系统性强但开放性低”① 的情况，法科毕业生在法律职业工作中出现水土不服，获取、利用法学专业相关知识的学习能力不足，运用专业理论处理实务问题的基本能力、职业能力欠缺，在工作中法律职业精神与职业认同缺乏的现状。因此，在法学教育中要注重学生的实践能力培养，应思考如何缩小书本知识与法律实际运用的差距，增强学生解决实际问题的能力，注重职业能力素质的塑造。法科学生的实践教学课程包括实验、实

① 李若瀚、王宝磊：《西方法学教育模式对我国高等法学教育的启发》，《广州广播电视大学学报》2018 年第 4 期。

训、实习、毕业论文（设计）、社会实践。

社会实践以其独特的方式对课内教学进行了延展和补充，极大地丰富了法科学生实践教学的内容和形式。志愿服务是一种高层次的社会参与行为，其社会价值就在于它是一种现代人作为公民自觉承担社会责任，以及有序参与社会治理的重要方式。志愿服务活动以其独特的精神实质，越来越被人们所接受和参与，在国外国内许多学校已把其纳入教学规划之列。习近平总书记给华中农业大学“本禹志愿服务队”回信，勉励他们弘扬志愿精神，为实现中华民族伟大复兴的中国梦做出新的贡献。教育部出台《学生志愿服务管理暂行办法》《加强大中小学劳动教育的意见》，希望高校以此加强学生志愿服务与管理，进一步推进立德树人，提高学生社会实践能力，增强学生社会责任感与公共服务精神。

三 新时代志愿服务对法科大学生的职业能力提升的路径

能力总是与一定的实践活动相联系并通过完成具体的实践活动而展现和发展。志愿服务性劳动作为劳动教育的重要内容，是培养学生职业能力的有力抓手与重要手段。大学生志愿服务作为高层次的社会实践活动，对于法科学生职业能力的培养、未来职业素质的历练积累具有重要的作用。

（一）志愿服务活动有助于训练学生的专业能力技能

一定的职业岗位都有一定的专业能力作为相应的岗位职责。专业能力是在长期的实践基础上得到发展和提高的。志愿服务对于法科大学生来说是重要的实践途径之一，也是对专业职业能力训练和培养的较好的方式，是对学校实践教学有益的补充和延展。理论一经掌握，并与实践相结合，才可以形成力量，才可以形成能力。普法宣传与咨询类的志愿服务活动，是法科大学生志愿者入职前的热身运动，为未来职业需求的专业能力、专业方法与技巧等专业应用技术提供应用训练。同时，对于专业思维、专业意识、专业态度、专业热情、专业认知等专业要素提供训练、管理机会，逐步养成专业能力与专业态度、专业认知、专业情怀。

在笔者组织的某地方法学院校相关问卷调查中，关于“你如何看待自己的志愿活动”的调查显示，44.22%的受访者认为“实现了自己的价值”；40. 63%的受访者认为“有利于专业学习或专业知识的运用”；39. 6%的受访者认为“锻炼了自己，发觉了个人潜力”；22. 2%的受访者认为“获得了成就感”。总体认为志愿服务是有一定的获得感，对于自身能力的提升有积极作用。关于“参加志愿服务活动的初衷”显示，30. 85%的学生认为可以获得工作经验和社会阅历，20. 13%的学生希望挖掘自身潜力。从这一组数据对比可以看出，志愿服务活动对于法科学生能力的锻炼与提升具有较大的作用。

在对该校相关深度访谈中，教务处 L 处长说到“法学是一门实践性和应用性极强的学科，学习的效果如何最终要落实到运用能力和水平上来。志愿服务可以锻炼学生自身综合能力，提高法律知识应用的能力”。2010 级学生 JK 说到“做志愿活动，锻炼了我的组织能力与协调能力，我到法院工作，适应比较快，领导、同事都说我进入工作状态比较快”。

在对该校法科大学生志愿者毕业生跟踪调查中，用人单位给予长期参加过志愿服务的学生的专业能力予以肯定。在校招会的访谈中，一个用人单位的人事部门主管 XW 说“我们在招聘用人上，对于参加经常社会实践活动的学生是比较喜欢的，也比较关注”。一个单位的招聘人员 AX 说到“在实际工作中，那些在学校经常参加社会实践的学生，个人工作能力相对是比较强的，具有了一定的专业意识、文本撰写等基础工作的技能，工作上手也快。所以，现在我们在招聘过程中大家比较看重毕业生的这些资历和经历”。

志愿服务是一种高层次的社会参与行为，其社会价值就在于它是一种现代人作为公民自觉承担的社会责任，以及有序参与社会治理的重要方式。新时代，在全面推进依法治国，建立和完善国家治理体系和治理能力现代化的大背景下，随着志愿服务专业化、项目化、规范化的推进与发展，社会、国家对法律宣传与服务类的志愿服务要求会更多，如专业化程度、项目化运作、规范化管理等指标要求会更多，那么，在新时代增强法治治理能力提升的环境下开展志愿服务，将更加有助于锻炼、提升志愿者的专业能力，尤其是法科学生的专业能力和技能。

（二）志愿服务有助于锻炼、提升法科学生的一般职业能力

志愿服务活动是实践性、操作性、综合性等指标要求比较高的专业化社会实践活动，其对于学生的专业知识与技术，逻辑分析、动手操作，综

合协调与组织管理等能力的培养具有很强的实际训练作用。虽然这些能力的获得在当下不是很凸显，但对于志愿者毕业生所需的就业能力、工作胜任力等内在能力和素质的锻炼是非常有效果的，而且是非常必要的。将来进入工作岗位后，毕业生就会很快适应工作，进入职业角色和状态，能够缩短初入职的过渡期。

志愿服务型活动能够锻炼法科学生的组织、团队合作能力。志愿服务活动是有组织、有目的、有计划的综合性服务工作，对于志愿者、志愿行为、具体活动都是有明确的规定与要求的。比如对于志愿者，社团组织有明确的组织纪律规定，以及职业操守、责任、义务等详细规定，而且依据社团组织的服务宗旨、服务领域，还有相应的特别规定和具体要求。每一次的具体服务活动、项目开展，都是有组织的集体活动，小组内部有具体的角色分配、工作职责、任务。对于每个大学生志愿者来说，在某项志愿服务活动中，是有具体的角色安排与工作任务的。志愿者要相互协作，扮演好自己的角色，按照职责要求，相互协作，完成各自的任务，该组织才能相互协作、共同完成志愿服务工作与志愿服务项目。2009 级毕业生 SH 说到“做志愿活动几年，锻炼了我的组织能力与动手能力，体会比较深，现在在公司做法务，做得挺顺手的”。

志愿服务有助于训练学生的科研写作。法律是一门始终与文字打交道的学科，对于法律职业从业者人员来说，写作能力是基本的技能与素质要求。然而这种能力不是自然就有的，而是需要经过长期严格的训练才能取得的。在国外的法学院，都比较重视对学生的写作能力的强化训练。像美国法学院，开设写作课程，“重点培养未来的律师所需要的调查、写作甚至是口头表达的能力，即如何像一个律师一样写作和思考”①。但是我们法学院的 10＋X 核心课程并没有写作课，而在现有的核心课教学中，教师也没有太多的时间对学生进行配套的写作训练。结果是走上工作岗位的毕业生，在公文写作、法律意见书制作等方面能力比较欠缺。

在访谈中志愿者 SJH 说“志愿服务活动前期要设计、撰写策划方案，后期要写新闻推送，汇总数据，总结经验，这些都是很务实的。在服务工作中会不断地收获新经验、新想法，写作能力也得到了锻炼”。2012 级

---

① 朱梦羽：《美法两国法学教育模式对我国高等法学教育的启示》，《中国大学教学》2015 年第 12 期。

QYQ 说到“志愿服务活动的方案策划、文稿推送都是应用性的，各环节与步骤要求明确清晰，直观可操作，对于应用文写作、材料分析等有很强的训练作用。在公务员省考中‘申论’成绩高于第 2 名 13 分，而‘行测’两人只有 1 分差距。这个结果与自己经常参与活动方案策划、活动宣传推送的锻炼分不开的，现在领导给布置一个文案，比如通知、工作安排、工作计划、工作方案、总结等，很顺利地写出来，领导也修改得比较少”。

（三）志愿服务可以增强法科学生的综合能力，提升工作胜任力、综合能力

志愿服务的服务内容大多为多学科的、交叉性和综合性的基层社会服务项目，因此，在完成这些志愿服务项目的过程中可以锻炼学生志愿者的持续自学能力、问题解决的综合能力，增强工作的胜任力。如拿我们开展的“青少年法律服务”项目来说，要做好一名优秀的志愿者，为青少年提供优质的服务，一则要有娴熟的法律知识与方法技术，二则还要具有其他相关的学科知识与技术，如社会学、心理学、教育学、管理学等相关知识、实务技术。

在志愿服务过程中，志愿者经常会遇到一些现实问题，要解决这些实际问题，往往会发现理论知识如法条、原理、规则的适用与实际问题解决没有一一对应，学生志愿者发现自己所学的知识与实际问题的需求有很大的距离。为了解决问题就可以激发学生的求知欲和学习动力，倒逼、促使学生回到学校后，更加积极地学习，探求法学知识，以及与项目服务相关的其他知识和技术，如婚姻家庭、人际关系、交友恋爱、青少年成长、创业就业指导、老人赡养等相关的专业知识，以及咨询、谈话技术、沟通交流技术、教学基本技术、计算机技术、测量方法、收集与处理信息数据等技术和方法。因此，通过长期参加这些志愿服务活动，可以逐步持续地提升志愿者解决问题的应对方法能力、社会能力、个人综合能力等。而这些能力的提升、增强，为志愿者未来从事跨行业的工作、综合性、交叉性强的领域、岗位工作，提供了初步的基础。

如志愿者 ZX 说到“在与司法所民警普法过程中发现了司法统计、调查报告、社会工作在基层司法工作的普适性与重要性。回到学校后自己选修了司法统计学、社会调查、社会工作等课程，为以后去基层就业做准

备”。志愿者 WC 说到“在志愿服务活动中，自己喜欢上了禁毒法治教育，后来参听禁毒法的学术报告与研讨会、选修了禁毒法课程、申报了禁毒法治教育的大创项目。毕业后考到西安市戒毒所，成为一名戒毒干警”。

如志愿者 DXH 说到，“参加一次志愿活动，前期要准备许多活动资料，如禁毒、普法宣传、心理辅导等方面的知识，做 PPT，编排节目、做游戏互动等内容、环节设计；服务过程中，有知识讲授与辅导、节目表演、心理辅导与交流等活动，这倒逼自己学习了综合知识，同时，也锻炼了自己的动手能力与组织能力”。志愿者 LJ 说到“参加志愿服务活动，让我的计算机应用能力大有提升，开展活动、宣传推广等工作需要制作PPT、美文推送、统计数据、人员信息等具体工作，都要用电脑操作，我学会好多功能”。

总之，志愿服务活动是综合性的社会活动，它具有社会的一切特征和需求，它的综合性和复杂性是对志愿者综合能力的考量，是对志愿者社会化的前置，在这一社会化的过程，也对法科学生志愿者的综合能力有积极的助推作用。

（四）志愿服务能够增强法科大学生的就业竞争力，以及未来职业人应具备的内在品质

研究发现“学生决策能力通常与一定的资历紧密联系，或者后者是前者的一个证明”①。在求职就业过程中，用人单位重视对个人的实践经验，动手能力等职业技能的考察，用人单位急需的是一个现实上岗人员而不是“需要培养后才可使用的未来后备人员”。志愿服务活动长期对于志愿者的历练，使志愿者个人积累了许多丰富的工作经验。在求职过程中，这些经验为大学生提供了“面试素材、问题策略、工作话语、职业话语和职业意向”，学生志愿者因丰富的活动经历而更加自信，从容地应对面试考官的提问，因而增强了自身的竞争力和被录取的机会。志愿者 SL 说他在一次校招会上，面试顺利，被 2 家单位看中，听考官说“自己在面谈中，提供的业务方案比较有可操作性，各步骤、环节中间漏洞少，说的话比较通俗化，接地气”。志愿者 MS 说到“在申请中国香港、英国大学

---

① 侯定凯：《高等教育社会学》，广西师范大学出版社 2004 年版，第 249 页。

研究生留学的过程中，有 2 所大学的申请、面试中，都有对申请学生是否有志愿服务、社区服务经历的考察，自己在读本科期间参加了 10 次志愿服务活动，没想到在申请留学时还帮了大忙”。

志愿服务能够培育未来职业人应具备的内在品质。在深度访谈中，志愿者 WN 说道，“在法律志愿服务中，培养了凡事须认真，讲究公平、正义的执著，积极服务社会的主动性、责任心，这是作为一名法律工作者应该具有的内在品质”。志愿者 SJH 说道，“我认识到作为一名英语教师志愿者，仅有英语专业知识是不够的，教学技能技巧等教师基本功是必须要掌握的”。院长 W 说道，“志愿服务不仅可以培养学生的主动服务意识，还可以锻炼学生的专业精神与专业技能，培养未来职业的内在潜质。如学经济学的学生，在设计方案时，就要考虑投资成本效益回收”。教师 L 说道，“大学生所服务的对象很多都是弱势群体，对当事人而言，许多当事人遇事求助无门，经济也都非常困难，学生帮助弱势群体维护权益，伸张正义，是本专业、未来法律职业人应该追求的品质”。

“志愿服务能够让大学生提前了解未来职业，以及社会对职业的需求”①。参加志愿服务的过程，也是大学生走出校园，与社会各阶层互动了解的过程，尤其是基层社会。在此过程中，大学生志愿者历练了工作能力，了解本专业、某职业的工作概况；与不同行业、职业、岗位的群体、个体打交道，合作共事，了解不同职业对人才素质的需求倾向，为将来的职业生涯做参考。

四　结语

志愿服务型劳动具有劳动教育的基本功能与作用，又有其独特的教育功能和育人作用，法学院要大力加强大学生志愿服务引导，创新“立德树人”的方式方法，鼓励更多的大学生参加志愿服务社会实践，在服务他人、服务社会中提升学习能力，历练基本技能和职业能力，增加法律职业的认同度和职业素质，锤炼优良的道德品质、使命担当与公共社会服务精神等社会责任意识与社会责任能力，推动卓越法律人才培养内涵质量提

① 苏秀锋、李芳：《志愿服务对于大学生社会化助推作用的实证研究》，《陕西教育》2019 年第 9 期。

升与建设，为社会培养出德法兼修、德才兼备的社会主义法治实用人才，夯实全面依法治国与法治建设的人才储备。

An Empirical Study on the Improvement of Vocational Ability of Law Students by Volunteering in the New Era

Li Fang

Abstract: General Secretary Xi Jinping proposed that legal education should adhere to moral education, cultivate high-quality rule of law talents who are both moral and legal, and require legal education to be combined with productive labor and social practice. The Ministry of Education's new *National Standards for Teaching Quality of Undergraduate Law Programs* also puts forward new requirements for the training objectives of law students to strengthen the practical teaching links. This paper discusses the importance of volunteer-based labor for law students in the new era, and through theoretical analysis and empirical research with questionnaires and indepth interviews, focuses on deconstructing the paths of volunteerism on law students' vocational ability and professional quality improvement, exploring new ways of practical teaching for law students and realizing new goals of talent cultivation.

Keywords: volunteerism; law students; professional competence; enhancement; empirical study

《西北高教评论》稿约

《西北高教评论》是由西北政法大学主办、中国社会科学出版社出版的以高等教育研究为主的学术刊物，计划每年出版两卷。

宗旨：恪守科学性、实践性、创新性、开放性原则，紧密围绕高等教育发展中的理论和实践问题，努力探索高等教育规律，研究发展趋势，把握难点热点，为提高高等教育质量和水平服务，为繁荣陕西省、西北地区和我国高等教育科学研究服务。

主要栏目：本刊主要面向高校教师、高等教育管理者、高等教育专业研究人员。主要栏目设置："高教理论""高教发展""高校教学""高教管理""比较研究""高等教育资讯"等栏目。

本刊致力于搭建高水平的学术探讨平台，所有来稿均以学术价值为用稿标准。

稿件规范：

（1）中英文题目及作者姓名。标题尽量确切、简洁。

（2）中英文摘要（不超过300字）；中英文关键词（3—5个）。

（3）作者简介（含姓名、性别、工作单位、职务职称、学历学位、研究方向、通信地址、邮政编码、联系电话、电子邮箱）。如果来稿系作者承担的省级以上科研基金项目，请注明项目名称和编号。

（4）正文。

（5）注释及参考文献。注释：是对文内某一特定内容的进一步解释或补充说明。用圈码标注序号，采用当页脚注整篇连续编号形式。参考文献：指作者引文所注的出处，或者指虽未直接引别人的话、但参考了别人著作和论文的意思所注的出处。采用顺序编码制，用圈码标注序号，一律置于当页脚注。著作类包括序号，著者：《书名》，出版社出版年，起止页码。论文类包括序号，作者："题目"，《报刊名》，出版日期或期号，起止页码。

《西北高教评论》编辑部联系方式：

刊社地址：	西安市西长安街 558 号，西北政法大学长安校区，行政楼 A 座 319 室
信箱：	西安市西长安街 558 号西北政法大学长安校区 80 号邮箱（710122）
联系电话：	029-88182798
联系人：	宋老师　郭老师
电子邮箱：	xbgjpl@ 126. com
网址：	http：//nwher. nwupl. cn
微信号